本书获得湖南省双一流学科（5010002-202000020003）资助

湖南师范大学·经济管理学科丛书
HUNANSHIFANDAXUE JINGJIGUANLIXUEKECONGSHU

资产短缺对
我国经济增长的影响研究

The Influence of Asset Shortage on China's
Economic Growth

阳 旸◎著

经济管理出版社
ECONOMY & MANAGEMENT PUBLISHING HOUSE

图书在版编目（CIP）数据

资产短缺对我国经济增长的影响研究/ 阳旸著 . —北京：经济管理出版社，2021. 1
ISBN 978-7-5096-7689-9

Ⅰ. ①资… Ⅱ. ①阳… Ⅲ. ①资产—短缺—影响—中国经济—经济增长—研究
Ⅳ. ①F124. 1

中国版本图书馆 CIP 数据核字（2021）第 022010 号

组稿编辑：杨　雪
责任编辑：杨　雪　詹　静
责任印制：黄章平
责任校对：王淑卿

出版发行：经济管理出版社
　　　　　（北京市海淀区北蜂窝 8 号中雅大厦 A 座 11 层　 100038）
网　　　址：www. E-mp. com. cn
电　　　话：（010）51915602
印　　　刷：唐山昊达印刷有限公司
经　　　销：新华书店
开　　　本：710mm×1000mm/16
印　　　张：18. 75
字　　　数：240 千字
版　　　次：2021 年 5 月第 1 版　　 2021 年 5 月第 1 次印刷
书　　　号：ISBN 978-7-5096-7689-9
定　　　价：69. 00 元

总 序　SEQUENCE

　　当历史的年轮跨入 2018 年的时候，正值湖南师范大学建校 80 周年之际，我们有幸进入国家"双一流"学科建设高校的行列，同时还被列入国家教育部和湖南省人民政府共同重点建设的"双一流"大学中。在这个历史的新起点上，我们憧憬着国际化和现代化高水平大学的发展前景，以积极进取的姿态和"仁爱精勤"的精神开始绘制学校最新最美的图画。

　　80 年前，伴随着国立师范学院的成立，我们的经济学科建设也开始萌芽。从当时的经济学、近代外国经济史、中国经济组织和国际政治经济学四门课程的开设，我们可以看到现在的西方经济学、经济史、政治经济学和世界经济四个理论经济学二级学科的悠久渊源。新中国成立后，政治系下设立政治经济学教研组，主要承担经济学的教学和科研任务。1998 年开始招收经济学硕士研究生，2013 年开始合作招收经济统计和金融统计方面的博士研究生，2017 年获得理论经济学一级学科博士点授权，商学院已经形成培养学士、硕士和博士的完整的经济学教育体系，理论经济学成为国家一流培育学科。

　　用创新精神研究经济理论，构建独特的经济学话语体系，这是湖南师范大学经济学科的特色和优势。20 世纪 90 年代，尹世杰教授带领的消费经济研究团队，系统研究了社会主义消费经济学、中国消费结构和消费模式，为中国消费经济学的创立和发展做出了重要贡献；进入 21 世纪以后，我们培育的大国经济研究团队，系统研究了大国的初始条件、典型特征、发展型式和战略导向，深入探索了发展中大国的经济转型和产业升级问题，构建了大国发展经济学的逻辑体系。正是由于在消费经济和大国经济领域上的开创性研究，铸造了商学院的创新精神和学科优势，进而形成了我们的学科影响力。

目前，湖南师范大学商学院拥有比较完善的经管学科专业。理论经济学和工商管理是重点发展领域，我们正在努力培育这两个优势学科。我们拥有充满活力的师资队伍，这是创造商学院新的辉煌的力量源泉。为了打造展示研究成果的平台，我们组织编辑出版经济管理学科丛书，将陆续地推出商学院教师的学术研究成果。我们期待各位学术骨干写出高质量的著作，为经济管理学科发展添砖加瓦，为建设高水平大学增光添彩，为中国的经济学和管理学走向世界做出积极贡献！

前言　PREFACE

　　改革开放初期，中国经济的主要特征之一表现为商品短缺。经过40多年经济高速增长、市场经济建设与金融发展，绝大多数产品已经供过于求，引起了商品过剩、产能过剩，但是金融资产尤其是安全金融资产供不应求的矛盾却未发生实质性改变，出现了资产短缺。当前，我国经济发展进入了新时代，社会主要矛盾也发生了历史性变化，资产短缺揭示了我国经济目前面临的不是商品短缺的问题，而是由高储蓄引发的对金融资产价值保值、贮藏的强烈需求，以及居民、企业对金融资产持有、投资的旺盛需求与金融体系对金融资产供给相对短缺、低效之间的矛盾。因此，资产短缺成为了经济新常态下与过剩经济并存的另一个极端性发展失衡问题，并引发了经济发展过程中一系列重大问题，如高杠杆、泡沫化经济、影子银行和地方债危机等。中央政治局第四十次集体学习和第五次全国金融工作会议特别强调要做好新时代金融工作、防控金融风险、保障金融安全。因此，深入研究资产短缺，探究资产短缺对我国经济增长的影响，能为政府制定政策、做出决策提供重要参考。

　　目前，国内外学者更多的是对金融市场的供给或者需求单方面进行研究，未能将金融资产的供给和需求统一起来综合性分析相关问题，关于国际间资产短缺的研究方兴未艾，但是对一个经济体内部出现资产短缺现象的研究仍是寥寥无几。所以，研究中国省级层面资产短缺情况拓展了研究视角与研究内容的创新性。

本书以"全面剖析资产短缺内涵，科学研究资产短缺影响经济增长的理论基础与实证分析，做好保障金融安全、金融稳定与虚实经济相融合的工作"为目的，通过"发现问题—理论分析—现实考察—实证研究—政策建议"的思路展开研究，具体分为以下几个主要部分：

第一，梳理国内外研究金融供需与资产短缺的文献，全面、科学地概述了资产短缺的内涵，从安全金融资产的供求差异层面进行界定与计算，并排除证券化、中介化行为的影子银行等相关金融资产。

第二，建立理论框架剖析资产短缺影响经济增长的理论框架，包括资本渠道和金融渠道，总结了资产短缺影响实体经济增长的理论框架，以及分析了资产短缺的结构性影响因素，包括金融发展、储蓄需求以及宏观经济因素。

第三，归纳概述我国几类主要金融资产的发展规模以及结构性特征，并对我国主要宏观经济发展指标进行现实性描述与相关分析。

第四，基于资产短缺视角对金融发展再思考，提出根据金融资产的总体和结构性供需，以金融资产作为研究金融发展的单元和对象，资产短缺作为衡量金融均衡发展的新标准和新逻辑，既包含金融资产量性和质性特征，也充分体现了金融资产的规模、结构，反映了一个国家整体性、结构性的金融资产平衡或失衡的情况，以及与实体经济关联的多层次问题。

第五，资产短缺与经济增长、虚实经济发展失衡、金融安全存在密切关系，需要对理论与现实进行实证检验。以中国2001～2014年省级面板数据为样本，基于资产短缺与经济增长的理论关系及影响机理，使用工具变量两阶段最小二乘估计方法和分位数回归方法探究了资产短缺与经济增长的关系，进一步考察了资产短缺对资本存量与经济产出关系的调节效应，以及资产短缺对金融发展与经济产出的调节效应，结果发现资产短缺与经济增长呈显著正相关，但是对资本存量与经济产出关系存在显著负向调节作用，对金融发展与经济产出关系存在显著正向调节作用，并且这两种调节效应都存在地区异质性。同时，也发现资产短缺是导致虚拟经济过热、实体经济遇冷和资金"脱实向虚"的重要原因。通过扩展新凯恩斯混合菲利普斯曲线，利用工具变量两阶段最小二乘估计方法和工具变量分位数回归方法进行实证检验，发现资产短缺与实体经济发展呈显著负相关，且资产短缺对实体经济的影响存在地区异质性。由此，资产短缺与经济增长是"快而脆弱"的关系，资产短缺与经济产出总量是"大而脆弱"的关系。虽然在一定程度上表现出了资产短缺对经济增长存在促进作用，但是这种效果是短期而非长期、持续性的，是以牺牲长期经济稳定性、加剧金融脆弱性和加剧经济运行风险为代价的。

第六，由于资产短缺是金融、经济结构演进中的一种非正常状态，也是造成虚实经济发展失衡，影响经济不稳定与非可持续发展的重要根源。有必要对影响资产短缺的主要因素做出经验上和计量上的分析与判断。通过选取我国省级面板数据为样本，运用系统 GMM 模型探析了金融发展、储蓄需求以及宏观经济因素对资产短缺的重要影响。

第七，资产短缺可以反映与代表金融安全与稳定。在互联网金融与数字金融背景下，电子货币对资产短缺存在双向影响。通过模型发现电子货币与资产短缺存在协整关系，电子货币的替代加速效应有助于缓解资产短缺，而电子货币的替代转换效应则会加剧资产短缺，原因是电子货币的逆向替代转换效应强于正向替代转换效应，但是这种情况可能引起资金在金融系统的"二次搬家"和"资金空转"的问题，产生投机泡沫和资产泡沫，从而不利于长期解决资产短缺。

第八，科学认识资产短缺对中国经济发展的多元化影响具有非常重要的意义。当前在地方层面普遍性存在资产短缺是不容忽视的重要事实，因此本书提出了加快应对我国资产短缺的政策建议，包括优化金融供给结构，增强金融服务实体经济能力；维护金融体系稳健运行，防控金融风险；深化金融改革，优化和改善金融制度环境；加快转型升级，振兴实体经济发展政策建议。这些对策与中央强调保障金融安全，降低金融风险，促进经济和金融良性运行，实现实体经济转型升级与金融体系健康发展的基调保持高度一致。

目录 CONTENTS

第二章 **资产短缺影响经济增长的理论分析框架** 039

第三章 **我国金融资产与经济发展的现实考察** 055

第六章　资产短缺、资本投入与经济的失衡产出　135

第七章　资产短缺、金融发展与经济的失衡产出　159

第八章　资产短缺对实体经济增长的影响　181

绪　论

第一节
研究背景及意义

一、研究背景

随着经济金融化和全球化的快速发展，经济形态从由实体经济主导向由虚拟经济主导转变。不仅在发展中国家，而且在发达国家，金融体系都已成为支配和决定一般经济周期运行的主要力量。在经济金融化进程中，随着金融资产、金融工具的量性膨胀，与金融创新的滥用，金融资产与金融体系的安全性被严重忽视，从而导致金融安全与过度金融化的矛盾不断被激化，高风险金融资产规模过大和安全金融资产供不应求的结构性问题日益凸显，并最终导致国家经济增长变得"快而脆弱"，经济体变得"大而脆弱"。从20世纪70年代开始，拉美债务危机、亚洲金融危机、俄罗斯金融危机，直至2007年美国次贷危机爆发，所有惨痛的经历均警示着各国政府要高度关注金融活动，重视虚实经济结构，且必须将金融安全摆在金融发展的重要位置。

快速而过度金融化背后的深层次原因源于制度层面的长期性和基础性问题，即居民、企业对金融资产有强烈需求，以及金融体系供给金融资产低效、不充分、不平衡造成的资产短缺①，如影子银行、互联网金融、证

---

① 本书对资产短缺中"资产"范畴的界定，限定于金融资产领域，主要指的是金融资产短缺，特别是安全金融资产短缺。

券化就是资产短缺引起的产物。资产短缺也成为了影响经济发展、金融安全的重要潜在隐患。资产短缺由 Caballero 在 2006 年首次提出，从宏观视角以金融资产供求均衡关系为研究对象建立起的系统性理论，即金融资产需求超过了金融资产供给。特别是当今经济金融化、经济虚拟化的发展，虚拟经济正在脱离"储蓄—投资"的寄生型渠道，加速虚实背离内在化和普遍化，并逐渐发展成为一个相对独立的经济活动领域，这无疑更加剧了金融资产供需矛盾与不平衡。当前，资产短缺不仅是世界性的问题，更是长期存在于中国的典型化事实。

改革开放初期，中国经济的主要特征表现为商品短缺[①]。当时，整个社会的物质产品和服务的供应能力远远小于广大民众的需求，但是经过 30 多年经济的高速增长，绝大多数产品处于供大于求的状态，出现了商品过剩。同时，从计划经济到市场经济转型与过渡，金融体制改革、金融发展和金融创新的实践虽然取得了巨大成效，但是储蓄过剩、金融资产供不应求的矛盾并没有发生实质性改变，特别是安全金融资产供需矛盾。当前，中国特色社会主义进入新时代，党的十九大对我国社会主要矛盾发生历史性变化做出重大政治论断，并深刻揭示了我国社会主要矛盾已经转化为人民日益增长的美好生活需要和不平衡不充分的发展之间的矛盾。因此，资产短缺揭示了我国目前面临的不再是商品短缺困境，而是由高储蓄引发的对金融资产价值储藏的强烈需求，以及人民对于金融资产持有需求、投资需求与金融资产供给相对短缺、低效之间的矛盾。这似乎成为了经济新常态下与商品过剩并存的另一个发展失衡问题，从而引发了经济发展过程中一系列重大问题：①泡沫与杠杆化压力凸显，引发一系列的"投机热"，

---

① 雅诺什·科尔奈. 短缺经济学［M］. 张晓光、李振宁、黄卫平译. 北京：经济科学出版社，1986. 匈牙利经济学家科尔奈于 1981 年第一次提出"商品短缺"概念，主要用于描述传统社会主义计划经济体制因为缺乏市场效率，导致商品供给缺乏的状态。

造成了虚拟经济的过度繁荣与实体经济的大量"失血"，引起大批社会资金的"脱实向虚"；②影子银行在利率市场化的沃土上"疯狂膨胀"，部分地区民间融资风险进入集中暴露期；③互联网金融"吸金分流"，金融脱媒滋生出严重的信用风险、流动性风险和挤兑风险，比较突出的如 P2P 网络借贷平台频繁爆雷。这些现象都与近年来世界范围内金融发展与经济增长的运行轨迹出现"剪刀差和反转"异常情况联系密切（伍志文、张琦，2004）。

整体失衡与局部失衡密切相关，内部失衡是外部失衡的重要原因之一。既然中国一直都处于资产短缺状态，国内区域金融市场一定也是处于资产短缺状态。由于在中国渐进体制转型背景下存在地方保护主义和市场分割，特别是金融市场仍然处于高度分割状态，地方信息（包括文化风俗、传统、区域社会关系网络和地方法规等）包含与融合在当地的文化和社会体系中，成为地方独有，不能被替代，因而资金、金融资源的流动、供给、集聚会停留在一个封闭区域空间里自我循环，金融系统的运转和经营会受到各方面的干预，远未达到完全的市场化，而且经济增长目标、干部评价与晋升考核的约束和动机，将促使各地方政府独立通过行政管制手段，采取优惠政策，限制外地资源进入本地市场或限制本地资源流向外地，这使金融资源在"以邻为壑"的"GDP 竞争锦标赛"过程中成为了地方政府促进经济增长的重要工具。地方政府为盯住对手、学习模仿并赶超，必将大力发挥"支持之手"为本地经济提供、配置金融资源，以提升本地经济的相对表现（郑毓盛、李崇高，2003；陆铭、陈钊，2009）。这类似于 Caballero 对世界经济体的三层次划分，即我国存在经济转型、金融发展程度高的省份，也有经济发展迅速但地区无法提供足够金融资产的省份。因此，区域资源配置差异自然会导致区域性金融资产供需失衡，而且可能会在文化、社会、人口以及预防动机等因素下加剧。很显然，这种持续性甚至加剧的资产短缺，既对金融安全有重要影响，也对宏观经济运行产生巨大作用。当前，中央政治局第四十次集体学习和第五次全国金融工作会议都特别强调要维护金融安全。国务院已经采取设立金融稳定发展委员会等措施，不断通过"去杠杆""挤泡沫"的政策性或者市场化手段给高风险金融资产"做减法"，优化金融供给体系。党的十九大也提出要求：深化金融体制改革，增强金融服务实体经济能力，守住不发生系统性金融风险的底线，坚决打好防范化解重大风险攻坚战。这对新时代下正视资产短缺、防控金融风险、保障金融安全、促进虚实融合提出了高要求，并做出了重要战略规划。

二、研究意义

本书的研究具有以下重要的理论意义和现实意义：

1. 理论意义

金融是经济的基础，也是推动经济发展的重要动力。金融发展涉及了金融资产过剩与金融资产短缺两个方面。其中，过度虚拟化、过度金融化为表象的金融"过剩"，不利于经济长期可持续发展，同时忽视优质与安全的金融资产创造也不利于金融安全与经济稳定。本书发现当前普遍存在的经济金融化表象并不简单，背后的深层次原因是根植于制度层面的长期性和基础性问题，即居民、机构对金融资产有强烈需求，而金融体系供给金融资产相对低效、不充分、不平衡造成的资产短缺，尤其是安全金融资产短缺。而且，资产短缺是造成经济增长"快而脆弱"、经济总量"大而脆弱"与虚拟经济过度繁荣、实体经济发展失衡的重要原因。这些都是当前国内外研究中尚未系统性讨论的重大理论问题。

资产短缺目前已经成为学术界关注的重点问题，与结构失衡、金融危机、金融安全、经济增长等存在密切关系。目前国内外学者已经对资产短缺产生的经济后果进行了理论上的分析，但是并未使用定量与实证分析给予进一步的结果证明。本书试图弥补这一部分的空缺，综合、系统地对资产短缺与宏观经济发展的关系进行了机理辨析，提出了资产短缺可以作为新时代金融发展新逻辑，探究了资产短缺与经济增长、资产短缺与经济失衡产出、资产短缺与实体经济增长之间的关系，并进一步研究了资产短缺的结构性影响因素，以及在互联网金融与数字金融背景下电子货币与资产短缺的关系，这些都对深入理解资产短缺、金融安全、金融脆弱性、虚实经济关系以及区域经济协调发展具有重要的理论价值和指导意义。

2. 现实意义

第一，资产短缺体现了当前我国市场经济金融化发展的重要趋势与现实特征，以资产短缺探究了经济新常态发展阶段下的宏观经济现象，为社会各界高度关注的虚拟经济与实体经济关系建立了自己的注脚，为政府制定政策、做出决策提供了重要参考。

第二，资产短缺可以作为新时代金融发展的新逻辑。经济、金融持续健康发展的内在要求主要涉及资源配置方式和供求关系，强调了两个目标：一是效率，二是协调发展。因此认识全球经济失衡，尤其是金融结构性失衡的内在根源以及金融稳定、金融化治理，当前需要一个适合时代需要的、能科学体现新金融发展观、衡量一国金融发展水平的新标准。资产短缺以金融资产作为研究金融发展的单元和对象，基于金融资产的总体和结构性供需，既反映了金融规模的扩大也反映了金融结构的合理变化，既体现金融增长的量也体现金融发展的质，既表现出金融发展的平稳性也体现出金融发展的可持续性，既给出了审视实体经济发展问题的新标准也可以对金融结构、体系进行调整或对过度失衡的金融主体、资产供需以及结构问题进行预警、防范。

第三，资产短缺反映了虚实经济结构性问题，所以解决资产短缺就是加速金融回归服务实体的本源，更为重要的是应增加安全金融资产供给，拒绝金融创新滥用，以及低质量、高风险金融资产过度包装的虚假行为。事实上，增加安全金融资产供给，就是增强金融安全。这与当前经济新常态下，政府金融工作会议强调"金融服务实体经济、防控金融风险、深化金融改革"的基调保持了高度一致性。

第四，科学认识资产短缺对中国经济增长的影响非常重要。中国经济表现出了增长"快而脆弱"，产出"大而脆弱"的特点，现象背后的真正原因是当前中国在地方层面普遍性存在资产短缺。虽然资产短缺对经济增长存在促进作用，但是这种效果是短期而非长期的，是以牺牲长期经济稳定性、加剧金融脆弱性和加剧经济运行风险为代价的，而且资产短缺无时无刻不有诱发和加大资金"脱实向虚"的趋势。因此，中央政府反复强调要保障金融安全，促进经济和金融良性循环、健康发展。

第五，资产短缺是影响宏观经济不稳定的根源，是引起社会资金"脱实向虚"、产生资产泡沫以及破坏金融体系稳定性，甚至引发金融危机的重要原因。因此，有必要以资产短缺的结构性影响因素作为主要研究对象，以期为政府寻找缓解资产短缺的良方献计献策。

第六，互联网金融与数字金融时代，电子货币对资产短缺有双重影响。电子货币的替代加速效应能对资产短缺产生缓解作用，而电子货币替代转换效应则加剧了资产短缺。虽然电子货币替代加速效应能在短期缓解资产短缺，维持短期金融稳定，但是其容易引起资金在金融系统的"二次搬家"和"资金空转"的问题，产生投机性泡沫和资产泡沫，不利于长期金融安全。

第二节
相关概念界定

一、金融资产

金融资产是指能够通过金融市场进行交易、具有现实价格和未来定价的、代表对未来收益合法要求权与实物资产索取权的金融凭证与工具的总称。金融资产本质是一种区别于商标、信誉、专利、版权等与金融负债相对应的无形资产。与本身具有使用价值和价值，能够通过对实物资产的使用或者再创造产生出新价值和使用价值的实物资产不同，金融资产既不能创造价值也不能提供任何有形形态的使用价值，只是加速了价值的创造过程。金融资产还具有投融资功能、金融服务功能和风险管理功能，是货币功能的升级与发展（李健、贾玉革，2005）。马克思在《资本论》中提出了"虚拟资本"，但是虚拟资本包含金融资产，金融资产就是虚拟资本的子集。

金融资产种类繁多，组成结构纷繁复杂：

在1993年公布的国民经济核算体系中，金融资产包括货币黄金和特别提款权、通货和存款、股票以外的证券、贷款、股票和其他权益资金、保险专门准备金、其他应收/应付账款（刘兆祯，2011）。

谢平（1992）、易纲（1996）将中国金融资产划分为：流通中现金、金融机构存款、金融机构贷款、有价证券。

易纲和宋旺（2008）遵循 IMF 的定义，说明金融资产包括：通货和存款、非股票证券、贷款、股票和其他股权、保险准备金、货币黄金和特别提款权、金融衍生产品和其他应收应付账款等。

王广谦（2001）将金融资产划分为三大类：①货币性金融资产，主要是货币和各类存款；②证券类金融资产，主要是各类有价证券；③具有以保障为核心的体现专业性用途的专项基金，如五险一金等。此外，对金融资产有类似划分法的有李健和贾玉革（2005）。

二、安全金融资产

安全金融资产，简称安全资产，其范畴非常广泛。不同历史时期、不同经济发展阶段，安全资产会以不同形式呈现在人们面前。早期，安全资产的雏形是贵重金属材料制成的硬币（Vilar，1977），具有高流动性，可以满足交易与价值储存需求（Hoppit，1986），最典型的是黄金和金币。但是黄金和金币自身存在很大缺陷，即由于有磨损、改造、假冒等，需要专业人才和专业工具去化验、称量与验明真伪，需花费大量时间与昂贵成本（Oddy，1983；Nightingale，1985；Munro，1988）。这些弊端都推进了 15 世纪公共银行的创建，以及类似货币的负债被创造出来，如银行存款、债券、定期存款、流通票据等（Roberds and Velde，2014）。黄金替代品的出现标志着黄金作为世界唯一安全资产的垄断被打破。

当前，安全资产的内涵逐渐被界定，即指能实现价值的储存和保值，可以在不担心逆向选择的情况下进行交易的资产，表现出流动性、货币性、安全性与便利收益的属性特点（Holmström and Tirole，1998，2011；Gorton，2012）。Holmström（2015）进一步将安全资产界定为票面价值上"不需质疑任何问题的资产"（NQA）。NQA 表示安全资产价值不易受到不对称信息、高成本私人信息的影响。Dang 等（2016）将 NQA 称作"信息不敏感"属性。Gourinchas 和 Jeanne（2012）提出安全资产是当资产价格出现下跌时，作为最后贷款人身份的政府或者央行会做出隐性或者显性的承诺与保障的资产。Golec 等（2017）将安全资产形容为没有信用风险以及无条件的金融承诺以保证名义还款确定不变。Krishnamurthy 和 Vissing-Jørgensen（2012）发现 1926~2008 年美国国库券的收益平均低于其他资产 73 个基点，很好体现出了安全性、货币性以及便利收益的特征。虽然引入了一些定义、内容来区分安全性、流动性和货币性，但是安全永远是相对的，不存在绝对安全的金融资产（Allen，2015）。

安全资产具有重要意义，其是现代金融体系的基石，提供了可靠的价值储存；其作为金融交易的抵押品，符合审慎监管要求，成为定价基准。IMF 在 2012 的《全球金融稳定报告》中对安全资产的功能做了解释，安全资产是在构建投资组合中作为一种安全的价值储备和资本保值工具，其是私人银行、中央银行和衍生品市场中流动、稳定抵押品的重要来源，充当金融交易中的润滑剂或替代品；作为审慎监管的重要组成部分，安全资产为银行提供了增强资本和流动性缓冲的机制；作为基准，安全资产成为其他高风险金融资产定价的重要标准；对于货币政策，安全资产是其操作的一个重要组成部分。一旦缺失安全资产，担保交易市场、回购市场就会崩溃，金融机构难以满足审慎监管要求，更重要的是，家庭、退休人员、企业将生活在一个没有资产安全保值的社会。如果没有安全资产作为锚定物，或者过去作为安全资产的标的，在未来某一天本身存在很大风险，金融体系将经历更大的系统脆弱性和不稳定性（Gourinchas and Jeanne，2012）。

对于安全资产种类的归纳。Gorton 等（2016）从安全资产发展的历史视角出发，根据安全资产内涵、属性和功能特点，提出安全资产既包括早期金属制成的硬币、纸币、汇票与政府债务等，也会以安全债务的形式表现出来，其中核心部分包括银行存款、货币市场共同基金份额，商业票据、联邦基金和回购协议（回购），银行间短期借贷、国债、机构债券、市政债券、证券化债务，以及高级别金融企业债务。Golec 等（2017）根据安全性、流动性需求的性质和特征对安全资产进行了归类与划分，如图1-1 所示。另外，存在这一类特殊情况下的金融资产，即资产泡沫，被许多学者认为是贮存新获得财富的次优手段，在某种程度上表现出了安全资产替代品的特征（Samuelson，1958；Gourinchas and Jeanne，2012；Farhi and Tirole，2012）。但是，所有泡沫价值都取决于投资者的情绪，因此资产泡沫绝对不可能是完全安全的，不是一个完全金融市场上安全资产的完美、理想替代品，极有可能造成金融危机（Aoki et al.，2014）。

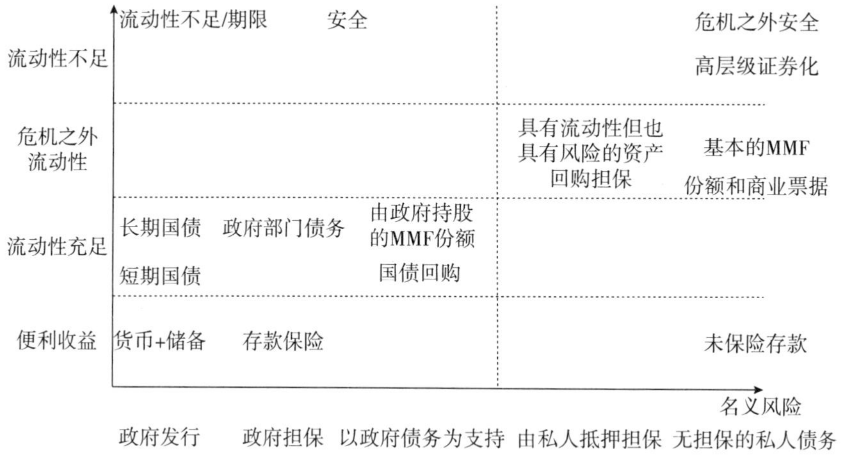

图 1-1　根据安全性与流动性对资产归类与划分

流动性不足	流动性不足/期限　安全		危机之外安全 高层级证券化
危机之外流动性		具有流动性但也具有风险的资产回购担保	基本的MMF份额和商业票据
流动性充足	长期国债　政府部门债务 短期国债	由政府持股的MMF份额 国债回购	
便利收益	货币+储备　存款保险		未保险存款

名义风险

政府发行　政府担保　以政府债务为支持　由私人抵押担保　无担保的私人债务

图 1-1　根据安全性与流动性对资产归类与划分

三、资产短缺

Caballero 提出的资产短缺是源于财富创造活动产生的金融资产需求超过源于实体经济活动创造出的金融资产供给，并在 2013 年和 2016 年将资产短缺进一步明确和视为安全金融资产短缺。因为当今世界上金融资产种类繁多，创新创造日新月异，难以统计与度量，但是安全金融资产生产与创造非一蹴而就，在特定的经济、社会、制度、技术发展水平阶段，大幅提升其供给是相当困难的，所以安全金融资产短缺会成为金融与经济发展中的常态。虽然一些学者提出以资产证券化等衍生金融资产作为替代品，但是一旦宏观经济出现负向冲击，这些替代品的安全性会大大降低，并转换成为高风险的金融资产。特别是在 2007 年美国次贷危机爆发与 2010 年欧债危机爆发后，高风险金融资产规模过大和安全金融资产短缺的结构性问题越发凸显。中国社科院经济研究所等在发布的《中国上市公司蓝皮书：中国上市公司发展报告（2017）》中指出，2016~2017 年，中国经济呈现出弱复苏迹象，"安全资产"价值重现，全球和中国都在信用周期下行过程中偏好"安全资产"，导致大量资金逐步再次配置向"安全资产"。中央经济工作会议和全国金融工作会议也高度关注金融安全问题。因此，在构建资产短缺指数时，基于 Chen 和 Imam（2011，2014）、Caballero（2006，2013）和范从来等（2013）的思想，从安全金融资产的供求差异层面出发，也覆盖了当前中国经济中的绝大部分最重要的金融资产。具体以居民储蓄表示资产短缺指数中的金融资产需求，反映出经济体中可通过金融资产创造用于消费和投资的金融资产上限。以企业、政府和家庭因实体经济活动而发行的债券、股票以及贷款表示资产短缺指数中的金融资产供给，其中发行的股票是相对安全的金融资产，原因主要是中国社科院经济研究所等在发布的《中国上市公司蓝皮书：中国上市公司发展报告（2017）》中指出股市债市锚定"安全资产"，并且根据《上市公司证券发行管理办法》，上市公司的发行条件必须是本身组织机构健全、运行良好，公司内部控制制度健全，能够有效保证公司运行的效率、合法合规性及财务报告的可靠性，盈利能力具有可持续性，财务状况良好，不存在重大违法行为，而且我国股市的制度建设不断完善，对上市公司和投资者的行为规范和监管日益加强。此外，短期存款的变化量被视为对居民储蓄的一种扣除，即投资者为预防突发性事件发生对其正常经济活动所带来的不利冲击，而将一部分储蓄资金以安全性较强的金融资产形式保有。另外，计算资产短缺排除证券化、中介化行为的影子银行等相关金融资产，主要基于以下几方面原因：一是私人部门创造的金融资产、民间借贷、民间集资、P2P 以及其他非公开市场上的融资，由于缺乏国家和地区强有力的监管，属于相对非安全的金融资产；二是对影子银行缺乏权威界定，影子银行长期游离于监管之外，并且目前已公开的关于影子银行的省级数据非常稀少；三是影子银行的具体机构形态与业务模式范畴广，核算口径存在很大差异，在实际的业务操作中，各个子类业务往往存在交叉，或者实质相同的业务被不同机构统计在不同的会计科目下，容易导致统计上的重复计算或漏算（孙国峰、贾君怡，2015）；四是影子银行规模相对较小，对计算结果影响不大，因为我国影子银行的构成与发达市场国家存在较大区别，对冲基金和 SPV 尚未发展，主要是近几年发展起来的私募股权、投资基金，以及开展银信理财合作的投资公司、民间借贷机构等（周小川，2011）。事实上，影子银行、证券化是由多元化金融业态发展需求与有限金融机构类别，由存在融资缺口的融资主体对社会资金需求与金融机构相对缺乏的资金供给，以及由金融产品有限供给与金融产品巨大需求矛盾催生出来的（王浡力、李建军，2013；裘翔、周强龙，2014）。影子银行、证券化的现实情况，以及与之相关的民间借贷危机等都可以从侧面说明我国金融资产确实存在短缺问题。由于安全永远是相对的，不存在绝对安全的金融资产，因此对"资产短缺"（AS）指标的测算虽然仍有不足以及值得继续探究、完善的地方，但是整体上具有较强的解释力和科学性。结合中国具体实际情况，资产需求用本省居民、企业和机构储蓄表示，即本省GDP 减去社会最终消费之后的余额（徐忠等，2010），资产供应包括：本省短期存款变化量、以企业存款与居民活期储蓄存款变化量累计值近似替代、贷款发放规模、债券发行规模以及股票发行规模（包括首发、定向增发、公开增发、配股发行、可转债发行）。

第三节
国内外文献综述

一、金融供需与经济增长

20 世纪 70 年代前后，美国"滞胀"标志凯恩斯经济学的失败，在兴起的新自由主义与新古典经济学理论影响下，资本主义国家开始全面推行金融的自由化与市场化。利率管制、银行业兼并收购管制等对金融业的各种管制相继被取消，"大萧条"之后受到严格遏制的金融业与金融资本开始摆脱束缚，金融在供给方获得迅猛发展。雷蒙德·W. 戈德史密斯在 1969 年的《金融结构与金融发展》一书中提出"金融结构说"，总结金融发展就是金融结构变化，并通过测量金融资产的数量关系，如金融工具和金融资产的比例关系、增长趋势，来反映不同金融主体、不同行业及地区的分布特征，以及金融资产规模与国民经济发展的相互关系。美国经济学家麦金农（1974）和肖（1973）提出了"金融深化理论"，论证了金融发展与经济发展相互制约、相互促进的辩证关系，金融抑制很大程度造成了发展中国家金融结构的扭曲以及金融市场和体制的脆弱性，因此必须消除金融抑制才能发展金融，政府要推行金融自由化或金融深化政策才能有效促进金融发展，促进资源优化配置，推动经济发展。金融深化理论对 20 世纪七八十年代拉美、亚洲等发展中国家的金融化实践和改革起到了重要推动作用。一些学者和政策决策者在"金融结构说"与"金融深化论"影响下，选择金融相关率、金融深化等一系列数量指标与比率度量金融发展水平。由于金融机构和组织的不稳定性，金融功能更能体现金融发展的实质与内在变化（阳旸，2014）。默顿和博迪（2000）在金融发展理论基础上，于 1995 年提出金融功能观理论，认为金融系统的基本功能是在环境和条件不确定情况下实现资源在时间和空间两个维度上的配置，而这种基本功能包括六种子功能：清算和结算功能、积聚资源和分割股份、在时间和空间中转移资源、风险管理、提供信息、处理激励问题。Levine（1997）认为金融体系主要有改善风险、获取信息与资源配置、监控经理与加强企业控制、动员储蓄、促进交易等功能。孙立坚等（2003）认为金融体系有六大基本功能：投融资服务、流动性供给、风险分散、价格发现、信息传递和公司治理。白钦先和谭庆华（2006）提出金融功能可以理解为效用、效能、效应或作用，可以分为基础性、核心性、扩展性和衍生性功能。

金融发展与经济增长关系密不可分。早在 1966 年，Patrick 就提出两种类型的金融发展路径，即"需求追随型"和"供给领先型"。"需求追随型"强调经济主体对金融服务的需求，促进金融机构、金融资产、金融负债和金融服务的产生、供给与发展。"供给领先型"强调金融供给领先于经济主体需求，金融中介和金融体系促进经济发展。Patrick 还认为"需求追随型"和"供给领先型"在不同经济体、不同的发展阶段，都存在一个优先顺序的问题。在发展中国家的早期经济发展阶段，"供给领先型"的金融占主导地位，而对于发达国家的经济发展阶段，则以"需求追随型"金融占主导。Patrick 的思想提供了从供、需单方面体现金融发展与经济发展之间的从属关系。Gurley 和 Shaw（1960）提出金融发展通过三种方式推动经济增长，第一种是改善交易方式，提升交易效率；第二种是储蓄规模效应，通过金融体系吸收储蓄并将储蓄转化为投资；第三种是资源分配效应，通过金融体系改善资源在投资中的分配。Levine（2004）强调金融能通过减少市场摩擦、降低交易费用、优化资源配置效率、分散投资风险以及促进专业化分工等路径推进经济增长。Rioja 和 Valev（2004）检验了金融发展对不同收入阶段国家的经济增长影响效果和影响路径，即对于低收入国家，主要通过资本积累渠道，在中高收入国家，则主要通过提高资本效率。陆静（2012）通过对中国省市面板数据进行金融发展与经济增长的相关性分析，发现金融发展指数（包括金融机构存款总量、金融机构贷款总量）都是经济增长的格兰杰原因，且金融发展对经济增长具有显著的正向影响。黎欢和龚六堂（2014）在 Howitt 和 Aghion（1998）的内生经济增长模型中引入代表金融发展水平的变量，从微观视角分析发现，金融发展促进经济增长是通过提高企业的研发投入强度、促进企业技术进步来实现的。李苗苗等（2015）基于中国省市数据实证研究发现金融发展既是促进经济增长的直接原因，也是间接原因。

金融发展与经济增长随着金融结构多元化、过度金融化逐渐呈现越来越复杂的关系。谈儒勇（1999）发现我国金融中介的发展能促进经济增长，但是当前我国股票市场发展与经济增长之间的相关关系为负，不能很好地推动经济增长。因此，我国存在金融抑制等历史因素，尤其是资本市场发展受限制，相对于经济增长明显滞后，无法发挥促进经济的积极效果。马轶群和史安娜（2012）发现金融发展与经济增长质量之间不是简单的线性关系，两者存在多方面的不稳定性，尤其是金融发展会长期弱化经济增长协调性，降低经济增长持续性。Aghion 等（2005）发现金融发展与经济增长之间并非线性关系，当金融发展水平高于某一临界值，金融发展能促使经济增长收敛到世界技术前沿水平，而低于临界值的国家，则效果更差，增速更低，并出现恶性循环。杨友才（2014）提出中国的金融发展对经济增长的作用表现为门槛效应和边际效率递减的非线性特征，并且这种非线性关系在东中西部地区存在差异性。韩廷春（2001）认为不能单纯追求金融发展和资本市场的数量、规模扩张，更要重视金融体系的效率和质量，否则金融深化将难以与经济发展过程相适应，金融发展的经济效应促进效果必然大打折扣、适得其反。由此可见，片面追求金融资产数量扩张而忽视金融资产质量与安全的错误观念确实会对经济增长埋下隐患，如20世纪七八十年代很多发达国家、发展中国家实行加速金融自由化的金融体系改革和实践，割裂金融部门与实体经济部门共生联动关系，造成了巨大的不良后果。Bernardino 等（2000）研究发现金融发展对经济增长的作用并不会随着金融发展程度上升而加强，反而会有不断下降的趋势。Diamond 和 Dybvig（1993）发现数量过多、频率越高的金融交易会对金融体系产生严重的破坏效应，增加金融系统风险，加剧金融脆弱。Santomero 和 Seater（2000）指出金融的过度发展与金融欠发展对经济同样不利，甚至前者危害程度大于后者。Rousseau 和 Wachtel（2011）认为在相关法律和金融监管制度没有得到有效完善的情况下，过度金融化可能会造成金融危机，破坏经济增长。

金融发展强调对金融资产的生产与创造，侧重供给方，并且已经有较多学者进行了相关研究。但是对于金融资产需求的研究，目前仍然较少，大部分文献是站在微观经济体角度，来阐述金融资产需求的状况与特点，研究对象集中在中小微企业与农户。西南财经大学中国金融研究中心调研组（2003）在分析不同收入、人群金融需求变化，农村金融需求的变化，以外资企业为主的地区金融需求的变化和以民营经济为主的地区金融需求变化的基础上，认为金融供给决定并推动金融需求，需要建立金融供给与金融需求的互动平衡机制。在居民对金融资产的需求方面，李似鸿

（2010）结合江西省、修水县农村金融供需调查分析，发现当前农村金融市场供需严重失衡，金融资金有效供需缺口巨大。杨巧娜（2012）提出我国农村金融市场仍然存在着严重的供给型信贷约束与需求型信贷约束，而且农户受到需求型信贷约束明显比供给型信贷约束程度深，农户的融资行为受到严重抑制。尹志超等（2015）发现金融可得性对中国家庭在正规和非正规金融市场参与和资产配置行为的影响，间接反映了金融需求与供给错位、金融需求旺盛的事实。中小微企业对金融资产的需求方面，陈敏菊和曹桂芝（2011）、谭之博和赵岳（2012）、何韧等（2012）、郭丽虹和王硕（2013）认为信贷环境、制度环境、市场化程度与宏观金融体系有利于中小微企业的信贷可得性，能缓解融资约束，缩小融资缺口。李建军和胡凤云（2013）指出在正规信贷融资供给难以满足中小企业强烈融资需求的情况下，民间借贷等影子银行体系被大量催生出来。张海君（2016）提出，由于政府对金融体系和银行信贷供给采取严格的管控政策，导致了金融抑制以及信贷资源供给不足，造成实体经济对资金需求与商业银行信贷资源供给存在较大缺口，社会融资需求超过银行贷款供给。罗荷花和李明贤（2016）对长沙、衡阳、岳阳以及邵阳地区中小企业进行调研，发现目前小微企业的融资获得性难以满足，普遍存在强烈的融资需求。

金融发展理论朝多元化方向延伸，传统金融发展理论出现瓶颈，且不断受到挑战。越来越多的学者关注金融发展的质量、可持续发展与金融均衡发展，金融危机也进一步使不少学者认识到追求过快的金融增长是罪魁祸首。白钦先和丁志杰（1998）首次提出了"金融可持续发展"的概念，即金融可持续发展是量和质统一的金融发展，是相对稳定发展与跳跃性发展并存的金融发展，是金融整体效率与微观效率并重的金融发展。后来，白钦先（2000）再次提出"以金融资源论为基础的金融可持续发展理论"，认为金融可持续发展理论是一种全新的金融效率观，金融发展的关键在于金融质的提高。金融可持续发展理论将金融发展的理论研究方向拓展到了金融广度和金融宽度。伍旭川（2005）认为金融宽度是指银行将储蓄运用到经济领域各个渠道的可实现性。李猛（2008）提出金融宽度相当于金融服务对居民和企业的可得性。胡宗义等（2013）区别了金融深度、广度和宽度，即金融深度反映量性，而金融宽度与广度反映的是质性。武志（2008）区别了金融增长与金融发展，即前者侧重于机构、资产规模和数量的扩张，后者侧重于质量和效率的提升，以及体现金融对经济发展需求的满足和对经济发展的贡献水平，因此金融增长不等同于金融发展。同时金融可持续发展也可以理解为金融包容性发展。Leyshon 和 Thrift（1993，1994，1995）将金融排斥定义为某些阻挡特定社会阶层或人群获得正规渠道金融服务的行为和过程，揭示了普惠金融。联合国（2005）、G20（2010）、亚太经合组织（2013）都提出发展包容性金融。Regan 和 Paxton（2003）认为需求宽度和参与深度是实现和促进金融包容的首要因素。联合国在 2005 年提出的包容性金融体系，强调对金融服务需求主体的包容以及注重供给主体的可持续发展。

二、资产短缺理论

1. 形成原因

当金融资产供不应求时，就出现了资产短缺。Caballero 在 2006 年第一次系统性提出了"资产短缺"假说，从宏观视角对金融资产供求进行均衡分析，即由价值贮藏需求和抵押需求构成的金融资产需求超出由基础价值构成的金融资产供给，其中金融资产的价值贮藏需求取决于储蓄水平，金融资产的抵押需求取决于金融业发达程度，而金融资产的基础价值取决于其未来净收益流的累计贴现额。在现实中，资产短缺普遍出现在新兴发展经济体中。Rajan（2006）认为在新兴发展中国家，有两方面的不匹配，分别是高储蓄率、高储蓄需求与低效投资不匹配，金融资产需求与资产抵押相关的金融工具供给短缺的不匹配。Rajan 在一定程度上肯定了资产短缺理论的现实性，但与 Caballero 强调的资产短缺的涵盖范畴不同，相比而言其更加细化。资产短缺与储蓄过剩理论有很大的关联性，形成原因很大一部分是发展中国家滞后的金融市场、扭曲的金融政策以及低效、不透明的银行体系难以有效供给充足资产，与过剩储蓄追求资产需求之间存在严重矛盾。Bernanke（2005）提出储蓄过剩论，聚焦于美国与发展中国家、新兴经济体的储蓄、投资、国际金融资本流动等问题，认为在亚洲金融危机之后，积累了巨额外汇储备的发展中国家和新兴经济体作为金融中介渠道，将国内储蓄转移至国际金融资本市场，购买美元计价的金融资产，以减轻本国财政赤字、外部债务，稳定货币汇率，增加国内对居民债务发行；同时国内投资的低收益、有限的投资机会与国外金融市场高收益的差距，吸引发展中国家与新兴市场体成为国际金融资本的净提供者而非净需求者。Bernanke（2007）提出全球性的储蓄过剩与失衡归因于中国等东亚国家、石油生产国过度储蓄与本国金融市场供给能力有限、金融抑制的矛盾。Caballero 等（2008）提出了一个框架来分析不同结构冲击对全球资本流动、经济账户赤字、投资组合和市场利率的影响，其中框架的核心是不同国家储蓄供给金融资产能力的异质性。Mendoza 和 Ríos-Rull（2009）指出由于金融开放程度存在国别差异，资产短缺程度与各国不完全市场中的储蓄率差异紧密相关。Caballero 和 Farhi（2012）指出国际储备规模与机构托管数量的上涨，以及监管和人口因素一同导致了安全资产需求稳步上升，但是安全资产的供应能力却未同步提升，这种差距引起了资产短缺。此外，Giglio 和 Severo（2011）提出了相对"资产短缺"，表示高收益证券的短缺和低收益保值证券的富余，并且提出这种相对"资产短缺"同样存在于过度依赖金融资产的发达国家。Carey（2014）指出早期由于金融不稳定，资产短缺在新兴市场中最为突出，但现在资产短缺已成为全球性迹象，这种现象归因于 20 世纪 90 年代的日本资产崩溃、欧洲资产增长停滞，以及中国等发展中国家对安全资产需求的推波助澜。刘绍保（2014）指出新兴经济体财富创造与其源于实体经济活动对资产创造的非同步性是导致新兴经济体面临资产短缺困扰的真正根源。

2. 衡量测算

Chen 和 Imam（2011，2014）试想构建衡量资产短缺的研究框架，提出以国内国民储蓄表示其资产需求，而资产供给表示为证券发行、对海外金融资产净购买、短期存款变化、债券发行、贷款发放，并基于供需两方面构建了"资产短缺"指数（"C-I 指数"），测算了 41 个新兴发展中国家在 1995~2008 年的资产短缺情况，发现新兴发展中国家确实普遍长期存在资产短缺，验证了 Caballero 的推理。范从来等（2013a，2013b）基于"C-I 指数"，从中国实际情况出发，设计和优化了供需指标的统计口径，测算了中国 2000~2011 年资产短缺状况，发现从 2000 年起中国经济就已经出现资产短缺，并一直存在金融资产供需缺口，且未得到根本性的转变。邢军峰和范从来（2014）推导了资产短缺产生的机理，根据国内储蓄——投资缺口和外汇储备之间关系改进资产短缺指数，并通过新指数测算发现资产短缺确实是中国典型现象。刘绍保（2014）立足于 Caballero 提出资产短缺理论的思想精髓，认为由于"C-I 指数"既考虑到一国财富创造与其金融资产创造的非同步性，也兼顾到该国资金跨境流动双重活动的影响，不能真实反映国内财富创造与价值保值资产供给的矛盾和不匹配性，因而推导出"未调整的资产短缺指数"。刘绍保（2014）构建的"未调整的资产短缺指数"与邢军峰和范从来（2014）以及范从来和刘绍保（2012）构建资产短缺指数思想有很大的一致性。张淦等（2015）通过适当改造 Caballero 的模型，从利率水平与均衡利率水平的差距以及对参数进行校对，判断中国的确存在资产短缺，并归纳出两大关键性因素，即金融发展水平低、消费率低，从另一角度证实了 Caballero 和范从来的观点。除了在宏观层面对资产短缺进行测量，赵晨（2014）从中国家庭微观层面入手，创新性运用 CHFS 数据，探讨家庭资产短缺情况，研究发现资产短缺是中国大多数家庭面临的主要问题，并且随着财富水平、年龄、职业、学历等户主特征的差异性表现出多样化趋势。

3. 影响因素

Chen 和 Imam（2011，2014）认为在新兴发展中国家，由于快速增长的储蓄需求、机构投资者购买资产监管限制、资产供给萎缩与其他政治因素的原因导致资产短缺。具体而言，政府财政政策、新兴发展中国家经济环境不确定性是影响资产供给的重要原因；退休金改革政策、滞后的金融市场、金融机构购买资产限制、投资者热衷于海外资产的偏见以及发达国家对新兴国家投资热情的上涨是影响资产需求的重要原因。通过 GMM 对1995~2008 年 41 个新兴国家资产短缺影响因素进行实证检验，发现经济增长速度越快、政府稳定性越弱、政府腐败越严重、贸易开放程度越低、资本账户管制越严格的国家，资产短缺程度越严重。范从来等（2013）发现中国已经存在十多年的金融资产供需矛盾与缺口，而且这种趋势暂时未得到根本性的转变，其中快速增长的经济和滞后发展的金融是关键原因，并且中国资产短缺随着经济增长有不断加大的趋势。Carey（2014）指出影响新兴市场资产短缺的四个主要因素：一是机构缺乏管理经验；二是宏观调控方式变动造成额外风险，降低资产价值；三是新兴市场迅速而频繁的扩张和衰退周期；四是外部环境，包括全球失衡、低利率和金融恐慌。Ca-ballero 和 Krishnamurthy（2009）认为新兴发展中国家大量资本流入并非是投机性而是寻求无风险金融资产的价值贮藏，同时也在不断推高金融资产价格，降低风险溢价和利率水平，成为引起资产短缺的不可忽视的重要因素。

三、资产短缺对宏观经济影响

资产短缺反映了金融资产供给和需求两方面的结合与统一。既然金融资产供给和需求都会对经济产生影响，资产短缺则必然会对宏观经济产生重要影响。Caballero（2006）认为资产短缺导致新兴经济体经济效率低下、福利损失，是造成全球失衡、格林斯潘利率之谜和金融危机的重要原因。由于新兴经济体资产创造能力明显弱于发达经济体，而且新兴经济体因较高的经济增长和旺盛的金融资产需求使国内金融资产供给远远落后于金融资产需求，尤其是缺少安全金融资产供给，必然会造成本国储蓄通过贸易和资本流动渠道去发达国家的金融市场寻求资产转化，致使国内投资与消费增长动力不足（Beckworth，2011），从而导致国内生产总值和国际贸易交易总量减少。然而这些资金一旦受到制度约束和资金管控，旺盛的金融资产需求不能有效疏导和消化，产生资产泡沫的风险将大大增加。同时新兴经济体长期的资本外流，在不断寻找海外更加优质和安全的价值贮藏载体的情况下，必然会加大对发达经济体的金融体系和资产供给的压力，美国等发达国家只能通过向金融体系配置更多的资本和提高杠杆来填补需求缺口，极易引起本国甚至跨国间爆发金融危机。

（1）格林斯潘利率之谜。Caballero 等（2008）指出由于经济发展中存在相关摩擦，世界上一些经济体和国家几乎没有可靠的安全资产来储存价值，各国生产储存价值的安全资产能力大相径庭，收益保证存在巨大限制，因此更加强了这些国家对国外安全资产的强烈需求，导致发达国家出现经常账户赤字，以及世界利率下降。Bernanke 等（2011）解释了格林斯潘之谜，即储蓄过剩的国家，尤其是亚洲和石油出口国对美国金融资产需求，与其本国存在金融抑制、无法提供优质和安全资产的矛盾，导致了美国安全资产如国债以及其他高信用评价的公司债、抵押支持债等长期利率下滑，以及长期国债收益率下降。Caballero 和 Farhi（2014）指出日益严重的资产短缺导致 20 年来实际均衡利率长期下降的趋势越来越明显，其中最重要的原因：一是面临储蓄过剩的新兴市场经济体，为加强管理经常账户盈余，选择购置更多安全资产（Caballero et al.，2008）；二是美国金融市场的深度、广度和高安全性吸引新兴市场经济体将其大部分资金流入美国（Blanchard et al.，2005；Clarida，2005；Hubbard，2005；Caballero and Farhi，2014）。对安全资产的强烈需求可以解释为什么资本、资金会从新兴市场经济体流向资本雄厚的发达经济体，这也可以解释为什么美国的最安全资产如国债和机构债的收益率都如此低。

（2）金融脆弱性。Caballero 和 Farhi（2014）认为长期资产短缺将会导致全球性储蓄过剩、同时期全球性失衡，并且会削弱经济刺激政策与市场调节机制作用，延缓经济复苏，破坏金融体系稳定性，造成经济长期停滞增长。Kim 和 Yoon（2014）指出由于世界各地越来越多的投资者寻求美国主权债务的安全性和流动性，即使在美国本土，资产的供给仍然难以跟上需求的步伐，存在相当严重的资产短缺现象。近年来，资产短缺以及由此导致的资产价格偏离均衡位置与异常的市场行为，已经导致全球经济出现许多问题，其中以 2008 年次级抵押贷款危机首当其冲。范从来和邢军峰（2013）认为资产短缺会造成新兴经济体经济效率放缓与福利损失，是造成全球失衡和金融危机的重要原因，中国也难以独善其身。从 1994 年以来，中国就开始出现资产短缺，而资产泡沫作为估值均衡的补充，是国内泡沫现象频繁爆发的重要原因。张淦等（2017）分析了资产短缺会通过改变人们的储蓄行为，刺激预防性需求与投机性需求，改变家庭资产配置的结构，由货币性金融资产转向非货币性金融资产。王勇等（2014）认为资产短缺是导致摩擦性与结构性流动性过剩的必然原因，在资产短缺环境下的短缺型流动性过剩会成为流动性危机爆发的重要导火索。Caballero 和

Farhi（2016）提出资产短缺会引起区别于流动性陷阱的安全陷阱，将引起高风险溢价、利率零下限（ZLB），并且将在长期性经济停滞中持续性存在。

资产短缺对宏观经济也存在正面影响。经济学家、政策决策者和监管机构提出安全资产份额变化动态十分重要，因为安全资产在促进贸易方面发挥了重要作用，刘绍保（2014）、赵树迪和刘绍保（2017）发现"未调整的资产短缺"是造成贸易及经常账户顺差的重要因素。除此之外，张淦等（2015）证明了资产短缺促成的"财富效应的反转"将抑制房价上涨对CPI 的正向传导与推动作用。Aoki 等（2014）构造了一个由资产短缺驱动的资产泡沫均衡模型，并且发现虽然安全泡沫会挤出生产性投资，减缓经济增速，但是能平滑消费，减小消费波动性，短期内还会促进消费水平的提升，以及大幅度福利水平的提升。

四、资产短缺与宏观政策

（1）财政政策。Caballero 和 Farhi（2014）发现资产短缺导致的低利率陷阱区别于流动性陷阱，因此发行公共安全债券的政策效果优于政策性前瞻指引。Caballero 和 Farhi（2016）提出政府应当减少货币投放，加大安全债券发行，以及促进私人风险金融资产转换为安全资产，才能有效逃离资产短缺造成的安全陷阱。Caballero 等（2016）提出在资产短缺产生的安全陷阱里，世界经济已进入了一个相互依存日益加深的体制，因此各国不宜使用独立货币政策使本国经济免受世界资本流动的影响。但是，独立的财政政策可以收到很好的扩张效果，因为财政刺激能改变 IS-LM 模型中的IS 曲线，比如公共债券发行等任何增加安全资产供给的政策都存在扩张效应，并且征税措施也不会降低私人部门发行金融资产的能力。此外，汇率政策与资本账户相关的政策所起作用微小。

（2）货币政策。Cabellero（2010）针对资产短缺的危机提出了两大对策建议：一是安排有条件的资本注入；二是安排有条件的资产保险与资本保险注入。前者表明，在危机期间获得资本需要提前安排，因为在经济衰退期间筹集资金通常很困难，而采用这种方式的目的是降低资本持有的成本，使资金能够更加均衡和适当地分配给金融资产和资本。后者直接涉及危机的预期，提供保险注入资本意味着只要政府能够向公众保证在即将到来的危机中所有金融资源可使用和兑换，就可以很好地消除和处理恐慌情绪。BIS（2011）针对由资产短缺造成的金融危机，提出可以采取如流动性注入和货币宽松等政策，为降低金融不稳定性和调整家庭、金融机构资产负债表争取更多宝贵时间。Caballero 和 Farhi（2013）有针对性地提出安全资产机制框架（SAM）以应对资产短缺，其中量化宽松政策鼓励私人证券化、支持银行资本重组，能对降低风险溢价和增加产出起到有效作用，而扭转性政策将安全长期国债转换为安全短期国债或储备，不能收到良好效果。Farhi 等（2011）根据特里芬难题和政策困境，呼吁制定一个多极国际货币体系政策，提供以欧元或人民币计价的额外的安全资产可以有效地稳定世界经济并提供满足全球经济增长所需的安全资产数量。Krishnamurthy 和 Vissing-Jorgensen（2015）提出美联储的大规模资产购买计划（LSAP）虽然一定程度上会加剧资产短缺，但也存在有益的方面，比如隔夜反向回购操作促进美联储资产负债表中的部分安全资产重新进入经济体。Frost 等（2015）指出隔夜反向回购操作可以促进投资者增加短期安全资产，对金融稳定性产生有益影响。

政府政策调控有时也会面临左右为难的情况，多样化政策选择效果也是好坏参半。Gorton 等（2012）指出监管机构和政策制定者应该摸清安全债务需求的驱动因素，兼顾提升金融稳定性和保持充足的流动性、安全债务。如果过于监管影子银行，只会把安全债务的生产推向效率较低的部门，而如果增强对传统银行业的额外监管可能会推动更多的影子银行部门创造私人债券。部分学者认为，资产价值重估并通过一段时间严格控制通货膨胀目标可以使资产短缺局势得到缓解。另一些学者认为，美国的主权财富基金可以创造风险屏障，而且能进一步多元化其投资组合，从而降低对安全资产的总体需求。但是这些都尚未达成共识，效果也是良莠不齐。

五、文献述评

随着经济周期性波动与金融危机爆发，资产短缺引起的关注日益广泛，各国对资产短缺的基础性认识不断增强，越来越多监管者和学者已经肯定资产短缺在金融安全、金融市场、审慎监管和货币政策操作中的重要作用，并逐渐达成了一致性与共识，本领域的研究文献已经向各方面不断拓展。但是在已有相关文献基础上，可以归纳和总结以下几个方面：

（1）从研究内容上看，目前学者更多是对金融市场的供给或者需求进行单方面研究，如金融发展、金融深化、融资需求等，未能将金融资产的供给和需求统一起来综合性分析相关问题。金融资产的具体形式会伴随人类经济与社会发展不断发生转变，不同形式的金融资产就会有不同的生产与创造过程，决定了资产供需结构在不同国家呈现不同状态，因此对于资产短缺度量研究仍不是很充分，有待进一步探讨与研究。目前学者仅局限于对资产短缺现象本身产生的原因、影响因素和应对之策的研究，鲜有将资产短缺与其他经济变量、经济现象联系起来进行实证检验。

（2）从研究对象上看，对资产短缺的研究主要集中在美国，对于新兴发展中国家研究较少，但是资产短缺现象主要集中在新兴发展中国家，以新兴发展中国家为研究对象是未来关注的重点。另外，关于国际间资产短缺的研究方兴未艾，但是对一个经济体内部出现资产短缺现象的研究仍是寥寥无几。

（3）从研究方法上看，由于资产规模、种类与形式复杂，数据统计难度大，使很多关于资产短缺的研究以定性与推断性分析为主，侧重于理论研究，定量与实证研究需要加强。

因此，本书尝试构建了资产短缺指标，对中国区域性资产短缺进行初步度量，并针对当前中国经济新常态下的主要宏观经济问题，深入剖析了资产短缺对经济增长的影响，资产短缺与经济失衡产出的复杂关系，资产短缺对实体经济增长的影响，资产短缺的主要结构性影响因素，以及电子货币与资产短缺的多层关系等方面内容。这对于实际与理论研究具有重要的意义，也是资产短缺领域的一次创新性研究。

第四节
研究内容和框架

一、研究思路与内容

以"全面剖析资产短缺内涵，科学把握资产短缺影响经济增长的机理与实证分析，做好保障金融安全、金融稳定与虚实融合的工作"为目的，通过"发现问题—理论框架—现实考察—实证研究—政策建议"的研究思路，以期体现理论与实践相结合，为当前维护金融安全、优化金融供给体系、增强金融服务实体经济能力、健全金融监管体系以及防控金融风险的政策研究和制定提供指导与方向。基于此，主要有五个方面的研究目标：一是梳理国内外关于资产短缺的研究文献，全面科学地界定资产短缺的内涵，这是后续进行理论和实证研究的基础；二是从理论层面上剖析资产短缺影响经济增长、虚实经济的内在机理、模型和关系，从而指导全书的整体逻辑安排；三是从多角度探究资产短缺与金融发展新逻辑、新标准的关系；四是通过多层次实证分析资产短缺对经济增长、资产短缺对经济失衡产出、资产短缺对实体经济增长的影响效果，资产短缺的结构性影响因素，以及电子货币对资产短缺的多层影响；五是综合理论上的分析和实证结果，提出科学合理地优化金融供给侧结构性改革、应对我国资产短缺问题的政策建议。

本书的逻辑框架清晰，内容承上启下。首先，从理论框架方面为后续实证研究提供坚实的基础。其次，在现实层面考察金融资产与宏观经济的发展情况与相关性，抓住现实是对理论分析的延伸。再次，从理论与数理方面发现资产短缺作为衡量金融均衡发展的新标准和新逻辑。最后，实证部分可以细分为六块内容，六块内容不是相互孤立，而是环环相扣。第五章详细分析了资产短缺对经济增长的影响，第六章与第七章分别对资产短缺与经济失衡产出关系进一步展开分析，这种影响是综合性的，并且在分析过程中发现了资产短缺是经济增长"快而脆弱"、经济总量"大而脆弱"的根源，但是其侧重分析了增长的"快"和总量的"大"。第八章从虚实经济结构入手，着重分析了资产短缺对实体经济发展的影响，并且发现资产短缺是引起资金"脱实向虚"、实体经济遇冷与虚拟经济过热的罪魁祸首，进一步深化了第五至第七章的结论和发现，将"脆弱"很好展现；此时，在第五至第八章结论的基础上，发现资产短缺确实有存在放大金融、经济运行不稳定和风险的可能性，自然想到需要对引起资产短缺的结构性影响因素进行探索和研究。站在资产短缺能体现金融发展新逻辑与金融安全的视角上，以互联网金融与数字金融为背景，研究电子货币对资产短缺的影响。实证部分很好地呼应了理论分析框架与现实考察。第十一章承接

第五至第十章内容，尤其是对接资产短缺主要影响因素以及电子货币对资产短缺的影响，有针对性地设计和构建政策措施，为全书完美收尾。

具体地，围绕上述研究目标与思路，主要的研究内容分为十一章。

第一章是绪论。本章首先对本书的选题背景和意义进行了阐述。其次对相关概念进行了阐述与界定，在此基础上，对国内外的相关研究文献进行了整理与述评。最后提出了本书的研究思路、研究内容、技术框架以及所使用的研究方法，并指出了本书的主要创新点。

第二章是资产短缺影响经济增长的理论分析框架。首先根据资产短缺理论，阐述了资产短缺影响经济增长的理论框架，包括资本渠道和金融渠道。其次总结了资产短缺影响实体经济增长的理论框架。最后分析了资产短缺的结构性影响因素，包括金融发展、储蓄需求以及宏观经济因素。

第三章是我国金融资产与经济发展的现实考察。梳理我国几类主要金融资产（债券、股票、贷款、存款、保费、现金）的规模以及结构性特征，并对我国主要经济发展指标（固定资产投资、国内生产总值和居民消费价格指数）进行深入描述，初步探索了金融资产与经济发展现实的相关性，为后文实证分析奠定现实性基础。

第四章是金融发展新逻辑与资产短缺。基于"资产短缺"视角对金融发展再思考，为重新定义新金融发展观提供了有力的工具："资产短缺"既可以反映出金融规模的变化，也可以反映出金融结构的变化；既可以体现金融增长的量，也可以体现金融发展的质；既可以表现出金融发展的平稳性，也可以表现出虚实经济平衡性关系。

第五章是资产短缺对经济增长的影响。探讨了区域性资产短缺与区域经济增长的关系：通过梳理两者之间的理论关系，分析了资产短缺影响经济增长的机制，以中国2001~2014年的省际面板数据为样本，采用工具变量两阶段最小二乘估计方法（2SLS）和工具变量分位数回归方法（IVQR）

进行实证研究，得出区域性资产短缺能显著促进区域经济增长，并能缩小区域间经济增长差异，并证实了结论的稳健性。

第六章是资产短缺、资本投入与经济的失衡产出。探讨了区域性资产短缺与资本存量、经济产出的理论关系及影响机理，以中国 2001～2014 年的省际面板数据为样本，采用工具变量两阶段最小二乘估计方法（2SLS）和分位数回归方法发现区域性资产短缺能显著促进区域经济产出，资产短缺是半调节变量，但是对资本存量与经济产出关系存在显著负向调节作用，并且对资本存量的调节效应在地区间表现出 U 形特征的结论，证实了结论的稳健性。资产短缺与经济总量"大而脆弱"关系，虽然在一定程度上表现出了资产短缺对经济产出存在促进作用，但是这种效果是短期而非长期的，是以牺牲长期经济稳定性、加剧金融脆弱性和加剧经济运行风险为代价的。

第七章是资产短缺、金融发展与经济的失衡产出。探讨了区域性资产短缺、金融发展与经济产出的理论关系以及直接、间接影响机理，以中国 2001～2014 年的省际面板数据为样本，采用工具变量两阶段最小二乘估计方法（2SLS）和分位数回归方法发现我国资产短缺能显著促进区域经济产出，资产短缺是半调节变量，而且对金融发展与经济产出关系存在显著正向调节作用，并且对金融发展的调节效应在地区间表现出倒 U 形特征的结论。虽然资产短缺对经济产出存在促进作用，但是这种效果是短期而非长期、持续性的，与近来金融发展与经济增长出现的"剪刀差和反转"异常现象联系密切，也是导致经济增长低效率、金融低效率与金融高风险的一个重要原因。

第八章是资产短缺对实体经济增长的影响。经济增长与虚实经济的关系非常密切。以资产短缺视角发掘虚实经济结构性问题。通过分析资产短缺与实体经济发展的内在逻辑与关联性，发现资产短缺是导致实体经济遇冷、虚拟经济过旺和社会资金"脱实向虚"的重要原因。通过引入和拓展新凯恩斯混合菲利普斯曲线，以中国省际面板数据为样本，利用工具变量两阶段最小二乘估计方法（2SLS）和工具变量分位数回归（IVQR）方法进行实证检验，发现资产短缺与实体经济发展存在负相关关系，而且这种影响存在地区异质性。

第九章是资产短缺的结构性影响因素分析。通过前文理论、实证与经验分析，资产短缺对经济增长的影响复杂、重要，且不可忽视，是宏观经济不稳定和金融脆弱性的导火索。因此，很有必要探究资产短缺的影响因素。我们选取省级面板数据为样本，运用系统 GMM 模型探析了金融发展、储蓄需求以及宏观经济因素对资产短缺的各种影响。

第十章是资产短缺与电子货币。资产短缺说明当前我国金融发展不平衡不充分的问题依然存在，产生系统性金融的概率相当大。在互联网金融与数字金融发展背景下，研究了电子货币与我国资产短缺之间的关系。研究表明，电子货币的替代加速效应能对资产短缺产生缓解作用，而电子货币替代转换效应则加剧了资产短缺。虽然电子货币替代加速效应能在短期缓解资产短缺，维持短期金融稳定，但是容易引起资金在金融系统的"二次搬家"和"资金空转"的问题，产生投机性泡沫和资产泡沫，不利于长期金融安全。

第十一章是应对我国资产短缺的政策建议。基于理论和实证分析的结果，结合现阶段中国金融发展与经济发展的相关现实情况，提出了加强应对我国资产短缺的政策建议，包括优化金融供给结构，增强金融服务实体经济能力；维护金融体系稳健运行，防控金融风险；深化金融改革，优化和改善金融制度环境；加快转型升级，着力振兴实体经济发展。

二、技术路线

本书研究的技术路线如图 1-2 所示。

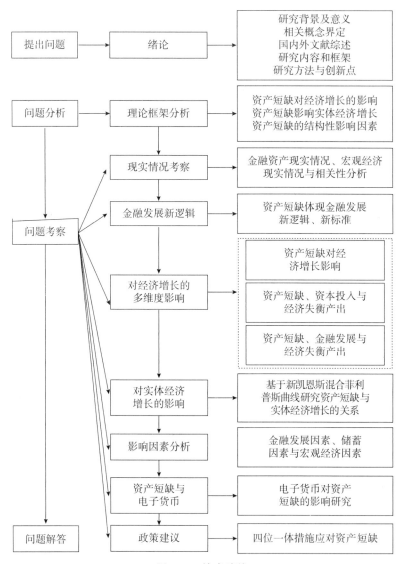

图 1-2　技术路线

第五节
研究方法与创新点

一、研究方法

考虑到研究对象和研究内容的特点，研究方法主要分为三大类：历史与现实的对比分析法、定性与定量分析法、理论与实际研究分析法。同时，基于定量分析，所构建的模型包括协整模型、静态面板数据模型、动态面板数据模型、工具变量两阶段最小二乘估计方法、分位数回归方法。

（1）历史与现实的对比分析法。在对我国金融资产基本情况与宏观经济发展、运行的现实考察过程中，系统性分析了我国几类主要金融资产（债券、股票、贷款、存款、保费、现金）的规模、结构的历史性变化与现实发展情况，并分阶段对我国主要经济发展指标（固定资产投资、国内生产总值和居民消费价格指数）及对应的同比增速进行了翔实的分析，并进一步研究了金融资产与经济发展的相关性关系。

（2）定性与定量分析法。对于资产短缺的具体内涵、资产短缺影响经济增长的机理均采用了定性分析方法，而资产短缺影响经济增长的检验则采用了定量的实证分析方法，即基于省级面板数据，通过混合效应模型、随机效应模型、固定效应模型、动态面板模型、工具变量两阶段最小二乘估计方法和分位数回归方法等来具体实现。

（3）理论与实际研究分析法。通过规范分析和实证分析来研究资产短缺影响我国经济增长的内容均属于理论上的研究。然而结合当前互联网金融、数字金融背景以及我国的金融、经济发展实际形势提出了具体应对资产短缺的政策建议，以期为实体经济发展营造良好的金融环境，而且书中政策建议与当前经济新常态下政府金融工作会议强调"金融服务实体经济、防控金融风险、深化金融改革"的基调保持高度一致性。

二、主要创新点

（1）研究视角创新。目前，国内外学者更多是对金融市场的供给或者需求单方面进行研究，未能将金融资产的供给和需求统一起来综合性分析相关问题，并且学者仅局限于对资产短缺现象本身产生的原因、影响因素和应对之策的研究。因此，本书将资产短缺与其他经济变量、经济现象联系起来进行检验的研究视角具有较强创新性。另外，关于国际间资产短缺的研究方兴未艾，但是对一个经济体内部出现资产短缺现象的研究仍是寥寥无几。所以，研究中国省级层面资产短缺情况，进一步分析区域资产短缺与经济增长、经济产出、实体经济增长的内在关联性也拓展了研究视角的创新性。

（2）研究内容创新。一方面，根据资产短缺理论，阐述了资产短缺影响经济增长、资产短缺影响经济失衡产出、资产短缺影响实体经济增长的机理与路径，资产短缺的结构性影响因素，以及电子货币对资产短缺的双重影响，弥补了资产短缺研究领域的空白。另一方面，不仅将资产短缺与经济增长、经济产出联系起来进行创新性研究，更进一步从经济中的实体经济部分出发，探究了资产短缺影响实体经济的作用和效果，发现虽然资产短缺对经济增长、经济产出存在促进作用，但是这种效果是短期而非长期和持续性的，是以加剧金融脆弱性、削弱实体经济发展和加剧经济运行风险为代价的，表现出"快而脆弱""大而脆弱"。

（3）实证研究方法创新。结合了统计分析与计量分析、静态分析与动态分析等多种计量方法。在探讨资产短缺的影响因素，电子货币对资产短缺的影响，资产短缺对经济增长、对经济产出以及对实体经济的影响作用过程中，系统与全面地运用了协整模型、混合效应模型、随机效应模型、固定效应模型、系统 GMM 模型、差分 GMM 模型、2SLS、LIML、工具变量分位数回归与分位数回归模型等。

（4）有针对性地设计和提出相关政策建议。政策建议的提出必须从问题出发有的放矢。既然资产短缺会影响经济增长、引起社会资金"脱实向虚"以及加剧金融脆弱性，那么有必要根据影响资产短缺的主要因素，在当前我国政策指导与金融工作会议精神以及现实考察的基础上设计与提出政策建议，不仅包括金融的健康发展、实体经济的健康发展，还涉及优化与完善我国金融体系、金融结构及金融生态环境的政策措施。

资产短缺影响经济增长的理论分析框架

资产短缺是金融供需状况的综合性体现，衡量了资产供需的失衡程度。它既反映了金融发展以及满足经济发展相对需求的程度，也是经济与金融发展中的安全性或者风险程度的具体表现，其不但体现了经济金融化程度或者泡沫程度，而且与经济增长、虚实经济平衡发展密切相关。通过第一章对国内外研究综述和基本情况介绍可以知道，目前国内外学者尚未系统阐述与研究资产短缺与经济增长之间的理论关系。有鉴于此，若要清晰地梳理资产短缺与经济增长之间的关系，必须构建资产短缺影响经济增长的理论分析框架。

第一节

资产短缺影响经济增长的理论框架分析

当金融市场存在不完全性时，资产短缺会通过不同渠道影响经济增长。

一、资本渠道

根据 Caballero 推理，当资产短缺出现时，一定存在泡沫，资产需求缺口会由泡沫弥补，资产价值=基本值+泡沫。因此，当经济中的资本投入超过最优状态时，资产短缺能发挥正向经济效应，即能缓解资本投入扭曲和经济动态无效率。

Tirole（1985）将泡沫资产引入代际交叠模型。因此，我们在新古典增长理论框架上通过代际交叠模型来探讨资产短缺对经济增长的影响。

假定市场上仅存在两期代理人，分别是 t 期出生的年轻人和 $t-1$ 期出生并生活到 t 期的老年人。在 t 期，年轻人拥有一单位劳动禀赋，并将这一单位劳动禀赋无弹性供给到劳动市场上，获得真实工资收入 w_t；在 $t+1$ 期，由年轻人变为老年人，仅凭借 t 期储蓄或财富进行消费，不从事生产活动。t 期年轻人将收入 w_t 分配为当期消费 c_{1t} 和储蓄 s_t，储蓄用于进行投资以获得收益；在 $t+1$ 期，其把储蓄产生的所有收益及本金全部消费，记为 c_{2t}。若 t 期年轻人为 N_t，人口增长率为 n，则 $t+1$ 期 $N_{t+1}=N_t(1+n)$。在不存在资产泡沫的情况下，代理人将全部财富用于实体经济投资，全社

会 t 期产生的资本存量为 K_{t+1}。则新古典生产函数为：

$$Y_t = F(A_t, K_t, N_t) \tag{2-1}$$

式（2-1）中，A_t 表示外生技术水平，以 δ 的固定速率增长，$A_{t+1} = A_t(1 + \delta)$。生产函数可表示为每单位有效劳动形式 $y_t = f(k_t)$，其中 $y_t = Y_t / A_t N_t$、$k_t = K_t / A_t N_t$ 分别表示每单位有效劳动产出和每单位有效劳动资本存量。则代理人收入分配的最优化问题及约束条件分别表示为：

$$\max u(c_{1t}) + \frac{1}{1 + \theta} u(c_{2t}) \tag{2-2}$$

$$c_{1t} + s_t = w_t \tag{2-3}$$

$$c_{2t} = [1 + f'(k_{t+1})] s_t \tag{2-4}$$

式（2-2）中，θ 为时间贴现因子，体现个体对中年时期消费和老年时期消费的代际偏好。

因此，从均衡路径上可以得到：

$$k_{D, t+1} = \frac{s_t}{A_t(1 + \delta)(1 + n)} \tag{2-5}$$

现将由于资产短缺而产生的泡沫资产问题纳入其中。假设泡沫资产的价格在 t 期为 p_t，$t+1$ 期为 p_{t+1}。如果投资者投资泡沫资产只是为获得资产价格波动的资本利得，则其收益率可表示为 $\mu = p_{t+1}/p_t$。假定在 t 期经济中总泡沫资产价值相当于资产短缺，即 $AS_t = B_t = p_t M$，M 为泡沫资产规模，则每个有效劳动者所持有的泡沫资产价值为 $b_t = AS_t / A_t N_t = B_t / A_t N_t$。

在资产短缺的环境下，年轻人在 t 期对收入 w_t 进行分配：当期消费为 c_{1t}、实体经济投资为 i_t 和泡沫资产为 b_t，最优化问题及约束条件分别为：

$$\max u(c_{1t}) + \frac{1}{1 + \theta} u(c_{2t}) \tag{2-6}$$

$$c_{1t} + i_t + b_t = w_t \tag{2-7}$$

$$c_{2t} = [1 + f'(k_{t+1})] i_t + b_t \mu \tag{2-8}$$

因此，均衡路径上有：

$$k_{B,\,t+1} = \frac{s_t - b_t}{A_t(1+\delta)(1+n)} \tag{2-9}$$

当经济处于动态无效区间，存在资产短缺时，人均资本存量 $k_{B,\,t+1}$ 要小于无资产短缺环境下的 $k_{D,\,t+1}$，所以资产短缺产生的泡沫资产挤占了部分储蓄，使存在资产短缺的资本生产率 $f'(k_{B,\,t+1})$ 要高于无资产短缺环境下的 $f'(k_{D,\,t+1})$，即资产短缺有利于改善经济效率，而且在动态无效区间且边际资本报酬递减情况下，资产短缺还会有利于经济增长。但是，不能忽视的一个很重要的理论推导前提，即资产短缺引起的资产泡沫只能在一个动态无效率的世代交叠经济中存在，才会有利于改善和消除经济动态无效性。

结合我国具体情况，固定资产的重复性、无差异性的过度投资与简单加总，与金融资源相对稀缺，两者投入比例失调，已经使资本价值深化程度也越来越低，产出弹性以及对经济增长的贡献越来越低。根据 AMSZ 准则，我国经济基本处于动态无效率（史永东、齐鹰飞，2002；袁志刚、何樟勇，2003；项本武，2008），而在一个动态无效率的经济中，资产短缺产生的均衡性资产泡沫有利于改善和消除经济动态无效性（Weil，1987；史永东、杜两省，2001），使存在资产短缺情况下的资本生产率要高于无资产短缺情况下的资本生产率，出现动态无效状态逆转。尤其在经济转型期间，动态效率的波动与变换更加频繁，均衡泡沫会在动态无效和动态有效之间反复发生。同样，Caballero 和 Krishnamurthy（2006）、Farhi 和 Tirole（2012）、薛白（2014）等也发现当实物资本存在过度投资时，市场主体对泡沫资产的理性投机行为有利于分流实物资本的投资，提升资本配置效率，促进经济增长和产出增加。

另外，资产短缺、资产泡沫与消费增加、资本积累有可能同时出现。

资产短缺也可以在动态有效区间里存在（Caballero et al., 2004；Caballero and Krishnamurthy, 2006；Takuma, 2008；刘宪, 2008）。此时, 资产短缺对资本和经济增长之间的关系会更加复杂。因为, 政府对 GDP 的痴迷以及政治晋升追求, 偏好于将有限金融资源集中分配到重工业部门（Huang and Wang, 2011；陈斌开、林毅夫, 2012；王勋等, 2013）, 形成了对高投入、高消耗、高污染、低效率的粗放型增长方式的路径依赖。在这种经济和政治双重因素影响下, 资产短缺会加剧过度投资和过度储蓄, 不利于经济转型与增长。因为, 由强财富创造能力与弱金融资产创造能力不匹配造成的资产短缺的矛盾势必会造成经济体内大量财富资金无法顺利地转化为投资和消费需求, 导致国内投资与消费增长动力不足。为了确保高经济增速, 政府会实施扭曲的政策, 将加大国内投资和储蓄, 又必然会加剧资产短缺程度, 造成资产短缺、过度投资和过度储蓄共存与恶性循环的局面。然而, 一旦资产短缺引起的均衡性泡沫在生产性资本领域大量积累, 对资本投入、经济增长更加不利。主要是当资产短缺引起金融资产价格上涨时, 银行接受的抵押品价值上升, 进而优化银行的资产负债表, 促使银行降低信贷投放标准, 加速扩张信贷资金规模, 出现"资本加速器"效应（Chami and Cosimano, 2010）；同时, 资产短缺会引起实际利率下降, 导致外部融资成本溢价下降, 融资成本和风险调整成本降低, 从而不断优化企业的资产负债水平和现金流, 提升企业净值, 增大托宾 Q 值, 刺激投资, 形成投融资乘数效应；甚至资产短缺能在居民、企业、银行、产业和市场间产生资产价格效应和资产负债表联动溢出效应, 这些传导作用均只会缓解"三高一低"和以资源投入为主的粗放型生产企业的融资约束, 放松其需求约束与实体约束, 形成"金融资产价格上升—粗放型投资增加—粗放型生产企业收入、现金流和资产净值增加—粗放型投资增加"的相互强化、不断往复的恶性循环, 进一步加剧这些企业低效、无效生产, 继续维持粗放型经营方式，过度进行实物资本的重复性投入与简单加总，最终加速资本边际报酬递减，减损经济的后续动力（戴魁早、刘友金，2015），出现"不可持续的增长模式"（Krugman，1994；Young，1994）。

二、金融渠道

我国不仅可能投资过度，而且金融市场滞后性、不完全性也造成资产短缺、信息不对称和信贷约束。根据资产短缺假说，为满足经济中的资产需求，缓解资产短缺，必须由泡沫价值来填补缺口，因此资产泡沫会作为资产供求均衡的一部分必然存在。很显然，作为弥补缺口的泡沫资产，能够发挥某些金融功能，如对冲与分配风险（Keynes，1930；Hicks，1946），提升信息不对称的效率投资与资源配置（Froot et al.，1992），对经济增长产生积极促进作用。Samuelson（1958）和 Tirole（1985）也提出泡沫资产是贮存新获得财富的次优手段，仅次于提供新的良好的金融资产。尤其是在金融资源有限、金融抑制程度较高的情况下，资产短缺产生的均衡性泡沫能起到信贷加速器作用，促使信用扩张和资产泡沫膨胀自我强化、螺旋式上升（Borio et al.，1994），引起信贷规模变化或者信贷结构变化，从而实现对金融体系的有效补充，激发实体经济投资，成为支持投资和经济增长的必要条件（Perez，2002）。Miao 和 Wang（2014）指出，泡沫资产价格上涨实际上是金融资产与企业能获得的贷款数量、贷款规模之间的正反馈循环。Hirano 和 Yanagawa（2015）认为泡沫资产可以提升有信用约束企业的净价值，增加投资，从而促进经济增长。

第二节

资产短缺影响实体经济增长的理论框架分析

资产短缺引起的资产泡沫绝对不是安全的，存在放大金融不稳定的可能性，引发各种"投机热"，加大金融与经济运行风险。Oliver（2000）指出，资产泡沫的投资传导机制与分配机制会影响经济增长。基于 AK 模型，探析资产短缺对长期经济增长路径和效果的影响。设定新生产函数：

$$Y_t = F[A_t(K_t) N_t, K_t] \qquad (2-10)$$

式中，第 t 期第 i 家企业投入 K_{it} 和 N_{it} 劳动力用于 Y_{it} 经济产出。则 K_t 和 N_t 为 n 家同质化的企业总资本投入和总劳动投入。技术水平 A_t（K_t）由 K_t 决定，并且是 K_t 的增函数。

现将 A_t（K_t）N_t 看为有效劳动，则单位有效劳动的资本存量 $k_{it} = K_{it}/A_t(K_t)N_{it}$，假设规模不变，式（2-10）可表示为：

$$Y_{it} = A_t(K_t) N_{it} f(k_{it}) \qquad (2-11)$$

假定生产技术函数形式为 $A_t(K_t) = \rho K_t$，并且设劳动供给量 N 为 1，此时单位有效劳动的资本持有数量 $k_{it} = 1/\rho$。求得无资产短缺情况下的均衡解：

$$k_{D, t+1} = \frac{s_t}{A_{t+1}(K_{t+1})} \qquad (2-12)$$

经济增长率：

$$g_1 = s_t \rho - 1 \qquad (2-13)$$

考虑资产短缺引起的均衡性泡沫，则代理人收入分配的最优化问题及

约束条件分别表示为:

$$\max u(c_{1t}) + \frac{1}{1+\theta}u(c_{2t}) \tag{2-14}$$

$$c_{1t} + i_t + b_t = w_t \tag{2-15}$$

$$c_{2t} = [1 + f'(k_{t+1})]i_t + b_t\mu \tag{2-16}$$

资产短缺情况下的均衡解:

$$k_{B,\ t+1} = \frac{s_t - b_t}{A_{t+1}(K_{t+1})} \tag{2-17}$$

经济增长率:

$$g_2 = (s_t - b_t)\rho - 1 \tag{2-18}$$

在内生增长模型框架下,虽然在存在资产短缺时,人均资本存量 $k_{B,\ t+1}$ 要小于无资产短缺环境下的 $k_{D,\ t+1}$,但是由于生产技术可能使存在资产短缺情况下的资本生产率 $f'(k_{B,\ t+1})$ 并不一定永远会高于无资产短缺环境下的 $f'(k_{D,\ t+1})$。而且,考虑到资产泡沫吸收和降低了储蓄规模,挤占了实体经济投资份额,导致资产短缺环境下的长期经济增长率小于无资产短缺环境下的长期经济增长率,即 $g_2 < g_1$。

在中国经济发展新阶段,经济部门同时包括实体经济部门和虚拟经济部门,既有"商品—货币—商品"的交易方式,也有"金融资产—货币—金融资产"的交易方式,特别是当前以金融为核心的虚拟经济已经成为现代经济的重要部分,货币作为一种金融资产和财富储藏方式扮演着越来越重要的角色,而作为传统商品交易方式的作用日渐削弱。不同层次的货币之间界限也日益模糊,货币形态替代与转换日渐频繁。考虑作为金融资产形式存在的存量货币,改变了实物商品与货币的关系,两者之间的逻辑链条因为"金融资产—货币"和"货币—金融资产"因素的介入显得更为复杂,实体经济不仅与商品供求、货币供求因素相关,更与金融资产供求结构有千丝万缕的关系。从计划经济到市场经济建设，出现了需求层和供给层的断裂、脱节，实体经济领域商品过剩、产能过剩，虚拟经济领域储蓄过剩、资金沉淀增加与资产短缺。根据资产短缺理论，当出现资产短缺时，为满足经济中的资产需求，资产泡沫会作为资产供需均衡的一部分存在，引起金融过热和资产价格波动，从而会对实体经济增长、实体经济部门物价指数产生影响（Bernanke and Blinder，2000）。在金融资产价格上涨预期的推动下，必然引起金融资产市场投资回报率上升。当金融资产市场投资回报率高于实体经济部门时，大量货币和存款将抽离实体经济，投入到股票等金融资产市场中，造成虚拟经济的过度繁荣与实体经济的大量"失血"，加速虚实背离的内在化和普遍化。实体经济利润增长率的下降和下行压力的激增，大批社会资金"脱实向虚"的转移也加剧了实体经济部门萎缩、技术性投资水平下降、生产性投资效率降低，以及金融资产价格的扭曲与波动。尤其是当前经济金融化、虚拟化程度不断提升，虚拟资本的泛滥使金融体系对实体经济发展影响程度和范围越来越广泛、越来越严重。因此，资产短缺引起金融资产市场形成"蓄水池"效应，对实体经济发展产生阻碍作用。

特别是，一旦资产短缺引发金融危机，会加速金融资产价格的下跌，使居民、企业、金融机构资本净值加速受侵蚀，而且资产估值折扣螺旋会加剧损失螺旋，迫使投资者降低杠杆率，出售更多的资产（昌忠泽，2010）；银行则会因为"借短贷长"的内在脆弱性而发生流动性危机和偿债能力危机；影子银行系统也将受到连锁性影响而面临灾难。只要基础性金融资产价格受到波及发生大面积、快速下跌，整个市场流动性将进入一个黑洞，金融体系彻底崩坏。

第三节

资产短缺的结构性影响因素分析理论框架

资产短缺直接体现了金融资产供需的结构性失衡状况，也与经济增长、虚实经济关系有着紧密联系。

我们假设金融资产由证券类投资性金融资产和以储蓄为主的保值性金融资产组成，其中投资性金融资产的供给很大程度与金融发展程度密切相关，所以短期内投资性金融资产供给难以大幅提升，即供给缺乏弹性，而保值性金融资产供给充足，即供给富有弹性。在资产短缺情况下，投资性金融资产需求大于供给，投资性金融资产有预期价格上涨的趋势，持有保值性金融资产会产生很高的机会成本，由于需求偏好和心理预期，会出现投资性金融资产对保值性金融资产的替代效应，从而促使人们去购买投资性金融资产，减少手中的保值性金融资产。另外，由于投资性金融资产价格上升，会出现市场利率下降的趋势，产生利率收入效应，减少当期的储蓄，增加当期的投资性金融资产。

如图 2-1 所示，资产需求曲线 D1、D2 与资产供给曲线 S 相交，处于资产短缺，资产需求曲线 D3 与资产供给曲线 S 相交，处于资产供求平衡，资产需求曲线 D4、D5 与资产供给曲线 S 相交，则是资产供过于求。在保值性金融资产部分，主要是以储蓄为投资对象，供给充足，资产价格平稳；在投资性金融资产部分，主要以股票等金融资产为投资对象，供给有限，资产价格波动较大。在现实生活中的情况主要是存在"两种资产"的曲线部分。当市场出现资产短缺时，居民、企业会减少手中的保值性金融资产，去追求投资性金融资产，从而投资性金融资产价格上升，这种情况一般会发生在金融市场复苏或者繁荣时期。由于资产价格上升会使居民投资收益增加，促进金融资产市场投资的增加，出现金融过热和资产泡沫。在这个过程中，随着金融加速器作用（Bernanke et al.，1996），资产价格上升与企业净值增加的相互强化机制会不断循环下去，促进产出增加。当泡沫资产价值持续增加，资产短缺会引起资金"脱实向虚"，阻碍实体经济发展。而且，当泡沫资产在供给的金融资产中占比过高，甚至由"短缺"转变为"过剩"时，会产生泡沫经济。一旦泡沫破灭，泡沫资产会在很短时间里大幅贬值，造成严重的金融不稳定。

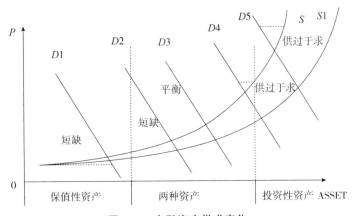

图2-1　金融资产供求变化

除了金融资产供需结构的转化，宏观经济因素也会改变图2-1中的供给和需求曲线。比如经济增长会改变资产需求曲线，利率会改变资产需求和资产供给曲线。此外，借助政策性与市场化手段供给金融资产，资产供给曲线从S变到S1，相比资产需求曲线的移动，能更高效、更快捷地缓解资产短缺，减少乃至消除潜在泡沫经济的风险。

接下来，从定性描述升级到理论模型的剖析。

假定第 t 时期的实际创造的金融资产 a_t 取决于当期的经济基础和金融市场发展状况，可以表示为 $a_t = \rho f(y_t, market_t, r_t)$。$\rho$ 表示金融资产的发行比率，本章分解为证券部门、银行部门的金融资产发行。y_t 表示国内生产总值 GDP，$market_t$ 表示市场化进程，r_t 表示实际利率。根据资产短缺的定义及计算公式（范从来等，2013；Chen and Imam，2014），满足：

$$AS_t = 1 - \frac{a_t}{s_t} = 1 - \frac{(security_t + bank_t)f(y_t, market_t, r_t)}{s_t} \qquad (2-19)$$

对前文和式（2-19）分析，发现资产短缺主要受金融发展、储蓄需求以及宏观经济三大因素影响。

金融发展是现代经济的核心，反映了金融结构的变化（Goldsmith，1969），体现了金融供给因素。尤其是当今虚拟经济、互联网金融的发展，虚拟经济的规模与增速已逐渐超过实体经济和 GDP，股票占国内金融资产的比率呈现明显上升趋势，对分流储蓄资金，拓展金融投资渠道起到了日益重要的作用（袁志刚、冯俊，2005），而以银行体系与资本市场体系并存的金融结构也促进了金融资产供给的多元化、复杂化。

储蓄体现了金融需求因素。储蓄需求也受到各种因素影响，其中人口年龄结构是影响储蓄需求和金融资产需求的重要因素（Modigliani and Cao，2004）。在我国，人口年龄结构变化与高储蓄率关系一直密不可分，用生命周期理论理解就是在个体一生中不同阶段都存在不同强度的储蓄需求，而制度环境、体制变革带来的不确定会加强这种需求动机与意愿（Chamon and Prasad，2008；Chamon et al.，2013）。不同年龄人口结构的储蓄需求与资产短缺呈不同关系。

进一步将经济增长、市场化进程、实际利率以及是否发生金融危机四方面整合为宏观经济因素，体现金融供需发展的整体宏观环境。接下来分别予以考察：

经济增长能反映一个国家或地区经济整体实力。新兴经济体长期储蓄大于投资，经济增速和产出能力表现强劲，同时由于历史与体制等因素对金融有较强抑制，金融资产规模和数量供给短时间难以有效增加。强劲的财富创造能力与偏弱的金融资产创造能力并存，必然会造成经济体内大量社会财富、社会资金和储蓄通过贸易和资本渠道去发达国家金融市场寻求资产转化，导致区域内投资与消费疲软。因此，为了保证经济增长的目标必然需要积累更多储蓄，这将加剧资产短缺。而且，由于我国没有完全开放资本账户，只是通过政府在积累国际资产，国际资产的回报又偏低，非向本国民众提供政府隐性担保的债券，也进一步导致了价值储存的超额需求只有部分从经济增长中获得弥补，这种情形不可避免地会加剧资产短缺。

市场化进程，包括一个国家政府与市场的关系、非国有经济的发展、产品市场的发育程度、要素市场的发育程度以及市场中介组织发育和法律制度环境。对金融发展、促进技术进步、改善资源配置具有不可替代的作用（樊纲等，2011）。市场化进程一般情况下有利于促进金融资产供给增加，深化金融市场发展，有助于缓解资产短缺。周业安和赵坚毅（2005）从金融市场化来观察我国市场化进程，认为金融市场化能够提升资源配置效率，金融市场化进程就相当于金融发展与金融深化进程。

利率是金融市场中重要的经济调节杠杆，体现金融市场资金和金融资产供求状况，是我国金融改革的核心内容之一。随着利率市场化的推进，金融市场替代中央银行成为基准利率提供者的重要性日益突出，以 1 年期存款基准利率强调利率调整与利率市场化改革和调控方向上将保持一致性（易纲，2009）。根据马歇尔古典经济学理论，利率下降，导致社会对信贷资金需求的膨胀，刺激贷款过快增长，增加金融资产发行规模，而利率上升，会增强储蓄需求和意愿（McKinnon and Shaw，1973）。但是，如果根据目标储蓄者（Target Saver）理论，人们从最优化框架去选择消费和储蓄，利率上升，储蓄回报增加，人们会相应地增加消费而减少储蓄，储蓄的利率弹性为负（Keynes，1936；Loayza et al.，2000）。所以，利率与资产短缺存在复杂关系。

金融危机爆发作为对上述模型体现资产短缺的结构性影响因素的补充，是特定时期的重要宏观经济现象。是流动性的急剧扩张—流动性逆转—流动性短缺的过程（Tirole，2003）。一方面，低利率推动资产价格上涨，增加金融资产价值，缩小资产短缺；另一方面，在资产泡沫破灭时期，金融资产价值急剧下跌，风险规避与投资的不确定性将增加储蓄的价值，加剧资产短缺。

本章小结

资产短缺不仅是影响经济增长而且是更深层次改变虚拟经济与实体经济投资取向的重要原因。资产短缺能通过资本渠道和金融渠道影响经济增长，也会通过资产泡沫和资产价格膨胀，引起金融资产市场投资回报率上升，形成大量社会资金的"脱实向虚"，加剧虚拟经济过度繁荣和实体经济部门萎缩，最终使经济长期增速放缓与经济运行风险加大。进一步通过对资产短缺的结构性影响因素的理论基础和模型分析，发现资产短缺直接体现了金融供需结构性失衡问题，主要受到金融发展、储蓄需求以及宏观经济因素三方面的影响。

我国金融资产与经济发展的现实考察

　　我国经济体制的改革不断催生金融市场、金融机构、金融工具、金融服务的演进和发展。自1978年改革开放以来，中国经济与金融发展发生了翻天覆地的变化，不仅金融市场规模不断增长，市场结构日趋完善，金融资产品种多元化快速创新，而且金融市场对外开放步伐持续加快。但是金融发展不平衡、不充分暴露出的资产短缺问题却未解决，造成金融偏离了服务实体经济的方向，导致经济增长出现脆弱性与风险。

第一节
金融资产现实分析

一、金融资产规模分析

中国经济发展迅速既离不开政策层面的支持，如改革开放和加入世界贸易组织，也离不开金融发展的支持。国内 GDP 由 1990 年的 19066.97 亿元增加到 2016 年的 744127.20 亿元，增长了 38 倍之多。在中国经济腾飞过程中，国民生活也大幅改善，对于生存、生活商品的基本需求逐渐得到满足，并对金融产品、金融服务的需求日渐旺盛。在这段时期里，金融资产不仅在规模上，而且在种类上都出现了不同程度的发展。金融资产总量和规模呈现井喷式增长，从 1990 年的 34885.76 亿元增加到 2016 年的 3423561.57 亿元，增长了 97 倍，明显快于 GDP 增长速度。为了便于科学性分析，我们将经济中的金融资产简化，划分为常见的几大类：债券、股票、贷款、存款、保费、流通中的现金。此外，我们也分析了货币供应量（M0、M1、M2）的增长情况。表 3-1 反映了 1990~2016 年我国整体与各类金融资产规模增长情况。

当前，我国的债券市场主要包括三个部分：商业银行柜台债券市场、交易所债券市场、银行间债券市场。中国债券市场主要有国债、央行票据、地方政府债、金融债券、企业债券、公司债券、非金融企业债务融资工具，以及国际机构债券等品种。债券市场是资本市场的重要组成部分，

表3-1　金融资产规模分析

单位：亿元

年份	债券发行规模	股票流通市值	贷款	存款	保费金额	M0	M1	M2	GDP	金融资产
1990	347.30	45.00	17680.70	14012.60	155.76	2644.40	6950.70	15293.40	19066.97	34885.76
1991	351.91	38.00	21337.80	18079.00	209.71	3177.80	8633.30	19349.90	22124.21	43194.22
1992	410.86	335.00	26322.90	23468.00	335.15	4336.00	11731.50	25402.20	27334.24	55207.91
1993	527.70	862.00	32943.10	29627.00	456.87	5864.70	16280.40	34879.80	35900.10	69753.67
1994	1320.55	969.00	40810.10	40472.50	376.42	7288.60	20540.70	46923.50	48822.65	89916.62
1995	2291.31	938.00	50538.00	53862.20	453.32	7885.30	23987.10	60750.50	61539.05	113676.82
1996	4476.83	2867.00	61152.80	68571.20	538.33	8802.00	28514.80	76094.90	72102.48	141931.33
1997	5464.51	5204.00	74914.10	82390.30	772.71	10177.61	34826.30	90995.30	80024.78	173458.72
1998	8537.69	5746.00	86524.10	95697.90	1255.97	11204.20	38953.70	104498.50	85486.31	200428.17
1999	6024.00	8213.96	93734.30	108778.90	1406.00	13455.50	45837.20	119897.90	90823.84	231612.66
2000	6385.00	16088.00	99371.10	123804.40	1598.00	14652.70	53147.20	134610.30	100576.83	261899.20
2001	7656.00	14463.17	112314.70	143617.20	2109.00	15688.80	59871.60	158301.90	111250.20	295848.87
2002	11416.00	12484.56	131293.93	170917.40	3054.00	17278.00	70881.80	185007.00	122292.15	346443.89
2003	18484.00	13178.52	158996.23	208055.59	3880.00	19745.90	84118.60	221222.80	138314.69	422340.24
2004	29411.00	11689.00	178197.78	241424.32	4318.00	21467.30	95969.70	254107.00	162742.12	486507.40
2005	44129.00	10630.52	194690.39	287163.02	4932.00	24031.70	107278.80	298755.70	189190.39	565576.63
2006	59061.00	25003.64	225347.20	335459.78	5640.34	27072.62	126035.10	345603.60	221206.50	677584.58
2007	81408.00	93064.00	261690.88	389371.15	7036.21	30375.24	152560.07	403442.20	271699.32	862945.46
2008	73050.00	45213.90	303467.77	466203.32	9784.24	34219.00	166217.10	475166.60	319935.85	931938.23

续表

年份	债券发行规模	股票流通市值	贷款	存款	保费金额	M0	M1	M2	GDP	金融资产
2009	88867.00	151258.65	399684.82	597741.10	11137.30	38246.00	220001.50	606225.00	349883.34	1286934.87
2010	97320.00	193110.00	479195.55	718237.93	14527.97	44628.17	266621.54	725851.79	410708.26	1547019.62
2011	78308.00	164921.00	547946.69	809368.33	14339.25	50748.46	289847.70	851590.90	486037.78	1665631.73
2012	79454.00	181658.26	629906.60	917368.11	15487.93	54659.77	308664.23	974148.80	540988.89	1878534.67
2013	89202.00	199579.54	718961.46	1043846.86	17222.24	58574.44	337291.05	1106524.98	596962.86	2127386.54
2014	119286.00	315624.31	816770.01	1138644.64	20234.80	60259.53	348056.41	1228374.81	647181.68	2470819.29
2015	224707.00	417880.75	964617.00	1377548.00	24282.52	63216.58	412685.64	1416319.55	689052.10	3072251.85
2016	361000.00	391395.60	1066040.00	1505863.00	30959.10	68303.87	486557.24	1550066.67	744127.20	3423561.57

资料来源：根据国泰安数据库（http：//www.gtarsc.com）数据整理。

是我国资本市场改革发展的重要成果。近年来，国内债券市场快速发展，债券市场规模不断扩大，品种不断增多，结构持续优化，服务实体经济的能力大幅度提升，已经成为直接融资和资产配置的重要渠道。不仅如此，债券市场成为利率市场化背景下多种基准利率的生成来源和调整渠道。如图 3-1 所示，我国债券发行规模从 1990 年的 347.30 亿元增加到 2016 年的 361000.00 亿元，增长了约 1038 倍，年均增长率约为 30.63%。

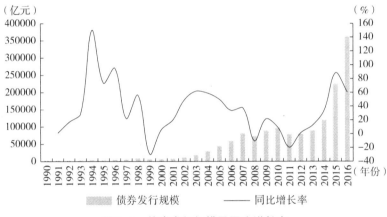

图 3-1 债券发行规模及同比增长率

我国证券市场发展历经 20 多年的风雨，已经取得了世界瞩目的成就，形成了主板市场、中小企业板、创业板和新三板的证券市场结构，为企业发展提供直接融资创造了巨大便利，为提升资源配置效率奠定了重要基础，同时在很大程度上也促进了宏观经济的转型升级与结构调整。如图 3-2 所示，我国股票流通市值从 1990 年的 45.00 亿元增加到 2016 年的 391395.60 亿元，增长了约 8697 倍，年均增长率约为 41.75%。股市是宏观经济的晴雨表，与国家经济状况密切相关。在后金融危机时代，我国经济发展克服重重困难，逐渐趋稳向好。经济总量稳步增长、结构持续优化。同时在全球普遍都缺乏安全资产的背景下，人民币资产成为全球价值投资的重要对象，中国股市也回归价值投资的主流。截至 2017 年 12 月，境外机构和个人持有中国股票余额达到 1.17 万亿元，较 2016 年 12 月末的 6.5 万亿元增长了 80%。近年来，受全球性金融危机的影响，我国股市在内部经济转型升级和外部环境不稳定的冲击下出现了市值同比增长率下滑的趋势。

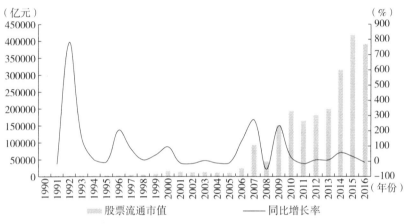

图 3-2　股票流通市值及同比增长率

商业银行是信用借贷的重要中介机构，也是联系货币政策影响货币流通的重要媒介，其发挥了多种重要的职能作用，如信用中介职能、支付中介职能、信用创造职能和金融服务职能，对经济产生重要影响。目前，我国金融体系仍然是以银行系统作为主导，如图 3-3 所示，我国存款余额和贷款余额分别从 1990 年的 14012.60 亿元和 17680.70 亿元增加到 2016 年的 1505863.00 亿元和 1066040.00 亿元，分别增长了 106 倍和 59 倍之多，平均同比增长率各为 19.91% 和 17.22%。但是，在长期货币化、城市化与工业领域的改革进程中，政府过度干预信贷市场以及政府对金融资源的强有力控制形成了大量存贷款余额，而且居民收入的不确定性以及医疗、养老、住房等大额刚性支出也加剧过度储蓄，导致了较为严重的金融垄断和金融抑制（杨继军、张二震，2013）。

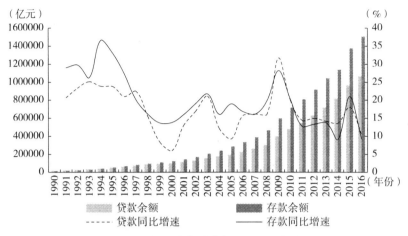

图 3-3　银行存贷款余额及同比增长率

保险业是现代金融业中的一个重要部分，其通过风险管理等基本手段保障人民群众的生产生活，对经济发展起着巨大推动作用，也是经济发展发达程度、社会治理能力强弱的重要体现。近年来，外部大环境的不确定，经济增长进入新常态，我国社会人口老龄化趋势愈加明显，逐渐放开二胎的人口政策以及人民对于风险规避的意识日渐提升，使保险产品和保险服务需求旺盛，极大程度促进了我国保险业的快速发展，推动着保险服务领域不断拓宽。如图 3-4 所示，我国保费余额从 1990 年的 155.76 亿元增加到 2016 年的 30959.10 亿元，增长了约 198 倍，年均增长率约为22.57%。但是对于起步和发展仍然相对较慢的保险行业而言，保险产品仍然面临供不应求的巨大需求缺口。未来保险业将在政策红利、经济发展与国民风险意识提升的推动作用下站上腾飞的风口。

不同货币供给层次表现出不同特征。如图 3-5 所示，M0 从 1990 年的2664.40 亿元增加到 2016 年的 68303.87 亿元，增长了约 25 倍，年均增长率约为 13.29%；M1 从 1990 年的 6950.70 亿元增加到 2016 年的 486557.24亿元，增长了约 69 倍，年均增长率约为 17.75%；M2 从 1990 年的15293.40 亿元增加到 2016 年的 1550066.67 亿元，增长了约 100 倍，年均

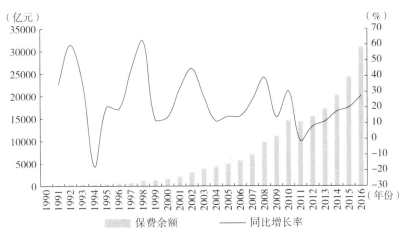

图 3-4 保费余额及同比增长率

增长率约为 19.44%。从三者的走势可以发现：M0、M1 和 M2 同比增速都出现了下降趋势，M0 同比增速下降幅度大于 M1、M2 同比增速。主要原因：一是政策指引，坚持稳健中性的货币政策，切实管住货币供给总闸门，保持流动性合理充裕；二是科技变革，科技的进步改变了传统支付方式，网上支付、电子支付、移动支付等减少了对现金的需求，电子货币不仅代替了流通中的现金和存款，而且促进流动性较高的金融资产向流动性较低的金融资产转化，引起交易性金融资产比重的降低和投资性金融资产比重的提高（周光友，2006，2009）。

20 世纪 70 年代，金融发展理论、金融深化理论是片面强调量性的金融发展观，促使很多发展中国家加速金融自由化进程，引起金融机构数量快速扩张，金融开放和创新不断向前推进，金融工具与金融资产迅速膨胀，货币发行量超过了维持经济正常运行所需要的货币量。如图 3-6 所示，金融资产规模从 1990 年的 34885.76 亿元增加到 2016 年的 3423561.57 亿元，增长了约 97 倍，年均增长率约为 19.29%；GDP 从 1990 年的 19066.97 亿元增加到 2016 年的 744127.20 亿元，增长了约 38 倍，年均增长率约为 15.13%。通过对比，金融资产规模不仅比 GDP 庞大，增速也比

GDP 快 4 个百分点。如果把近年来快速增长的金融衍生产品考虑进来，金融资产规模增速将更快。

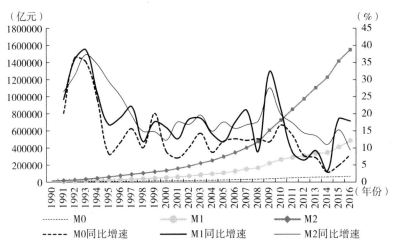

图 3-5　货币供给及同比增长率

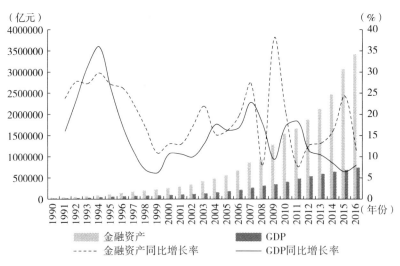

图 3-6　金融资产规模、GDP 及同比增长率

二、金融资产结构分析

Goldsmith（1969）提出金融结构论和金融相关率，强调金融资产的数量关系，包括不同金融资产的比率关系、增长趋势、在不同金融主体、不同行业及地区的分布特征，以及金融资产规模与经济总量的相互关系。通过观察金融相关率指标在 1990～2016 年的变化，发现其从 1990 年的 182.96%增长到 2016 年的 460.08%，增速惊人（见表 3-2）。

表 3-2 金融资产结构分析　　　　　　　　　　单位：%

年份	债券占比	股票占比	存贷款占比	保费占比	现金占比	M0/M1	M1/M2	M2/GDP	金融相关率
1990	0.996	0.129	90.849	0.446	7.580	38.045	45.449	80.209	182.96
1991	0.815	0.088	91.255	0.485	7.357	36.809	44.617	87.460	195.24
1992	0.744	0.607	90.188	0.607	7.854	36.96	46.183	92.932	201.97
1993	0.751	1.226	89.028	0.650	8.345	36.023	46.676	97.158	195.77
1994	1.447	1.062	89.089	0.413	7.989	35.484	43.775	96.110	186.87
1995	1.976	0.809	90.025	0.391	6.800	32.873	39.485	98.719	188.45
1996	3.058	1.958	88.604	0.368	6.012	30.868	37.473	105.537	203.06
1997	3.054	2.909	87.917	0.432	5.688	29.224	38.273	113.709	223.58
1998	4.086	2.75	87.202	0.601	5.362	28.763	37.277	122.240	244.44
1999	2.601	3.546	87.436	0.607	5.809	29.355	38.23	132.011	255.01
2000	2.438	6.143	85.214	0.610	5.595	27.57	39.482	133.838	260.40
2001	2.588	4.889	86.508	0.713	5.303	26.204	37.821	142.294	265.93
2002	3.295	3.604	87.232	0.882	4.987	24.376	38.313	151.283	283.29
2003	4.377	3.12	86.909	0.919	4.675	23.474	38.024	159.942	305.35
2004	6.045	2.403	86.252	0.888	4.413	22.369	37.767	156.141	298.94
2005	7.802	1.88	85.197	0.872	4.249	22.401	35.909	157.913	298.95
2006	8.716	3.69	82.766	0.832	3.995	21.48	36.468	156.236	306.31
2007	9.434	10.784	75.446	0.815	3.520	19.91	37.815	148.488	317.61
2008	7.839	4.852	82.588	1.050	3.672	20.587	34.981	148.519	291.29
2009	6.905	11.753	77.504	0.865	2.972	17.384	36.290	173.265	367.82
2010	6.291	12.483	77.403	0.939	2.885	16.738	36.732	176.732	376.67

年份	债券占比	股票占比	存贷款占比	保费占比	现金占比	M0/M1	M1/M2	M2/GDP	金融相关率
2011	4.701	9.901	81.490	0.861	3.047	17.509	34.036	175.211	342.70
2012	4.230	9.670	82.366	0.824	2.910	17.708	31.686	180.068	347.24
2013	4.193	9.381	82.863	0.810	2.753	17.366	30.482	185.359	356.37
2014	4.828	12.774	79.140	0.819	2.439	17.313	28.335	189.804	381.78
2015	7.314	13.602	76.236	0.790	2.058	15.318	29.138	205.546	445.87
2016	10.545	11.432	75.124	0.904	1.995	14.038	31.389	208.307	460.08

资料来源：根据国泰安数据库（http：//www.gtarsc.com）数据整理。

　　债券作为重要的投融资工具，在金融资产总规模中的占比呈上升趋势，这反映了债券在国民经济中的地位日益提升，但是其比重仍然较低，与国际市场相比仍有差距，所以其有相当大的发展潜力和空间。1990～2016年，平均债券占比仅为4.48%，同比增长率也徘徊在低位，甚至在一些年度出现负增长。从图3-7中发现，2000～2007年是债券增长的蓬勃时期，这得益于债券中央托管机构的建立、债券品种日益丰富、市场投资者队伍不断壮大以及市场国际化水平稳步提升。经过世界性金融危机之后，2014～2016年，债券规模再次走上上升通道，其主要得益于供给侧结构性改革、经济去杠杆与地方债置换推动债券发行量增加，以及债券市场规模持续快速扩张。

　　中国股票市场的发展，是中国经济从计划经济体制逐渐向市场经济体制转型过程中的最为重要的成就。从图3-8中可以看出，股票占比波动较为频繁，占比仍然较低，整体上存在明显的上升趋势。中国股票市场与国际股票市场相比虽有差距，但其未来有相当大的发展潜力和空间。1990～2016年，平均股票占比仅为5.46%，同比增长率也徘徊在低位，甚至在某些年份出现负增长。原因在于：一是金融监管机构和相关部门的监管力度不够；二是国内外投资环境不理想；三是专业性法律法规以及整体性法律

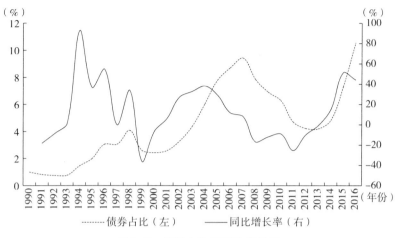

图 3-7　债券占比及同比增长率

体系滞后；四是投资者受专业化的教育程度不足，专业化投资知识储备不足；五是股市本身建设存在漏洞，机制体制仍然有待进一步健全。其中，2005 年股权分置改革消除非流通股和流通股的流通制度差异，让不能流通的股票能够上市交易，因而出现了 2005 年以后股票流通市值大幅提升的情况。

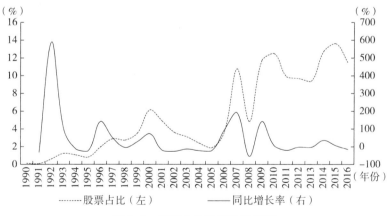

图 3-8　股票占比及同比增长率

我国保险业虽然发展迅速，发展空间和潜力巨大，但是受制于市场环境因素，如部分公众对保险认知度不高，诚实守信的良好社会氛围正在形成，也受制度层面和保险公司自身因素影响，如本身机制框架缺陷、运营欠规范和综合竞争实力偏弱等。综上所述，保险相对于债券、股票的金融资产结构，规模较小，增速较低。如图 3-9 所示，1990~2016 年，平均保费占比仅为 0.72%，同比增长率也徘徊在低位，平均增长率仅为 3.91%，甚至在一些年份出现了负增长。

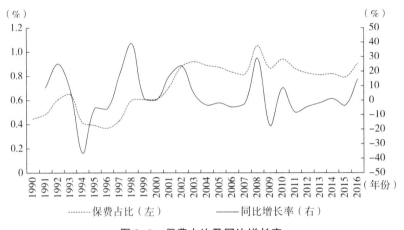

图 3-9　保费占比及同比增长率

我国是以银行为主体的金融结构，这决定了存款和贷款总规模在金融资产总规模中的占比一直处于最具分量和主要的地位。如图 3-10 所示，1990~2016 年，平均存贷款占比为 84.51%，远远高于股票、债券和保险在金融资产规模中的占比。但是从长期来看，存款与贷款总规模占比也逐渐显现出了下降的趋势，主要原因在于经济发展过度依赖于银行体系和间接融资会导致贷款效率不高、融资成本偏高、风险集中度较高，而且随着资本市场对资源实现高效配置的优势逐渐显现，国家政策和市场经济发展导向也强调要加快建设健全多层次的资本市场，严格规范资本市场高效运行，尽快提高直接融资比例。同时，近年来，互联网金融的强势崛起，一步一步弱化了商业银行的支付和中介作用，互联网金融工具与产品的创新，也给商业银行的传统产品架构产生巨大冲击，以致更多的存款和贷款从银行流出，流入到互联网金融机构。

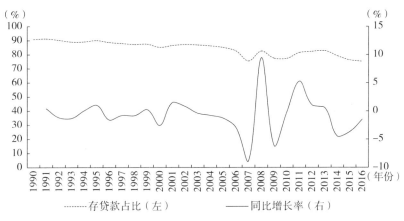

图 3-10　存贷款占比及同比增长率

现金占金融资产总规模的比率在缩小。如图 3-11 所示，1990～2016年，平均现金占比为 4.82%，而且呈现下滑趋势。主要原因是，互联网金融促进了搜索、交易、支付、结算等信息技术以及金融基础设施建设，推动了非现金支付的普及，如各种代替现金用的 IC 卡或磁卡、信用卡、存款利用型电子货币、电子现金、电子钱包等，极大程度满足了消费者对快速便捷支付、取现、储存的需求，降低了对流通中现金使用的需求。据中国人民银行统计，2005 年是中国银行卡产业超常规发展的一年，我国也成为了全球银行卡发卡量第一的大国，银行卡等业务消费交易额占全国社会消费品零售总额的比重已接近 10%，相比五年前提高了约 5 倍。

货币供给结构的变化不仅体现了流动性不同的货币分布结构，也反映了金融资产结构的转变。如图 3-12 所示，M0/M1 从 1990 年的 38.045% 下降至 2016 年的 14.044%，呈现了明显下滑趋势，同比增速平均约为 -3.66%；M1/M2 从 1990 年的 44.449% 下降至 2016 年的 31.389%，呈现

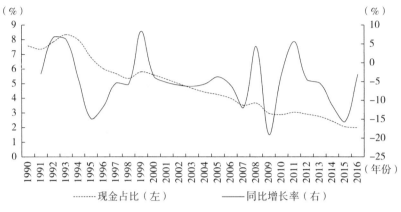

图 3-11 现金占比及同比增长率

了下滑趋势，同比增速平均约为 -1.31%。不论是占比还是增速的下降，主要原因是互联网金融促进信息技术与金融基础设施建设，推动了金融交易、支付等效率的提升，造成了流通中的现金使用量逐渐减少，更多储蓄存款从银行流入了资本市场、金融市场。

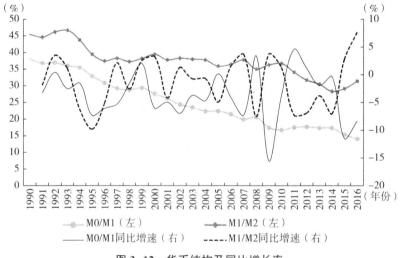

图 3-12 货币结构及同比增长率

M2 与 GDP 的比率作为金融深化的重要标志，其比率从 1990 年的 80.21% 上升到 2016 年的 208.31%，增长了约 1.6 倍，同比增长率平均是

3.83%，可以推断金融深化和金融发展不断加快（见图3-13）。高 M2/GDP 直观地说明了我国货币供应存量扩张速度快，规模庞大，长期超过了维持经济正常运行所需要的货币量，也反映了金融与实体经济之间的复杂关系。易纲和吴有昌（1999）认为 M2/GDP 不仅体现了金融深化程度，而且高 M2/GDP 也反映出了我国金融发展并非表面上的成绩斐然，金融资产结构实际上存在较多问题，即在银行体系主导的金融结构下资本市场发展明显滞后。刘明志（2001）提出"高储蓄说"，认为中国高 M2/GDP 主要归因于居民、企业难以找到合适的投资渠道和金融投资工具，不得不被迫储蓄和过度储蓄。余永定（2002）也认为由于中国资本市场发展滞后、金融资产相对单一，造成居民、企业可投资渠道相对匮乏，从而引起高 M2/GDP。范从来和王勇（2014）提出高 M2/GDP 反映的是 M2 对 GDP 代表的经济产出的促进机制效率偏低，是虚拟经济与实体经济发展失衡、失调的结果。

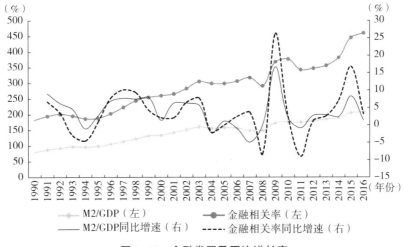

图 3-13　金融发展及同比增长率

因此，通过前文对金融资产规模和金融资产结构分析，可以发现我国金融资产规模增长迅速，金融资产结构朝多元化发展。但是，健康的金融发展不是过度金融化、过度杠杆化与虚假创新，而是实现金融回归服务实体经济的本源。虽然，金融相关率从 1990 年的 182.96% 上升到 2016 年的 460.08%，增长了约 1.5 倍，同比增长率平均是 3.84%，但是却引起资本市场的过度膨胀，并使虚拟经济逐渐脱离对实体经济的依赖，甚至控制、支配实体经济。刘骏民（1998）、李晓西等（2000）认为，虚拟经济过度膨胀与泡沫经济密切相关。杜厚文和伞锋（2003）提出，虚拟经济的过度繁荣会产生系统性风险，从而扰乱实体经济发展的平稳与稳定。武志（2010）指出，当前不能单纯仅仅通过金融规模和数量扩张的方式来不断扩充国民经济的规模，而应该将更多关注放在金融发展的内在质量和效率上。马轶群和史安娜（2012）提出金融发展正在削弱经济增长协调性和可持续性，金融发展对经济增长并非都是正面影响。

第二节
经济发展现实情况

一、固定资产投资的现实情况

自我国实行改革开放政策以来，在短短的 40 多年时间里，固定投资规模大幅增长，从 1980 年的 910.9 亿元增加到 2016 年的 606465.7 亿元，增长了约 665 倍，这证明了我国确实已经形成长期依靠生产要素投入的生产方式。期间，固定资产投资同比增速出现剧烈波动（见图 3-14）。具体来说，1980~2016 年，固定资产投资同比增速平均约为 20.41%，最大增速达到61.78%，最小增速为-7.22%，相差了约69个百分点。根据固定资产投资总额同比增速波动情况、我国宏观经济面基本情况与政策措施，划分四个阶段对波动原因进行深层次分析。

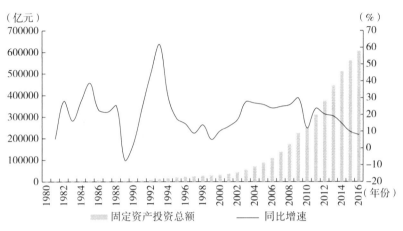

图3-14 固定资产投资总额及同比增长率

1980~1989年，本阶段我国固定资产投资波动剧烈。改革开放的政策红利吸引了大量外商对华投资，1982~1988年固定资产投资规模平均增长率达到25.8%，最高时候达到38.75%。投资热潮很快形成了通货膨胀和经济过热，致使我国采取对投资热潮的"急刹车"。1989年，我国固定资产投资首次出现负增长，增速为历史最低的-7.22%。

1990~2001年，本阶段固定资产投资增速呈现出倒V形走势。1992年邓小平南方谈话掀起了市场化改革的浪潮，固定资产投资规模增速攀升至1993年61.78%的历史最高水平，但是带来了居高不下的通货膨胀困境。为给过热的投资热潮降温，政府实施适度从紧的货币政策，中国经济在1996年实现软着陆。随后，1998年亚洲金融危机的爆发，外部需求减少进一步导致投资增速持续减缓。对此，我国实施积极的财政政策，大规模发行国债，加大对水利、通信、交通以及民生等基础设施的投资，促使我国固定资产投资表现出反转迹象。

2002~2007 年，本阶段固定资产投资规模呈稳步上升趋势，同比增速平均高达 24% 以上。2001 年加入世界贸易组织，极大改善了我国对外贸易环境，外商投资迅速增加，同时亚太金融危机后我国实行的积极财政政策刺激取得效果，国内投资迅速扩张。在 2002 年我国固定资产投资额达到 4.35 万亿元。投资过热的隐患再次出现。

2008~2016 年，本阶段固定资产投资增速呈波动下行态势，同比增速在 18% 左右，并且在 2015 年和 2016 年跌破 10% 的增长率。2008 年国际金融危机爆发，以及随之而来的欧债危机使我国对外贸易环境急剧恶化，同时我国出台 4 万亿元保增长举措，并且实行积极的财政政策和适度宽松的货币政策，大量增加投资项目。2008~2010 年，三年间固定投资平均约为 21.64 万亿元，同比增长率平均约为 22.62%，确保了国民经济的稳定增长。自 2012 年以后，我国经济进入新常态，"高投资—高增长"的政府主导型投资模式日益暴露出粗放型投资路径依赖与经济增长质量堪忧的双重难题，导致产能过剩、产品附加值偏低和环境污染。在政府积极推动"三去一降一补"等政策过程中，2015 年我国固定资产投资增速回落到 9.76%，2016 年进一步下跌到 7.91%。

二、国内生产总值的现实情况

中国创造了世界经济增长的奇迹。1978 年，中国 GDP 只有 3678.7 亿元，而到 2016 年已经达到 744127.2 亿元，增长了 201.3 倍，年均增长率约为 22.66%（见图 3-15）。相比同时期世界上其他国家，经过 30 年时间的发展，中国由 1978 年世界排名第十位上升到 2010 年世界排名第二位。但是在外部金融危机爆发以及国内粗放型生产方式的"双重影响"下，中国经济增速从 2011 年到 2016 年持续性回落，仅在 2017 年经济增速同比

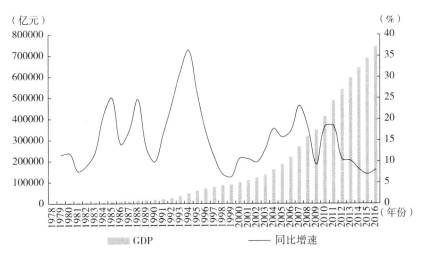

图 3-15　GDP 及同比增长率

2016 年回升了 0.2%。主要原因如下：

一是国际金融危机的冲击。国际金融危机爆发，对世界各国经济造成重创，中国出口货物和服务受到波及而出现大幅削减，净出口需求的降低严重抑制了中国经济增长。相比于 1979~2008 年净出口需求对中国经济增长的平均贡献率为 7.2%，2008 年金融危机期间，净出口需求对中国经济增长的贡献率常年出现负值，而 2009 年，净出口需求对中国经济增长的贡献率是-42.6%，向下拉动中国经济增速高达 4 个百分点。

二是中国经济增长进入了周期性回落阶段。自改革开放以来，中国经济增长形成了三个大的周期：1981~1990 年、1990~1999 年、1999 年至今。在第三周期阶段，中国经济在国际金融危机的冲击下加速了中国经济增长的回落速度和停留回落状态时间。

三是要素供给产生变化。既有劳动要素供给变化，人口红利在逐渐消失，也有资源要素供给变化，土地、森林、水、矿产等资源的供给对经济发展约束渐渐凸显。

四是环境制约。随着国民经济发展和生活水平的提高，人们对美好生活日益增长的需求对"青山绿水""蓝天白云"的生态环境提出了更高要求。环境因素对我国长期形成的牺牲环境保增长的方式产生了长期制约。

五是供给与需求不平衡矛盾凸显。主要是"三高一低"企业的产能过剩与高新技术产业供给不足的矛盾抑制了中国经济高质量、快速地增长。

以上五个原因或在短期或在长期对我国经济产生负面冲击。在未来，短期外部环境的严峻形势难有起色，国内粗放型生产方式的路径依赖，传统政绩观念的错误导向，以及过度金融化对实体经济根基的侵蚀，都对我国经济的可持续发展极为不利。

三、居民消费价格指数的现实情况

CPI 是居民购买的实体经济商品及服务项目价格水平的变动趋势和变动程度，是反映我国经济的重要直观指标，可以表现实体经济的发展热度。

图 3-16 中显示的是 1978～2016 年中国 CPI 走势和 CPI 同比增长率走势。可以明显看出，我国 CPI 波动有前高后低的趋势。1978～1996 年，市场化改革初期，CPI 发生了几次较大的波动，既出现过严重的通货膨胀，也发生过轻度的通货紧缩，其中 1988～1989 年的高物价，是由于实行工资制改革、扩大基础设施建设规模以及提高对乡镇企业的银行投放信贷规模使市场对货币的需求量大大增加；1993～1994 年的高物价，是由于政府放开市场经济发展的"缰绳"，供求关系的再调整以及积极的财政、货币政策共同刺激信贷规模扩张与过快的投资；1994～1996 年财税、金融和外汇管理体制改革，以及国有企业"股份化"改制使物价水平逐渐回落。1996年中国经济实现"软着陆"后，中国政府对经济的宏观调控能力逐渐提高，CPI 波动区间缩小、波动频率减小。1997～2005 年，CPI 波动渐趋平稳，小幅上扬，主要是因为经济全球化加速以及中国加入 WTO，金融资产价格与实物商品价格之间、国家与国家之间的价格关联更加紧密。2006～

2011 年，CPI 出现较大幅度波动，主要是因为全球金融危机爆发，以及各国实行的应激式政策，造成了金融资产和实体经济部门商品价格大幅波动。自 2011 年以后，央行实施稳健中性的货币政策，切实管住货币供给总闸门，综合运用多种货币政策工具，保持货币信贷及社会融资规模合理增长，维持流动性合理稳定，造成物价水平逐渐保持稳定并伴随有缓慢下行的趋势。

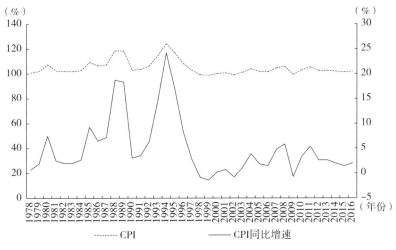

图 3-16　CPI 及同比增长率

第三节

金融资产与经济发展现实的相关性分析

金融发展与经济发展各自都包含整体性和结构性的特征。首先，金融发展确实对经济增长有促进作用，如表 3-3 所示，金融相关率与 GDP 是正相关关系，都有一致性的趋势。但是金融为什么会偏离服务实体经济的方向，使经济总量在不断增大、经济增长速度在不断增快的过程中逐渐显现脆弱性？这就需要从金融结构性问题，以及虚实经济的关系入手进行细致深入的思考。

表3-3　金融相关率、GDP、企业利润增长率与物价水平

年份	CPI（%）	GDP（亿元）	M2/GDP（%）	金融相关率（%）[1]	国有企业及规模以上非国有工业企业利润增长率（%）
1999	-1.4	90564.4	132.39	255.01	56.93
2000	0.4	100280.1	134.23	260.40	92.00
2001	0.73	110863.1	142.79	265.93	7.74
2002	-0.75	121717.4	152.00	283.29	22.20
2003	1.17	137422	160.98	305.35	44.13
2004	3.88	161840.2	157.01	298.94	43.08
2005	1.81	187318.9	159.49	298.95	24.09
2006	1.47	219438.5	157.49	306.31	31.76
2007	4.77	270232.3	149.29	317.61	39.23
2008	5.86	319515.5	148.71	291.29	12.55
2009	-0.69	349081.4	173.66	367.82	13.02
2010	3.32	413030.3	175.74	376.67	53.58
2011	5.39	489300.6	174.04	342.70	15.73
2012	2.65	540367.4	180.28	347.24	0.84
2013	2.6	595244.4	185.89	356.37	1.49
2014	1.99	643974	190.75	381.78	8.47
2015	1.44	689052.1	202.06	445.87	-2.89
2016	2.00	744127.2	208.31	460.08	8.66

资料来源：根据国泰安数据库（http://www.gtarsc.com）数据整理。

　　与虚实经济密切相关的重要因素是货币需求和资金流向。在经济与社

---

[1]　雷蒙德·W.戈德史密斯在《金融结构与金融发展》（周朔等译，贝多广校，上海：三联书店，上海人民出版社，1994年）中提出"金融结构说"，选择金融相关率度量金融发展水平。本书对金融相关率的计算公式为：（M0+保费金额+债券发行规模+股票流通市值+金融机构各项存贷款余额）/GDP。

会发展的不同阶段，货币与虚实经济发展之间存在着复杂的关系，必须分阶段考察。20 世纪 70~90 年代商品短缺阶段，居民交易需求被抑制，社会消费需求不足，居民普遍被迫储蓄，此阶段也形成了以依赖资本和劳动要素投入为主的生产方式。在政治原因、计划者冲动与信贷软约束作用下，企业投资的有效需求旺盛、规模膨胀，进一步加剧了金融层面储蓄存款的增加。在图 3-17 和图 3-18 中，M0/GDP 以及 M0 增速持续高于 GDP 增速说明了在央行随机性货币政策指导下的快速货币化现象；M1/M2 呈大幅下降趋势，M1/GDP 处于低位，M2/GDP 呈上升趋势，说明公众对货币的交易性需求不足；同时期，储蓄存款余额/M2 逐渐增大，CPI 保持较低水平并有较大幅度的波动，证明货币被短缺商品、大量储蓄存款和低货币化实体经济"消化"（易纲，1995；张杰，1997；Feltenstein and Ha，2006）；伴随商品货币化的需求程度逐渐饱和，发生了 1993~1994 年的奔腾式通货膨胀，货币对物价的显性影响逐渐彰显出来。其后，随着央行独立性增强，在规则性货币政策实施过程中，采取稳健的货币政策，保持货币信贷适度增长和可贷资金供给量充足，加强对物价稳定目标的调控，M0/GDP 以及 M0 增速相对于 GDP 增速保持小范围波动也可以说明货币不存在超发，央行较好地控制了基础货币投放的节奏，但是货币需求转变与货币流动却给虚拟经济与实体经济的平衡发展带来了巨大难题。一方面，政府对银行储蓄存款与信贷资源的过度干预和扭曲配置导致经济中逐渐出现商品过剩、生产力过剩，企业面临生产成本增加，资本边际报酬递减，利润减少，经济内生增长动力不足；另一方面，随着金融工具和金融资产扩张，以及居民货币需求发生转变，投机性动机日益增强，导致资产泡沫逐渐显现，金融脆弱性增强，金融与实体经济共生联动关系开始被撕裂，可贷资金与货币更多流入金融市场，而未用于实体经济增长。在 1994 年以后，货币结构发生转变，M1/M2 基本保持稳定，M1/GDP 处于较高水平，M2/

GDP 大幅上升，说明长期内公众对于货币的财富性需求和价值贮藏需求强烈。一些年份出现 M1 和 M2 增速相背离现象，M1 增速高于 M2 增速，印证了公众存在较强的投资性与投机性动机。同时期，储蓄存款余额/M2 逐渐缩小，M2/GDP 长期保持在高位，说明储蓄存款对货币吸收能力已经减弱，M2 对实体经济产出促进作用也被削弱。一种新的因素影响了货币与虚实经济关系，干扰了货币政策实施有效性。

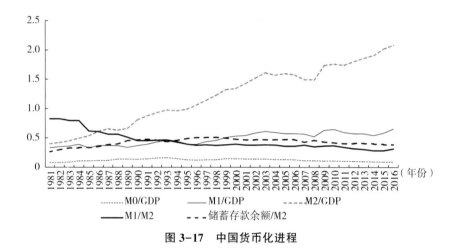

图 3-17　中国货币化进程

当前中国经济进入了新常态发展阶段，资产短缺就是影响货币和虚实经济关系的新因素。尤其是在物价相对偏低、高货币化率以及实体经济下行压力的情况下，资产短缺对货币资金在虚实经济部门流动和配置不容忽视，非常重要。早期，我国以银行机构为主的金融体系具有明显的政府管控特征和垄断性质，形成的高储蓄与金融控制导致 20 世纪 90 年代以后的经济进入资产短缺阶段。在这个阶段，随着货币化收益递减与商品货币化进程放缓，货币资金从生产、流通和消费等实体经济环节渗漏到股票市场、债券市场和银行体系，更多被资本市场和虚拟经济吸收。随着经济金融化速度的加快，这种趋势并未被扼制和反转。如表 3-3 所示，在物价水平普遍保持在 5% 以下的情况下，我国金融相关率从 1999 年的 255.01% 上

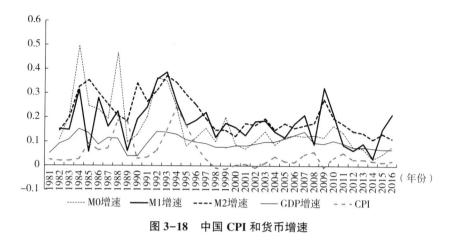

图 3-18 中国 CPI 和货币增速

资料来源：根据世界银行数据库（https：//data. worldbank. org. cn/indicator）数据整理。

升到 2016 年的 460.08%，同期 M2/GDP 也从 132.39% 上升到 208.31%，但是经济金融化对实体经济产生了长期的负面影响，实体经济利率增长率从 1999 年的 56.93% 迅速下降到 2016 年的 8.66%，一些年份甚至低至 0.84%。事实上，经济金融化背后的推动因素是资产短缺。资产短缺折射了虚拟经济与实体经济背离的普遍现象，资产短缺引起资金"脱实向虚"，导致实体经济遇冷、金融趋热以及经济增速放缓、宏观紧缩的趋势，造成货币与物价直接传导机制阻断，成为影响货币政策有效实施的新关键因素（杨胜刚、阳旸，2018）。

第四节
资产短缺与经济发展的实证分析

我们选择有代表性的经济发展指标作为被解释变量，以资产短缺作为解释变量，尝试探究两者之间的关系。

一、数据来源

由于在国内数据搜索过程中难以获得月度数据和季度数据，因此计量模型采用年度指标，我国的股票市场从 1990 年正式起步运营，实证选取的时间跨度为 1990~2014 年。所有年度数据均来自国家统计局、《中国统计年鉴》、《中国金融年鉴》。

GDP：国内生产总值，已对 GDP 求取对数。

CPI：居民消费价格指数，以 1990 为基期换算求得。

AS：资产短缺指标。本书对指标的测算基于范从来等（2013）、Chen 和 Imam（2014）的测算方法，虽然仍有不足和待完善的地方，但是整体上具有较强的解释力和科学性。结合中国具体实际情况，$AS = 1 - \frac{(B + E + L + \Delta S \times D)}{S}$，其中代表资产需求的国民储蓄（$S$）用 GDP 减去最终消费表示；资产供应项包括短期存款变化量（$\Delta S \times D$）、贷款发放规模（L）、债券发行规模（B）以及股票发行规模（E）（包括首发、定向增发、公开增发、配股发行、可转债发行）。

二、实证分析

1. 单位根检验

在做格兰杰因果检验前有必要先行检验 GDP、CPI、AS 等时间序列的平稳性及其具体特征。对于时间序列的平稳性及其单整阶数的判定，主要有 DF、ADF 和 PP 等检验方法。我们拟采用 Dickey-Fuller 的 ADF 检验，并采用 Mackimion 临界值。具体结果如表 3-4 所示。

表 3-4　ADF 单位根检验结果

变量	检验类型 (c, t, p)	ADF 统计量	临界值			结论
			1%	5%	10%	
AS	(c, 0, 0)	-3.974159***	-3.788030	-3.012363	-2.646119	平稳
GDP	(c, t, 3)	-6.313022***	-4.571559	-3.690814	-3.286909	平稳
CPI	(c, t, 3)	-6.272136***	-4.571559	-3.690814	-3.286909	平稳

注：①c、t 和 p 分别表示常数项、趋势项和滞后阶数。② ***、**、* 分别表示在 1%、5%、10%的显著性水平上拒绝变量序列具有单位根的原假设。

本检验结果显示 GDP、CPI、AS 都是零阶单整，即本身为平稳序列。

2. 格兰杰因果检验

（1）GDP 与 AS 的格兰杰因果关系。

由表 3-5 可知，资产短缺是引起实际产出变动的格兰杰原因，实际产出变动不是引起资产短缺变动的格兰杰原因。

表 3-5　GDP 与 AS 之间的格兰杰因果关系检验

检验变量	原假设	F 值	P 值	结论
GDP	AS 不是 GDP 的格兰杰原因	4.95609	0.0183	AS 是引起 GDP 变动的格兰杰原因
AS	GDP 不是 AS 的格兰杰原因	2.45203	0.1136	GDP 不是引起 AS 变动的格兰杰原因

注：格兰杰因果检验的滞后期选择为滞后 3 期。

（2）CPI 与 AS 的格兰杰因果关系。

由表 3-6 可知，资产短缺是引起实体经济物价水平变动的格兰杰原因。实体经济物价水平变动不是引起资产短缺变动的格兰杰原因。

表 3-6　CPI 与 AS 之间的格兰杰因果关系检验

检验变量	原假设	F 值	P 值	结论
CPI	AS 不是 CPI 的格兰杰原因	4.65856	0.0221	AS 是引起 CPI 变动的格兰杰原因
AS	CPI 不是 AS 的格兰杰原因	1.55286	0.2519	CPI 不是引起 AS 变动的格兰杰原因

注：格兰杰因果检验的滞后期选择为滞后 3 期。

本章小结

自实行改革开放政策以来，中国经济发展迅速，国内生产总值快速增长，GDP 由 1990 年的 19066.97 亿元增加到 2016 年的 744127.20 亿元，约增长了 38 倍。固定资产投资规模经历了快速的大幅增长，从 1980 年的 910.9 亿元增加到 2016 年的 606465.7 亿元，增长了约 665 倍，这充分显示了我国长期形成的依靠生产要素投入的粗放型生产方式。我国 CPI 波动明显有前高后低的趋势，从大起大落逐渐稳定和平滑，既有政策的强烈影响原因，也与市场经济、资本市场发展紧密联系。与此同时，居民的金融资产的选择也向多元化方向发展。金融资产总量和规模变化巨大，增长快速，从 1990 年的 34885.76 亿元增加到 2016 年的 3423561.57 亿元，增长了 97 倍，明显快于 GDP，呈井喷式发展。我国金融资产结构存在的问题主要有：资本市场发展相对滞后；高储蓄反映了以银行体系为主导金融体系中金融投资渠道单一、金融资产相对短缺；债券、股票、保费占比仍然较低，但是呈现了较快的发展趋势。随着电子支付等互联网、大数据技术的兴起，现金占比逐渐下降，更多金融资产将在金融深化与金融发展的过程中不断被创造和生产出来。

金融发展与经济增长都包含了整体性和结构性的特征。金融发展确实对经济增长有促进作用，但是资产短缺导致了金融偏离服务实体经济的方向，折射出金融市场结构的扭曲，也造成了金融体系对实体经济配置效率的扭曲，使经济总量在不断增大、经济速度在不断增快的过程中逐渐显现脆弱性。资产短缺引起资金"脱实向虚"，导致实体经济遇冷、金融市场趋热以及宏观紧缩的趋势，造成货币与物价直接传导机制阻断。

进一步，我们选择有代表性的宏观经济发展指标（GDP、CPI）作为被解释变量，以资产短缺作为解释变量，研究资产短缺对经济发展的影响，结果发现：资产短缺是引起实际产出变动的格兰杰原因，也是引起实体经济物价水平变动的格兰杰原因。

金融发展新逻辑与资产短缺

马克思关于金融危机的理论逻辑，揭示了过度金融化、虚拟化对经济增长的阻碍。片面强调金融资产量性扩张而忽视金融资产质量与安全，已造成了全球经济失衡与金融结构性失衡。从金融资产的总体和结构性供需，以金融资产作为研究金融发展的单元和对象，可以发现资产短缺作为衡量金融均衡发展的新标准和新逻辑，既包含金融资产量性和质性特征，也充分体现金融资产规模、结构，反映了一个国家整体性、结构性的金融资产平衡或失衡的情况以及与实体经济关联的多层次问题。

第一节
过度金融化与金融危机

1997 年的东南亚金融危机抨击了以银行为主体的"裙带金融发展模式"，推崇了以资本市场为主导的盎格鲁—撒克逊金融发展模式，并迅速成为很多发展中国家改造本国金融结构的趋势和目标。然而，2007 年的次贷危机爆发，成为了以资本市场为主导的金融发展模式的一个拐点，标志着被视为最完美的、具有普世价值的新自由主义思想的破产，警示金融化成为了当代社会最主要矛盾，告诫以过度虚拟化、过度金融化为表象的"过剩"循环不利于经济长期可持续发展。马克思认为资本主义经济危机本质上是生产的社会性与生产资料的私人占有之间的矛盾深化发展，使资本主义剩余价值的生产、实现和扩大再生产所需要的一系列连续性、并存性和均衡性关系被打破，表现出有效支付能力和需求不足导致的实体生产和虚拟生产相对过剩（胡乐明，2016）。

从 20 世纪 70 年代开始，新自由主义盛行加速了金融化与资本市场虚拟化，并系统地改变了金融资本与工业资本的关系。现代资本主义逐渐脱离早期工业资本主义，逐渐步入金融资本主义时代，资本主义经济形态实现了由实体经济到虚拟经济或符号经济的转变，再生产过程的全部联系过渡到以信用为基础的生产制度，金融资本已成为支配和决定一般经济周期运行的主要力量。

但是在金融化过程中，随着虚拟资本独立性、抽象性、重要性日益增强，虚拟经济逐渐脱离对实体经济的依赖，甚至控制、支配实体经济，自循环过程中虚拟资本市场的过度膨胀、金融资产超规模增长与全球性扩张催生泡沫经济，出现了区别商业过剩、产业过剩的金融过剩，成为了独立的货币金融危机，以及与实体经济危机联动的金融危机的基础与条件。马克思指出：金融业发展，虚拟经济规模扩大，支付链条被不断拉长，为整个社会的经济危机埋下了巨大的风险和隐患。

鲁道夫·希法亭在《金融资本》一书中，构建了"金融资本主义"的理论模型，指出金融资本主义是资本主义发展的最高阶段。事实上，从信用和流通角度来观测金融化进程，就是对现在资本主义经济运行的透视，金融化加剧了金融脆弱性、金融化积累模式内在的悖论性、金融化积累模式的剥夺性，激化了资本主义的基本矛盾，因而金融化走向危机将不可避免。尽管经济危机的形式变化了，但是仍未超越马克思主义关于经济危机的理论视野，没有超出马克思对资本主义的原初判定。马克思在《资本论》中明确写道："货币危机是任何普遍的生产危机和商业危机的一个特殊阶段，应同那种也称为货币危机的特种危机区分开来。后一种货币危机可以单独产生，只是对工业和商业发生反作用。这种危机的运动中心是货币资本，因此它的直接范围是银行、交易所和金融。"

为什么生产性投资会转向一个日益"脆弱"的结构？答案肯定是金融化运动方式迎合了价值增值的动机，投机性资金能够收获更多、更快的利润回报。但是马克思在《资本论》中指出了资本主义经济固有的随总利润率下降而发生危机的可能性。因此，金融化导致了金融脆弱性实际上会在一个长周期经济体系内部积聚并集中爆发，也就成为了2007年次贷危机爆发的导火索。海曼·明斯基提出的"金融脆弱性"假说，与马克思主义思想在理解金融结构和金融关系的演进、投机化的内在倾向及其与资产债务紧缩关系、制度和政策在抑制或支持金融危机和深度萧条方面的有效性以及金融结构关系和周期的性质及其演进，有彼此相通之处（杰克·拉斯姆斯、秦喜清，2000）。

第二节
传统金融发展理论历程

20 世纪 70 年代，美国"滞胀"标志着凯恩斯经济学的失败，在兴起的新自由主义与新古典经济学理论影响下，资本主义国家开始全面推行经济金融的自由化与市场化，利率管制、银行业兼并收购管制等对金融业的各种管制相继被取消，"大萧条"之后受到严格遏制的金融业与金融资本开始摆脱束缚，并获得迅猛发展。金融化发展的制度和政策环境孕育出了金融化的经济学理论，金融化的经济学理论也成为了虚拟经济迅速扩张的理论基础。

雷蒙德·W. 戈德史密斯在 1969 年的《金融结构与金融发展》一书中提出"金融结构说"，总结金融发展的本质就是金融结构的变化，一个国家的金融结构会随着经济发展和市场深化而不断发生变化，经历从简单向复杂、从低级向高级的过程，并强调金融资产的数量关系，包括不同金融工具和金融资产的比例关系、增长趋势，在不同金融主体、不同行业及地区的分布特征，以及金融资产总量与国民经济总量指标的相互关系。一些国家在"金融结构说"影响下，选择金融相关率等一系列数量指标与比率度量金融发展水平。这种片面强调量性而忽视质性金融发展的金融发展观对 20 世纪七八十年代的金融体系改革和实践造成了严重的不良后果，引导金融界形成了片面追求金融资产数量扩张而忽视金融资产质量与安全的错误观念，导致了包括发达国家在内的金融机构与金融市场对金融资产和工具的量性膨胀，为拉美债务危机与20世纪90年代亚太金融危机埋下祸根。随后《巴塞尔协议》提出以资本为中心评价风险度与安全性，就是对量性金融结构说的反思与纠正。

美国经济学家R.I.麦金农和E.S.肖在批判传统货币理论和凯恩斯主义的基础上，提出了"金融深化理论"，论证了金融发展与经济发展相互制约、相互促进的辩证关系，金融抑制很大程度造成了发展中国家金融结构的扭曲以及金融市场和体制的脆弱性，因此必须消除金融抑制才能发展金融，政府要推行金融自由化或金融深化政策，放松对利率和汇率的严格管制，使利率和汇率能反映资金供求和外汇供求关系变化，才能有效促进金融发展，促进资源配置，推动经济发展。金融深化理论对20世纪70~80年代拉美、亚洲等地区发展中国家的金融化实践和改革起到了重要推动作用。但是由于片面强调工具、资产量性增长，诱使很多发展中国家加速金融自由化，割裂与实体经济部门共生联动关系，金融机构、金融工具与资产迅速膨胀，货币发行量超过了维持经济正常运行所需要的货币量，出现"货币堰塞湖"，导致了1997年亚太金融危机。

兹维·博迪和罗伯特·默顿在审视金融工具和机构量性增长和不稳定结构的基础上，提出了具有重要意义的"金融功能理论"，指出"现实中的金融机构并不是金融体系的一个重要组成部分，机构的功能才是重要组成部分。同一经济功能在不同的市场中可以由不同的机构或组织来行使"。其中，基本功能是在不确定环境中进行资源的时间和空间配置，而这种基本功能又细分为六种子功能：清算和结算功能、积聚资源和分割股份、在时间和空间中转移资源、风险管理、提供信息、处理激励问题。金融功能的观点相对于传统的机构、要素观点而言，更加适应快速变化和发展的金融市场，比各种金融要素更加客观、稳定、层次、抽象，能够反映金融体系长期发展的特征、金融制度及结构的演化，与实体经济之间关系更具相关性，这标志着从量性金融发展观向质性金融发展观的过渡与转变。

然而，根植于资本主义新自由主义思想沃土下的金融化与金融资本主义如日中天，却造成了资本主义的经济运行和职能资本积累日益脱离，经济运行逐渐表现出虚拟资本过度膨胀和虚拟积累危机，虚拟经济在时间和空间上对实体经济表现出持续、全面统治，波动和危机如影随形。因此，对于金融化的认识，需要坚持金融增长并不必然等于金融发展的观点。当前主流的金融发展理论过度强调了金融增长的规模和数量特征，以及金融增长的正向作用，却淡化和忽视了金融增长的质量、结构性特征，以及金融过度增长产生的负面影响。金融单纯数量上的增长，很可能是泡沫经济的结果。没有发展的金融增长是危险的，金融规模的粗放式扩张往往会造成资源浪费，导致通货膨胀和债台高筑，结果造成恐慌、危机和经济崩溃，如 20 世纪七八十年代拉美债务危机、20 世纪 90 年代日本经济危机。于是，"均衡"运行和发展主流经济学思想逐渐受到经济学家的重视。近年来，可持续发展观的引入，丰富了金融发展与经济发展的内涵，金融发展的研究从金融深度拓展到金融广度和金融宽度，注重效率和公平，强调金融均衡、可持续发展。

白钦先等在 1998 年 5 月首次提出了"金融可持续发展"的概念。金融可持续发展是指在遵循金融发展的内在客观规律的前提下，建立、健全和发展金融体制，提高和改善金融效率，合理有效地动员和配置金融资源，从而达到经济和金融在长期内的有效运行和稳健发展。金融可持续发展理论是一种全新的金融效率观，其关键在于金融质的提高，合理地开发、利用和配置金融资源，注重作为资源配置手段和机制的金融整体效率和功能的改善。同时，金融可持续发展也是量性和质性统一的金融发展，是相对稳定发展与跳跃性发展并存的金融发展，是金融整体效率与微观效率并重的金融发展（白钦先、丁志杰，1998）。

至此，金融发展理论经历了传统的金融结构理论、金融深化理论，后来发展到金融功能论、金融可持续发展理论，理论发展重心正从规模和数量标准转向结构和质量标准，从金融的深度扩展到金融的宽度和广度，在关注金融正向作用的同时更注重金融的脆弱性本质、负向反馈和均衡性发展。其实，马克思在《资本论》第一卷中以劳动价值论为基础，系统地论证了货币的本质和运动规律，以剩余价值理论基础说明了资本的本质和运动规律，并以此为基础，在《资本论》第二卷和第三卷中，探讨了金融化在社会分工需要的职能资本裂变过程，分析了虚拟资本与实体资本的对立统一关系（赵峰、马慎萧，2015）。

第三节
金融发展新理念与资产短缺

在经济金融全球一体化的大背景下，金融发展问题已不再是一国的局部性问题，而是一个会对世界各国政治、经济、金融能否健康、稳定、持续发展产生深远影响的全球性重大战略问题。经济、金融持续健康发展的内在要求主要涉及资源配置方式和供求关系，强调两个目标：一是效率，二是协调发展。因此认识全球经济失衡，尤其是金融结构性失衡的内在根源以及金融稳定、金融化治理，当前需要一个适合时代需要的、能科学体现新金融发展观、衡量一国金融发展水平的新标准，既应反映金融规模的扩大也应反映金融结构的合理变化，既要体现金融增长的量也要体现金融发展的质，既要表现出金融发展的平稳性也要体现金融发展的可持续性。然而资产短缺以金融资产作为研究金融发展的单元和对象，基于金融资产的总体和结构性供需，既可体现一个国家整体的金融资产平衡或失衡的情况，还可综合性研究各金融机构或金融资产的结构性平衡或失衡状况，更给出了审视实体经济发展问题的新标准。因此，通过观察资产短缺情况，可以对本国金融结构、体系进行调整或对过度失衡的金融主体、资产供需以及结构问题进行预警、防范。从这些角度来看，其能完全符合衡量金融均衡发展的新逻辑、新标准、新理念。

首先，资产短缺既能体现金融发展的正向反馈，也能体现金融发展的负向反馈。

根据卡巴雷罗的阐述，资产短缺出现时，一定会出现投机性泡沫，经济中的金融资产需求缺口会由投机泡沫弥补，资产价格=基本值+泡沫。并给出了相关证明，即 $B_t = \dfrac{y_t}{\theta} - F_t > \left\{ \dfrac{y_t}{\theta} - \dfrac{f_t}{\rho},\ 0 \right\}$，其中，$F_t$ 表示租金，对应的现金股息 f_t，B_t 表示泡沫，y_t 是经济总产出，θ 表示消费倾向，ρ 是股息年增长率。

事实上，金融资产价格上涨和资产短缺的存在一方面能保证动态效率和实现稳态消费最大化的关键条件，正如让·梯若尔提出的泡沫可以促使经济从动态低效率恢复到黄金律水平。但是另一方面，资产价格泡沫价值普遍取决于投资者的情绪，因此绝对不可能总是安全的，有时甚至合理的资产泡沫在一定程度上也存在放大金融不稳定的可能性，进而引发各种"投机热"。因此，资产短缺对于金融可持续发展呈现出一种正向或者负向的反馈。

其次，资产短缺既能表现金融发展深度，也能表现金融发展的宽度和广度。

目前，对于金融发展或者金融结构的争议热点在于是银行主导还是资本市场主导的金融结构更有利于经济的发展。从资产短缺的简约化公式中，可以发现：

$$AS = \alpha - \frac{S_{market}}{Demand} + \beta - \frac{S_{bank}}{Demand} \qquad (4-1)$$

式（4-1）中，$\alpha + \beta = 1$，α 表示资本市场对金融资产的需求占总金融资产需求的比例，β 表示银行对金融资产的需求占总金融资产需求的比例，$Demand$ 表示总金融资产需求，S_{market} 表示资本市场提供的金融资产，S_{bank} 表示的是银行提供的金融资产。

因此，可以初步判断一个国家金融体系和结构的特点及存在问题，即是资本市场出现了资产短缺还是银行体系出现了资产短缺，从而可以对国家未来的金融结构转型和发展提供借鉴意义。

再次，资产短缺理论包含了金融结构发展的许多共同点。金融相关率是指某一时点所有未清偿金融工具余额金融资产总值与国民财富的比率，

$FIR = \dfrac{F_{\tau}}{W_{\tau}} = \dfrac{\alpha y_{\tau}\varepsilon(1 + v)}{W_{\tau}}$，则资产短缺表示为：

$$AS = 1 - \frac{F_{\tau}}{Demand} = 1 - \frac{\alpha y_{\tau}\varepsilon(1 + v)}{Demand} \qquad (4-2)$$

式（4-2）中，α 是国民生产总值乘数，反映了资产负债表截止日期国民生产总值与此前较长时期内国民生产总值之和的关系；y_{τ} 是 τ 时或最后一年的国民生产总值；ε 是新发行总比率，可以分解为非金融部门发行、金融机构部门发行和国外部门发行；v 是估价调整项，反映了金融工具发行之后受价格波动的影响。

通过分解后的资产短缺可以知道各机构部门金融发展状况，即各部门是不是存在资产短缺或者资产过剩，以便进行金融资源的有效配置和重新

分配。

最后，资产短缺成为观察虚拟经济与实体经济关系的重要窗口。金融是国家重要的核心竞争力，以紧紧围绕服务实体经济为根本使命。金融能有效发挥其媒介资源配置的功能影响甚至决定人力资本、物质资本以及技术要素的流向与相互结合，继而对于现实生产力的形成和实体经济的效率产生极其重要的影响。但是金融必须依附实体经济，其不作无根之草，不是过度虚拟化和过度金融化，而资产短缺正是以金融资产供求关系为研究对象建立起的系统性理论。所以资产短缺背后的虚实经济关系逻辑：资产短缺是导致虚拟经济过度繁荣形成资产泡沫的诱因，资产价格膨胀引致资产价格泡沫，并容易引起金融资产市场投资回报率上升，当金融资产市场投资回报率高于实体经济部门时，大量货币和存款将抽离实体经济，投入到股票等金融资产市场中，其会形成大量社会资金的"脱实向虚"，加剧实体经济部门萎缩、生产性投资下降以及金融资产价格的扭曲与波动。同时，资产过剩可能已经是过度金融化、经济泡沫化、虚实经济结构畸形化，以及虚拟经济支配实体经济的危险局面。

第四节

资产短缺与虚实经济

美国麻省理工学院经济学教授卡巴雷罗在 2006 年首次提出的资产短缺理论，从金融资产供需角度解释了当前宏观经济中的几大问题——全球失衡、利率之谜以及金融危机，认为新兴国家出现的资产短缺是宏观经济不稳定的根源。事实上，资产短缺既折射出了当前金融发展量和质的短板问题，也表现出了金融发展的结构性失衡，放大了金融脆弱性，减弱了经济运行的平稳性和可持续性；新兴经济体和以美国为首的发达经济体在金融资产创造能力方面存在巨大差异，新兴经济体因较高的经济增长率和旺盛的金融资产需求使金融资产供给赶不上资产需求，尤其是缺少优质、安全的金融资产供给，这必然会出现本国储蓄通过贸易和资本流动渠道去发达国家金融市场寻求资产转化，致使国内投资与消费增长动力不足；这些资金一旦受到制度约束和资金管控，旺盛的金融资产需求不能有效疏导和消化，出现金融过热，产生资产泡沫的风险将大大增加。同时，新兴经济体在长期的资本外流、不断寻找海外更加优质金融资产和更加安全的价值贮藏载体的情况下，必然会加大对发达经济体的金融体系和金融产品供给的压力，美国等发达国家只能通过向金融体系配置更多的资本和提高资本杠杆来填补需求缺口，从而导致金融危机爆发概率增长。尤其是当今随着虚拟经济、互联网金融的发展，虚拟金融对 GDP 的贡献已远远超过实体经济，虚拟金融正在逐渐脱离"储蓄—投资"的寄生型渠道，直接创造GDP、工资和利润，直接单独影响宏观经济的运行（许平祥，2011）。人们对于金融资产的需求更甚从前，金融发展的联动性、波动性、不稳定与脆弱性对经济的影响也将更甚从前。

但是为什么资产短缺与高经济增速会普遍同时存在于新兴发展中国家呢？中国经济学教授范从来研究发现，中国早在 1994 年就已进入到资产短缺阶段，并一直都存在金融资产供需缺口，且未得到根本性的转变，同时随着经济增长有不断加大的趋势。这里需要强调的是质量和程度区别，即在有效、优质和安全的金融资产供给情况下仍然存在资产短缺，并且在一个安全的短缺范围内，对经济增长是有益的，而过度、低效、劣质的金融资产供给，以及非适度范围的资产短缺对经济增长是有害。回归到虚拟经济与实体经济关联问题上，资产短缺是引起资产过剩的、经济金融化的直接原因，其促使金融更多为自身融资，用钱套取更多钱。一旦虚拟经济统治甚至取代实体经济，就会带来不可调和的结构性矛盾。马克思全面论述从产业资本中独立出来的另一类资本即生息资本，对作为虚拟经济运动主体的虚拟资本（它的存在形式包括债券、股票等金融产品）如何会在生息资本运动基础上独立化，如何会比现实资本更快、更多地积累，如何通过与现实资本的交织运动，导致商业过剩、产业过剩、信用过剩的综合性危机，做了全面、细致的考察（吴宁、冯旺舟，2012）。因此，生产能力过剩的危机往往表现为货币流通的危机和信用体系的危机。实际上，金融危机不在于存在虚拟经济而在于虚拟经济的过度发展，虚拟经济本身并不创造价值，且必须依附于实体经济，其一旦脱离实体经济，就会变成无根之草，催生泡沫经济。恩格斯在1889年就指出："金融市场也会有自己的危机，工业中的直接的紊乱对这种危机只起从属的作用，或者甚至根本不起作用。"列宁在《帝国主义是资本主义的最高阶段》中说："帝国主义的特点，恰好不是工业资本而是金融资本。金融资本是一种存在于一切经济关系和一切国际关系中的巨大力量，可以说是起决定作用的力量，它甚至能够支配而且实际上已经支配着一些政治上完全独立的国家。"鲁道夫·希法亭在《金融资本》中提到"金融资本意味着资本的统一化，以前被分开的产业资本、商业资本和银行资本等，现在被置于产业和银行的支配者通过紧密的个人联合而结成的金融贵族的共同领导之下"。金融资本主义迫使世界上所有一切货币化或者商品化，挟持了政府、经济，生产沦为投机。

第**五**节
资产短缺的现实情况

一些专家学者对"资产短缺"指数进行了测算，如 Chen 和 Imam 提出的 C-I 指数，中国学者范从来提出的修正 C-I 指数法。本节基于 C-I 指数对作为发展中国家代表——中国和作为发达国家代表——美国的整体、结构性的"资产短缺"进行测算和对比，可以发现以银行为金融主体的中国和以资本市场为金融主体的美国资产短缺大相径庭。

一、中国资产短缺情况

从图 4-1 中可以明显发现，中国除 2009 年外，在 1990~2011 年都处于资产短缺的状况，面临金融资产价格上升与资产泡沫的发生。2009 年出现资产过剩是因为金融危机期间，国务院出台了 4 万亿元的一揽子经济刺激计划，由于 4 万亿元的资金全部来源于商业银行的贷款，因此很大程度上刺激了国内商业银行扩张信贷的意愿和情绪。另外，虽然股市巨幅震荡，出现了"过山车式"的股市行情，但是股票流通市值与融资规模却大大增加，而且发债规模激增，造成金融资产在当年出现过剩。

对比"市场资产短缺"和"银行资产短缺"曲线，发现我国资本市场在 2001~2005 年存在资产短缺，其余绝大多数时间是资产过剩，而银行仅在 2009 年出现了资产过剩，其余时间都是资产短缺。因为，在以分业经营模式为主的经济模式中，银行是我国最主要的金融机构，其通过上市、资

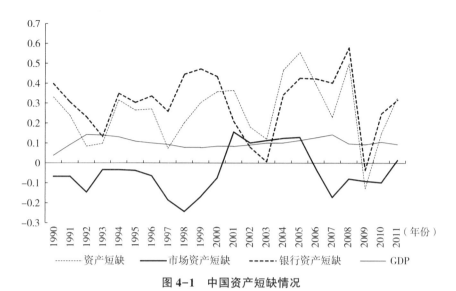

图 4-1 中国资产短缺情况

产管理、证券投资、资产证券化、业务的拓展，以及与其他金融机构组建金融控股公司模式，使基于良好声誉、国家信用背书以及存款保险制度的银行金融资产成为了安全边际高、收益率稳定的优质金融资产的首选，所以其一直都处于资产短缺的情况。相对于资本市场，股票虽然发展迅速，但是由于我国股票价格体系尚未成熟，影响居民对于金融资产的选择，当股市下跌，原来在消费方面显得保守的或者风险厌恶型的投资者会把资金存入银行，即便未来利率水平可能持续走低，其也不愿在股票上扩大投资份额，所以资本市场容易出现资产过剩。

中国的资产短缺与中国经济高速增长之间的关系，是复杂与多面的。一方面，以资产短缺形成良性、均衡泡沫调整与优化金融资源配置；协调资本投入比例，提升资本配置效率，并在政府适度调控过程中，最终托住资产短缺形成的泡沫风险，形成政府与市场双向共赢，以及资产短缺与经济增长良性互补。但是另一方面，如果长期资产短缺超出经济和社会正常发展所能承受的范围，会加剧金融脆弱性，进而将风险传递和扩散到实体经济中。当前我国资产短缺正加剧虚实背离趋势的内在化与普遍化，引发了经济发展过程中一系列重大问题：金融海啸波及与股灾爆发，造成居民财富价值缩水、企业资产负债表失衡；政府性融资平台、资产证券化、影子银行风险日渐凸显，滋生严重的信用风险、流动性风险和挤兑风险；"实冷虚热"激发了企业投机"赚快钱"的热情。马克思在探究资本主义生产的总过程中，论述了其他资本形式，如商业资本、银行资本等如何服务于实体经济，如何参与由实体经济领域的产业资本所创造的剩余价值的分割，它们服务于产业资本，并由此得到以平均利润形式表现的回报。

二、美国资产短缺情况

从图4-2中可以发现，美国在1990～2010年一直保持资产过剩状态，即金融资产供过于求，这主要是由美国以及美元的特殊地位决定的。美国处于世界金融中心，发达的国内金融市场和金融体系决定了它能够吸引来自全球的资本，增加新兴经济体对美国金融资产的需求，新兴经济体对美国的市场依赖和金融依赖远远超过美国对其的商品依赖和金融依赖（项卫星、王达，2011），因此会不断加大对美国金融资产供给的压力，推动美国金融发展存在"金融恐怖平衡"和"斯蒂格利茨怪圈"现象。因此，为弥补世界各国的预期金融供需缺口，美国私人金融机构生产出大量高风险、较低质量的金融证券和衍生品，影子银行规模激增，一旦出现负向冲击，这些金融资产的质量与安全性会大大降低，成为金融危机的导火索，如2007年的美国次级抵押贷危机。

对比"市场资产短缺"和"银行资产短缺"曲线可以发现，资本市场和银行一直都是资产过剩的状态。在1990～2000年，相对于资本市场，银行资产过剩的程度更大，但是在2001～2006年，资本市场的金融资产供给明显增加，资产过剩程度超过银行，直到2007年，才出现反向逆转，金融资产供给剧烈减少。其中2001年和2007年是两个重要的时间窗口。2000

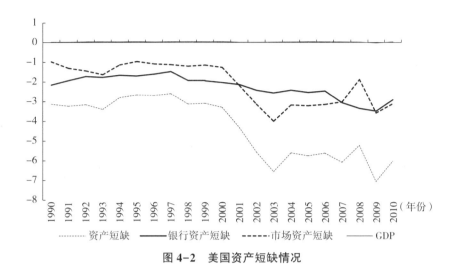

图4-2　美国资产短缺情况

年美国的互联网泡沫破灭，由此导致了美国经济短暂性的衰退，当时格林斯潘采用大量印刷钞票的方式来增加流动性，并持续不断降息，资产证券化和金融衍生产品创新速度不断加快，创造出其投放量 N 倍的流动性，从而导致了一个畸形的经济现象，即盲目地制造出另一个更大的泡沫来抵消现已破裂的泡沫所带来的不利影响。同时许多主权国家因手握大量美元外汇储备，在美元的持续贬值的预期下，瞄准美国债券市场，甚至是被包装的高风险、高杠杆的金融衍生产品，过度脱离实体经济金融化就是无源之水，在信用资金链条断裂的一刻，积累的风险瞬间爆发，造成了 2007 年全球性金融危机。首当其冲就是抵押贷款公司、投行和保险公司：美国第二大次级抵押贷款公司新世纪金融公司申请破产保护，30 余家美国次级抵押贷款公司陆续停业，美国投行贝尔斯登、花旗、摩根大通、瑞银等相继曝出巨额亏损，雷曼兄弟陷入严重财务危机并申请破产保护，美林证券被美国银行收购，美国房地产抵押贷款巨头"两房"遭受 700 亿美元巨额亏损，最终被美国政府接管。所以，多方面因素造成了 2001 年资本市场的金融资产供给大幅增加，资产短缺指数迅速下降，到 2007 年，资产短缺指数却又出现急速反转。

三、中美金融发展的共同点

从中国和美国的资产短缺结构中，存在一个共同点：不论是长期处于资产短缺状态的中国，还是长期处于资产过剩状态的美国，对于资本市场而言，银行总是处于相对资产短缺状态，即银行金融资产或者供给能力不足，或者居民、企业等对银行金融资产需求过大。这其实回到了当前国际比较金融体系的热点问题，即是以银行为主的金融体系还是以资本市场为主的金融体系更加有效。本书以资产短缺作为金融发展的新衡量标准判断，发现以银行为主的金融体系更优，因为：①银行拥有信息优势，能降低信息成本和风险管理成本，更有助于资本有效配置和公司控制；②银行能够更好地处理跨期和流动性风险，更有效地提高投资效率和促进经济增长；③银行能更高效率动员各种金融资源和金融资本，促进规模经济发展（朱闰龙，2004）。明斯基在《货币、银行和金融市场经济学》中通过引述 Colin Mayer 关于公司融资结构跨国比较的研究结果，认为间接融资远比直接融资重要，银行是企业最重要的外部资金来源，而通过证券市场的直接融资功能事实上被高估了。

即使在以资本市场为主体的美国，由于美国民众对于大型垄断性的金融机构有强权的恐惧、厌恶和不信任情绪，从 19 世纪初开始，美国就形成了高度分散的、数量众多的、单个力量相对薄弱的银行体系，并且伴随着近年来分业管制的不断放松，美国银行业经过持续性的重组和并购，构建了从上到下很发达的银行网络体系。有数据显示，目前已经形成了包括社区性银行（5000 余家，规模一般在 10 亿美元）、区域性银行（服务地区经济，资产规模适中）、超级区域性银行（指在某一个特定地域提供广泛金融服务的银行）、全国性银行（跨越东西岸在全国范围内从事经营的银行）

和跨国银行（指以花旗、摩根大通等为代表的"航母"级大型金融控股集团）的多层次结构体系，其总数大致接近9000家（应展宇，2010）。以银行为主的金融体系完全具备在混业经营的模式和趋势下，在2007年金融危机后，超越以市场主导为核心的盎格鲁—撒克逊金融模式，成为市场发展的新趋势和主流。

本章小结

在新自由主义思想的影响下，金融对经济发展的促进作用被放大，量性金融发展理论指导以及经济过度金融化事实对实体经济生产造成掠夺性破坏，潜伏巨大的危机。基于"资产短缺"视角对金融发展再思考，为重新定义新金融发展观提供了有力的工具。研究发现"资产短缺"既可以反映出金融规模的变化，也可以反映金融结构的变化；既可以体现金融增长的量，也可以体现金融发展的质；既可以表现出金融发展的平稳性，也可以表现出虚实经济平衡性关系。

通过对中美两国的总体资产短缺以及银行、资本市场结构性资产短缺情况的分析和对比，不论是资产短缺的中国还是资产过剩的美国，银行部门金融资产往往都被视为优质、安全的金融资产被人们接受与追捧。在经历了2007年金融危机后，过去几十年间一直被视为最具效率的以市场主导为核心的金融模式开始被反思。

资产短缺对经济增长的影响

新常态下我国经济金融化加速，加剧了资产短缺的矛盾性与不平衡。资产短缺既可能引发投机热潮，造成虚拟经济的"过热"，加剧经济增长的脆弱性，也能通过形成良性、均衡泡沫调整与优化金融资源配置，协调资本投入比例，提升资本配置效率，促进我国经济快速增长。根据资产短缺的金融发展新逻辑，我国经济体量变得"脆弱而庞大"，增长变得"脆弱而快速"，背后的重要原因就是资产短缺，但这个因素常常容易被忽视。

经过 30 多年经济高速增长，中国已经进入了经济发展的新阶段。绝大多数产品处于供大于求的状态，出现了商品过剩、产能过剩。同时，从计划经济到市场经济建设，"非常态"金融化却未改变储蓄过剩与资产短缺的局面。尤其是当今经济金融化加速，虚拟经济正在摆脱实体经济，脱离"储蓄—投资"的寄生型渠道，并逐渐主导实体经济，发展成为一个相对独立的经济活动领域，这更加剧了资产短缺的矛盾性与不平衡，也使我国经济体量变得"脆弱而庞大"，增长变得"脆弱而快速"。

既然我国已经进入资产短缺阶段，就应该辩证性看待资产短缺与经济增长的关系，尤其是探析中国为什么会处于一个"脆弱而庞大""脆弱而快速"的经济状况。究其根源，一方面，资产短缺可能引发各种"投机热"（张旭、潘群，2002），积累泡沫风险，导致商品过剩（李学彦、刘霄，2006），造成虚拟经济的过度繁荣与实体经济的大量"失血"，掏空实体经济，加剧"产业空心化"和资产泡沫化矛盾，使经济增长变得"脆弱"。另一方面，作为调节资产供需缺口的均衡性泡沫，可以作为金融供求机制的重要组成部分，在金融资源配置中发挥作用，从而成为提升经济产出和促进经济增长的一种重要推动力。

特别是基于中国传统体制和经济发展路径的历史情况，即中国已经固化的工业化时期的投资偏好给经济增长可持续性造成了巨大限制，资产短缺与经济增长之间关系的发现与探究对政府的重要启示是：政府如果能及时重视资产短缺，通过政策性或者市场化行为，增加安全、优质金融资产供给，就能在一定程度上缓解扭曲的金融抑制与金融资产有效供给不足的难题，从而真正引导金融发挥优化配置资源功能，盘活存量资本，平衡金融要素与实物资本要素投入比例，维持经济可持续快速增长。

由于当前关于"资产短缺"的文章都集中在跨国数据的经验上，缺少对于国家内部不同地区经验的研究，因此探究中国省域是否存在资产短缺，资产短缺程度是安全还是危险，是否会影响区域经济增长，成为其助力还是阻力，具有十分重要的意义。

第一节
理论基础与研究假设

本书根据 Chen 和 Imam（2011）和范从来等（2013）设计的"资产短缺"指数计算公式，令 AS_t 为第 t 时期的资产短缺状况，为研究方便，暂不考虑跨境贸易有关资金流动，也不考虑任何私人资本流动活动。则资产短缺程度可表示为：

$$AS_t = 1 - \frac{a_t}{s_t} = 1 - \frac{a_t}{y_t - c_t} \qquad (5-1)$$

进一步可表示为：

$$y_t - c_t = \frac{a_t}{1 - AS_t} \qquad (5-2)$$

式（5-2）中，c_t 取决于当期的实际产出，满足 $c_t = \theta y_t$，平均消费倾向 $0 < \theta < 1$，稳定为常数，则：

$$y_t = \frac{a_t}{(1 - AS_t)(1 - \theta)} \qquad (5-3)$$

第 t 时期实际创造的金融资产 a_t 和实物资本 k_t 一起构成了 Cobb-Douglas 生产函数中的资本（王爱俭、陈杰，2006；Giglio and Severo，2011），

即 $y_t = f(A_t, (a_t + k_t), L_t)$。同时根据戈德史密斯的金融相关率公式，金融资产 a_t 可以表示为 $a_t = \rho y_t$，其中 ρ 视为常数，代表与金融资产发行相关的系数趋于稳定，如新发行比率、新发行乘数等。则式（5-3）可以表示为：

$$y_t = \frac{\rho f(A_t, (a_t + k_t), L_t)}{(1 - AS_t)(1 - \theta)} \tag{5-4}$$

不妨令 $\dfrac{a_t}{k_t} = v_t$，表示金融资产与实物资本的比例，则对式（5-4）求导，可得到：

$$\ln y_t = \ln A_t + \omega \ln(1 + v_t) k_t + \tau \ln L_t -$$
$$\ln(1 - AS_t) - \ln(1 - \theta) + \ln \rho \tag{5-5}$$

式（5-5）中，ω 和 τ 分别是劳动产出和资本产出的弹性系数，A_t 为技术水平。不难看出，当 $1 > AS_t$ 时，经济增长与资产短缺之间存在一个正向关系。

下文将阐述资产短缺影响经济增长的三种机制机理，即以资产短缺形成良性、均衡泡沫调整与优化金融资源配置；协调资本投入比例，提升资本配置效率；提高生产率，做实经济质量，并在政府适度调控过程中，最终托住资产短缺形成的泡沫风险，形成政府与市场双向共赢，以及资产短缺与经济增长良性互补。具体来说：

一、改善金融投融资渠道

根据"资产短缺"假说，当存在资产短缺时，为满足经济中的资产需求，缓解资产短缺，必须由泡沫价值来填补缺口，因此资产泡沫会作为资产均衡的一部分必然存在。很显然，作为弥补缺口的均衡性泡沫资产，自然就会发挥金融功用，尤其是在金融抑制程度较高的情况下，一方面，可以通过发挥资产价格效应降低中小企业融资成本，放松融资约束，提升投资效率和资源配置效率，托宾 Q 值增大会刺激经济增长，进一步放松需求约束与实体约束（Farhi and Tirole，2008）。Miao 和 Wang（2014）指出，泡沫资产价格上涨实际上是资产与公司所能获取的贷款额之间的正反馈循环。Hirano 和 Yanagawa（2015）认为泡沫资产可以增加有信用约束的企业净价值，增加投资，从而促进经济增长。另一方面，安全的资产短缺可以通过发挥资产负债表效应，在居民间、企业间、产业间甚至市场间产生资产负债表的联动和溢出效应，其中金融资产价格的上升能改善银行资产负债表，产生"金融加速器"效应（Bernanke et al.，1996；Chami and Cosi-mano，2010），而实际利率的下降，可以降低企业融资成本和风险调整成本，能不断优化企业的资产负债水平，刺激投融资，形成"资产价格上升—投资增加—收入、现金流和资产净值增加—投资增加"的相互强化、循环往复的过程，产生资产负债表的乘数效应（韩克勇、王劲松，2013）。Samuelson（1958）、Tirole（1985）提出泡沫资产是贮存新获得财富的次优手段，仅次于提供新的良好金融资产。

二、改善经济动态无效率

我国固定资产过度投资与金融抑制，已经使资本价值深化程度越来越低，产出弹性以及对经济增长的贡献越来越低（Aghion et al.，2007），基本处于动态无效率（史永东、齐鹰飞，2002；项本武，2008），弥补资产短缺缺口的均衡性资产泡沫有利于市场主体的理性投机、分流实物资本的投资、协调资本投入比例，改善和消除经济动态无效性（Caballero & Krishnamwrthy，2006；薛白，2014），使存在资产短缺情况下的资本生产率要高于无资产短缺情况下的资本生产率，促进产出增加。而政府对金融资产供需缺口的重视，可以通过政策性或者市场化行为，缓解扭曲的金融抑制，增加安全、优质金融资产供给，从而平衡与物质资本要素投入比例，化解过度投资困境。

三、促进技术进步与投资

在我国，政府一般会出于发展经济和政治的考虑，倾向于优先发展资本密集型工业部门，包括通过扭曲性金融政策，抑制金融业的发展，将有限金融资源分配到工业部门以支持其发展，从而达到最快提升产出水平和促进经济增长的目的，这种结构性加速本身与资本驱动型增长的巨大惯性，蕴含了结构性减速的必然，导致资本积累速度下降、人口红利消失和"干中学"技术进步效应消减的"三重冲击"，长期形成的对高投入、高消耗、高污染、低效率粗放型增长方式的路径依赖，对经济效率的冲击日益显现，被 Krugman（1994）和 Young（1994）描述为"不可持续的增长模式"。因此，增加技术投资和规模，提高生产效率，对于推动经济持续高质量增长尤为重要（云鹤等，2009）。但是，由于技术创新存在很大技术风险以及信息不对称的风险，在研发成果转化及产业化等阶段存在着不断放大的资金需求，加之高投入、高风险、轻资产、缺少抵押品、信贷风险定价过高，其一直被融资难问题困扰，资产短缺产生的均衡性泡沫一方面可以起到信贷加速器作用，促使信用扩张和资产泡沫膨胀自我强化、螺旋式上升（Borio et al.，1994），从而引起信贷规模变化或者信贷结构变化，尤其在金融资源有限、高金融抑制程度情况下，效果更加显著；另一方面可以对冲与分配风险（Keynes，1930；Hicks，1946），提升信息不对称的效率投资与资源配置（Froot et al.，1992），有利于促进风险金融资本解决企业技术进步中面临的资金短板，激发实体经济开展创新型投资，推动企业主导型技术进步机制的建立（杨胜刚、朱红，2007）。更重要的是，政府在面对金融资产缺口时，通过利用"看得见的手"和"看不见的手"，在资本市场中创造优质、安全金融资产，可以激发企业的活力和创造力，优化资源配置，推动技术创新和经济高效持续增长，同时在逐步释放潜在技术生产率的过程中也消化了泡沫风险。

值得注意的是，超过安全区间的资产短缺可能是危险的，如在 $1 < AS_t$ 时就有发生这种情况的可能。理性投资者对资金的分配是根据金融资产和实物资产收益率的比较来进行的，如果虚拟金融资产收益率大于实物资产收益率则资金"脱实向虚"，流入资本市场，其中可能包括一部分实体经济中以储蓄形式存在的货币资产（刘骏民、伍超明，2004）。因此，在资产短缺的失衡环境中，部分居民和企业会将资金投入到均衡性泡沫资产中，而随着泡沫资产的增加，国有企业对金融资源的虹吸，将导致中小企业有可能面临更强的融资约束（Aghion et al.，2007；Canepa and Stoneman，2008），对实体部门投资形成挤出效应，降低资本积累，减缓生产效率提升（Bingswanger，1999），并且随着泡沫资产价格持续上升，政府、企业和个人持续性加杠杆行为，资产短缺状态会逐渐消失，产生泡沫经济，一旦泡沫破灭，泡沫资产会在很短时间里大幅贬值，市场利率上升，损失螺旋和保证金螺旋会加速金融资产折价，甚至引发基础性金融资产价格大幅下跌，发生"债务—通缩"效应。这与近来世界范围内金融发展与经济增长的运行轨迹出现的"剪刀差和反转"异常现象联系密切（伍志文、张琦，2004），也是出现经济增长低效率、金融低效率与金融高风险的一个重要原因。

基于以上理论推导和分析，本书提出以下三个假设：

假设1：区域性资产短缺有助于我国区域经济增长。

假设2：区域性资产短缺会阻碍我国区域经济增长。

假设3：在经济增速较缓慢的地区，区域性资产短缺促进区域经济增长更显著。

第二节
资产短缺影响经济增长的计量模型构建

一、模型构建

本章研究重点是考察资产短缺对经济增长的影响，因此在上文理论模型和影响机理的基础上构建以下计量模型：

$$gdpr_{i,t} = \alpha + \beta AS_{i,t} + \gamma Z_{i,t} + \mu_i + \upsilon_t + \varepsilon_{i,t} \tag{5-6}$$

式中，i 表示地区，t 表示年份，$gdpr$ 表示以 2000 年为基期根据平减指数折算的实际人均 GDP 增速，代表实际经济增长速度，AS 表示资产短缺，Z 表示控制变量，包括人均资本存量（kk）、技术效率（$tech$）、人力资本（hr）、政府支出规模（$expend$）、对外依存度（fdi）、人口抚养比系数（$feed$）、制度质量（$system$）、能源消费弹性系数（$energy$）、福利收入效应（wel），μ_i 表示地区效应，υ_t 表示年度效应，$\varepsilon_{i,t}$ 表示随机误差项。

因此，计量模型修正为：

$$gdpr_{i,t} = \alpha + \beta AS_{i,t} + \gamma_1 kk_{i,t} + \gamma_2 tech_{i,t} + \gamma_3 hr_{i,t} + \gamma_4 expend_{i,t} + \gamma_5 fdi_{i,t} +$$
$$\gamma_6 feed_{i,t} + \gamma_7 system_{i,t} + \gamma_8 energy_{i,t} + \gamma_9 wel_{i,t} + \mu_i + \upsilon_t + \varepsilon_{i,t} \tag{5-7}$$

二、指标度量

1. 解释变量

对资产短缺（AS）指标的测算基于范从来等（2013）、Chen 和 Imam

（2014）的测算方法和思想，虽然仍有不足和待完善的地方，但是整体上具有较强的解释力和科学性。结合中国具体实际情况，资产需求用本省居民储蓄表示，通过 GDP 减去最终消费近似获得，资产供应包括短期存款变化量、贷款发放规模、债券发行规模以及股票发行规模（包括首发、定向增发、公开增发、配股发行、可转债发行）。

2. 控制变量

（1）人均资本存量（*kk*），即资本存量与年末人口数量之比，具体选用单豪杰（2006）的方法计算以 2000 年为基期的资本存量 *k*。资本存量 *k* 采用"永续盘存法"来测算，计算公式是：$k_t = \dfrac{I_t}{P_t} + (1 - \varphi)k_{t-1}$，其中 k_t 和 k_{t-1} 分别表示 *t* 和 *t*-1 期的实际资本存量，P_t 为固定资产投资价格指数，I_t 为名义固定资产投资，φ 为资产年折旧率。

（2）技术效率（*tech*），参考任保平等（2012）衡量经济增长质量指标体系中的经济增长效率指标的方法，使用潜在产出法中比较常用的 Dea-Malmquist 指数法，对 2001~2014 年全要素生产率进行估算。以实际 GDP 作为产出指标，以资本存量和劳动作为投入指标，使用 DEAP2.1 软件求得，并进一步分解出技术变动和技术效率变动，最后对全要素生产率增长率、技术变动、技术效率变动进行指数合成。

（3）人力资本（*hr*），通常包括教育和健康两部分，但限于数据，本书采用人口平均受教育年数作为代理变量进行衡量（毛其淋、盛斌，2011）。具体地，把小学、初中、高中、大专以上程度的受教育年限分别赋值为 6 年、9 年、12 年和 16 年，则 $hr = 6h_1 + 9h_2 + 12h_3 + 16h_4$，其中 h_i（*i*=1，2，3，4）分别表示小学、初中、高中、大专以上程度的受教育人数占年末常住人口的比重。

（4）政府支出规模（*expend*），用政府财政支出占 GDP 的比重来表示。

当政府把财政支出用于人力资本提升和要素资源改善等方面时，对经济增长有促进作用，而当把财政支出主要用于非生产的行政管理上时可能会扭曲和降低资源配置效率，不利于经济增长。

（5）对外依存度（*fdi*），用外商直接投资额占 GDP 的比重来表示。外商直接投资额一般促进经济增长。

（6）人口抚养比系数（*feed*），即 *feed* =（15 岁以下人口 + 65 岁以上人口）/ 15~64 岁人口。人口老龄化一般与经济增长呈负相关关系（郑君君等，2014）。

（7）制度质量（*system*），从非国有经济发展水平的角度来量化各地区制度的完善程度。鉴于数据的可获得性，用非国有企业职工数占所有职工数的比重衡量非国有化率。非国有经济作为市场经济主力，可以提高经济增速。

（8）能源消费弹性系数（*energy*），是体现能源利用效率的重要指标，即能源消费量年平均增长速度与经济年平均增长速度之比。

（9）福利收入效应（*wel*），选用任保平等（2012）衡量经济增长质量指标体系中的福利变化与成果分配指标替代。

第三节

计量结果及实证分析

一、数据来源

以中国 2001~2014 年的 31 个省际面板数据为样本，数据来源于《中国统计年鉴》、《新中国六十年统计资料汇编》、《中国金融年鉴》、《中国证券期货统计年鉴》、《中国人口和就业统计年鉴》、国泰安数据库、WIND数据库以及各省统计年鉴、统计局资料等。

二、统计性描述[①]

经济增速（$gdpr$）标准差说明各省份经济增速差异小，有增速收敛的趋势。资产短缺（AS）平均值为 0.2599，说明我国省域确实普遍存在资产短缺，最大值为 1.3559，最小值为 -6.1423，以及偏高的标准差说明省份的资产短缺差异化明显（见表 5-1），其中北京、上海常年金融资产供过于求，因为其作为政治中心、经济中心，会表现出很强的金融资产与产业集聚效应（茹乐峰等，2014），更有利于金融发展与深化，丁艺等（2010）

---

① 变量的相关性结果在此省略汇报，各解释变量的相关系数都低于共线性门槛值 0.7（Lind et al.，2002）。因此，本书不存在多重共级问题，并进一步通过方差膨胀因子（VIF）进行共线性考察，发现取值处于区间 [1.09，2.99]，Mean VIF 为 1.66，在可接受范围内（根据经验法则，如果最大的方差膨胀因子 $VIF = \max \{VIF_1, VIF_2, \cdots, VIF_n\} \leqslant 10$，则不存在多重共线性问题），因此本书不存在明显多重共线性问题。

指出北京的总部经济效益促使越来越多的上市企业、银行趋向于把总部设立在北京，而上海的证券业集聚程度明显大于中西部地区，证券市场融资力度要强于中西部。值得注意的是，一些欠发达省份，如宁夏、云南、青海和贵州在某些年份也出现了资产过剩，原因主要是这些欠发达省份地方债务余额比例普遍高于发达省份。人均资本存量（kk）标准差说明省域间资本强度相差很大。技术效率（tech）一般与当地金融发展水平、资源配置效率紧密相关，排在前面几位的是上海、北京、天津、江苏、广东等。人力资本（hr）说明人口平均受教育年数在省域间存在很大差距。政府支出规模（expend）、对外依存度（fdi）、人口抚养比系数（feed）和制度质量（system）标准差说明不同省份有相似的发展结构，差别较小。能源消费弹性系数（energy）说明省域间能源利用效率与产业结构存在较大差异。福利收入效应（wel）标准差说明省域间福利收入效应不平衡。

表 5-1 变量统计分析

变量	gdpr	AS	kk	tech	hr	expend	fdi	energy	feed	system	wel
平均数	0.1107	0.2599	4.5961	0.4735	1.3086	0.2213	0.0264	0.7509	0.3934	0..4191	1.2966
中位数	0.1120	0.4685	3.6163	0.4964	1.2859	0.1743	0.0186	0.6642	0.3960	0.3855	1.3455
最大值	0.2370	1.3559	21.8467	0.9814	2.8966	2.1432	0.1465	3.6346	0.6346	0.8767	15.57
最小值	0.0370	-6.1423	0.6061	0	0.2163	0.00004	0.0006	-1.7135	0.1927	0.0364	-8.8900
标准差	0.0271	0.8372	3.4830	0.2133	0.2370	0.1906	0.0228	0.5125	0.0817	0.1727	1.6196

三、实证分析

本书首先使用面板普通最小二乘法给出初步的估计结果，结果报告如表 5-2 的第（1）至（3）列所示，其中第（1）列给出了混合效应的估计结果，第（2）和（3）列分别报告随机效应模型和固定效应模型估计结果。为了比较固定效应和随机效应模型的适用性，进一步进行了 Hausman

检验，发现在 1% 显著性水平上拒绝原假设，说明应该选用固定效应模型。

表 5-2　OLS 及两阶段最小二乘法 2SLS 估计结果

	（1）	（2）	（3）	（4）
	混合效应	随机效应	固定效应	2SLS
AS	0.00579***	0.00422***	0.00496**	0.0203***
	（0.00128）	（0.00148）	（0.00230）	（0.00532）
kk	−0.00417***	−0.00664***	−0.00857***	−0.00334***
	（0.000895）	（0.00111）	（0.000723）	（0.000620）
tech	0.00756	0.0153**	0.0146**	0.0139*
	（0.0106）	（0.00671）	（0.00568）	（0.00804）
hr	0.0207***	0.0341***	0.0433***	0.0189***
	（0.00715）	（0.00593）	（0.00690）	（0.00610）
expend	−0.000229	−0.0138*	−0.0165*	0.0201
	（0.00668）	（0.00753）	（0.00859）	（0.0148）
fdi	0.226*	0.228*	−0.0208	0.138*
	（0.112）	（0.122）	（0.0948）	（0.0715）
feed	−0.0758*	−0.0426	0.0386	−0.0868***
	（0.0418）	（0.0413）	（0.0285）	（0.0240）
system	−0.0180	−0.0300*	−0.0636***	−0.00176
	（0.0183）	（0.0159）	（0.0180）	（0.0148）
energy	0.00618**	0.00544***	0.00534***	0.00503**
	（0.00257）	（0.00202）	（0.00198）	（0.00223）
wel	0.000364	0.000497	0.000506	0.00111*
	（0.000678）	（0.000556）	（0.000618）	（0.000641）
常数项	0.110***	0.0780***	0.0454***	0.106***
	（0.0237）	（0.0166）	（0.0154）	（0.0128）
Hausman 检验	—	—	38.47 [0.0001]	—
DWH 检验	—	—	—	12.4043 [0.0005]
Hausman 内生性检验	—	—	—	12.07 [0.0005]

续表

	（1）	（2）	（3）	（4）
	混合效应	随机效应	固定效应	2SLS
Kleibergen-Paaprk Wald F 统计	—	—	—	11.176 ｛8.75｝
Kleibergen-Paaprk LM 统计	—	—	—	19.124 [0.0001]
Sargan-Hansen 检验	—	—	—	0.205 [0.6511]
地区效应	控制	控制	控制	控制
时间效应	控制	控制	控制	控制
N	430	430	430	430
R^2	0.259	0.3989	0.427	0.095

注：①（ ）内数值为回归系数的异方差稳健标准误，[ ]内数值为相应检验统计量的 P 值，｛ ｝内数值为 Stock-Yogo 检验 20%水平上的临界值。②＊、＊＊、＊＊＊分别表示 10%、5%、1%上的显著性水平。③Hausman 检验的零假设是 FE 和 RE 的估计系数没有系统性差异，拒绝零假设表示应该使用固定效应模型。④Durbin-Wu-Hausman（DWH）内生性检验的零假设是模型中所有解释变量均为外生。⑤Hausman 内生性检验的零假设是模型中所有解释变量均为外生的。⑥Kleibergen-Paaprk LM 检验的零假设是工具变量识别不足，若拒绝零假设说明工具变量是合理的；Kleibergen-Paaprk Wald F 检验的零假设是工具变量是弱工具变量，若拒绝零假设说明工具变量是合理的；Sargan-Hansen 检验的零假设是工具变量是过度识别，若接受零假设说明工具变量是合理的。

尽管固定效应模型能够剔除非观测的地区特定效应，有效地解决了混合效应以及随机效应模型无法处理的遗漏变量问题，但固定效应模型估计的一致性要求解释变量与误差项不相关的假定成立。资产短缺可能存在内生性问题，与经济增长之间可能出现联立性偏误，即经济增速越快的国家一般资产短缺也越严重。通过 Hausman 内生性检验得到其统计估计量为12.07 并且在 1%的显著性水平上拒绝资产短缺是外生的原假设，由于传统的 Hausman 内生性检验在异方差情形下不成立，进一步进行异方差稳健的DWH 检验，DWH 检验统计量为 12.4043 并且在 1%的显著性水平上拒绝资产短缺是外生的原假设，这表明资产短缺存在明显的内生性，严重的内生性将导致 OLS 估计结果有偏差或非一致。因此，控制内生性问题的一个方法就是寻找一个与资产短缺关系密切但独立于经济增长的变量作为工具变量进行 2SLS。根据资产短缺的内涵与理解，可以用地理因素寻找工具变量，如 Ciccone 和 Hall（1993）、Wei 和 Wu（2001）。因为中国是一个幅员辽阔、历史悠久的多民族国家，国土空间与地形气候具有复杂性和多样性，经济增长也在历史和现实中存在空间演化不规则性与不平衡性。因此，我们无法断定地理因素本身直接影响和决定了地区经济增长差异。在历史上，唐宋以前，中国的经济重心在中原地区而非沿海地区，古代"丝绸之路"的开辟也是一种证据。在地区经济增长演化过程中，中国"西高东低"的地形特征使东部地区水源相对充足、土地相对肥沃，从而也使农业相对发达，但这种单位土地生产效率的差异性又随着人口的迁移而逐渐消失，并且家庭经营的农业生产模式没有规模报酬特征，东部和中西部的人口密度差异也不会对农业生产率产生实质性影响，这说明地理因素对经济增长没有直接影响。即使近现代以来的工业化和信息化，在一定程度上降低了人类居住选择因素中农业条件的重要性，但是随着西部大开发战略与中部崛起战略的实施，以及部分沿海省份和地区工业化、城镇化过程快速推进造成的环境问题日益突出，经济增长在地区空间的演化不断发生变化，地理因素也与经济增长不再直接相关。在气候类型分布上，中国有温带季风气候、高原山地气候、亚热带季风气候、温带大陆性和海洋性气候等，分布差异大，降水量呈地区分布不规则的特征，根据降水量与经济增长的相关关系，可以推断出地理因素与经济增长之间无明显直接相关关系，无法断定地理因素直接决定了地区经济增长差异。此外，虽然中心对周边腹地的辐射强度符合距离衰减定律特征，但是信息本身的不对称性和外在效应仍然十分明显，以及标准化信息和非标准化信息依然大量存在，使地理因素与地区经济增长不具备直接相关关系。因此，地理因素与经济增长并无直接因果关系，地理因素对于经济增长具有严格的外生性。但是，地理因素与资产短缺密切相关。因为存在地方市场分割，地方信息（包括文化风俗、传统、区域社会关系网络和地方法规等）包含和融合在当地的文化和社会体系中，成为地方独有，不能被替代，因而资金、金融资源的流动、供给、集聚会停留在一个封闭区域空间里自我循环。而且，对经济增长、干部评价与晋升考核等追求目标和动机，将造成各地方政府独立通过行政管制手段，采取优惠政策，限制外地资源进入本地市场或限制本地资源流向外地。在"以邻为壑"的"GDP 竞争锦标赛"过程中，金融资源成为了地方政府促进经济增长的重要工具。

因此，选取的第一个工具变量是国外资本市场接近度（FMA_1），取各省会城市到海岸线距离的倒数（乘以100）作为国外资本市场接近度，记沿海省份到海岸线距离为其内部距离 d_{ii}[①]，而内地省份到海岸线距离为其到最近的沿海省份的距离 d_{ij}[②] 加上该沿海省份的内部距离，假定 Y 为沿海省份的集合，则第 i 省的国外资本市场接近度表示为：

$$FMA_{1ii} = \begin{cases} 100 \times d_{ii}^{-1}, & i \in Y \\ 100 \times (\min d_{ij} + d_{jj})^{-1}, & i \notin Y, j \in Y \end{cases}$$

我们选择第二个工具变量，金融中心接近度（FMA_2）。设定北京金融街、上海证券交易所和深圳证券交易所为金融中心（程婧瑶等，2013），记金融中心所在省份到金融中心距离为其内部距离 d_{ii}，而其他各省份金融

---

① 根据 Redding 和 Venable（2004）的做法，各省份内部距离取地理半径的 2/3，即 $d_{ii} = \frac{2}{3}\sqrt{\frac{S_i}{\pi}}$，其中 S_i 为第 i 省份的陆地面积。

② 省会城市之间（与金融中心之间）的距离按照公式 $\arccos(\cos(\alpha_m - \alpha_n)\cos\beta_m\cos\beta_n + \sin\beta_m\sin\beta_n) \times R$ 计算得到，其中 α_m、α_n 分别为 m、n 省会城市的经度，β_m、β_n 分别为 m、n 省会城市的纬度，R 为地球大圆半径。

中心接近度为该省会城市到最近金融中心的距离 d_{ij} 加上金融中心所在省份的内部距离，并都取倒数（乘以 100）。假定 M 为北京、上海和深圳的集合，则金融中心接近度可表示为：

$$FMA_{2ii} = \begin{cases} 100 \times d_{ii}^{-1} & i \in M \\ 100 \times (\min d_{ij} + d_{jj})^{-1} & i \notin M, j \in M \end{cases}$$

我们在表 5-2 中第（4）列采用工具变量两阶段最小二乘法 2SLS 进行估计，为了验证工具变量的有效性，我们采用多种统计检验进行评判：首先我们采用 Kleibergen-Paaprk LM 统计量来检验工具变量是否与内生变量相关，结果在 1% 显著性水平上拒绝了"工具变量识别不足"的零假设；其次 Kleibergen-Paaprk Wald F 统计量为 11.176，大于 10 的经验规则，符合 Cragg 和 Donald（1993）、Staiger 和 Stock（1997）研究中提出的要求[1]，也明显高于 Stock-Yogo 检验 20% 水平上的临界值 8.75，因此拒绝工具变量是弱识别的假定；最后 Sargan-Hansen 检验的相伴随概率为 0.205，即不能在 10% 的显著性水平上拒绝"工具变量是过度识别"的零假设，说明工具变量是外生的，与模型残差项无关，所有上述统计检验都表明所选取的两个工具变量具有合理性，因此模型的设定是可靠的。

先以固定效应模型为基础进行回归分析，资产短缺对区域经济增长有正向影响，在 5% 的水平上显著，在采用工具变量有效地控制内生性之后，资产短缺对省际经济增长的估计系数上升了 0.01534，约 309.3%，说明了由固定效应到 2SLS 估计，资产短缺对我国省际经济增长的助力促进作用更加明显，支持假设 1。人均资本存量对经济增长具有负向影响，在 1% 的水平上显著，可以猜测我国出现了资本投入的边际报酬递减，主要是因为

---

[1]　Cragg 和 Donald（1993）、Staiger 和 Stock（1997）提出判断工具变量是否是弱工具变量的经验规则，即如果 F 统计量大于 10，则可以拒绝"存在弱工具变量"的原假设，不必担心弱工具变量的问题。

资本投入过量，以及金融资产规模、人力资本、技术投入等因素与资本存量规模未达到合适的组合比程度（王爱俭、陈杰，2006；罗文波，2010）。技术效率对经济增长表现出正向影响，在10%的水平上显著，人力资本对经济增长表现出正向影响，在1%的水平上显著，表明相对于物质资本投入，技术和人力资本投入发挥经济增长的促进作用。对外依存度对经济增长有正向影响，在1%的水平上显著，外商直接投资是拉动我国经济增长的动力之一。人口抚养比系数对经济增长表现出负向影响，在1%的水平上显著，说明人口红利正在消失。能源消费弹性系数对经济增长表现出正向影响，在5%的水平上显著，主要因为我国"三高一低"产业比重大，能源利用效率不高，能源结构不合理。福利收入效应对经济增长表现出正向影响，在1%的水平上显著，原因是居民福利水平的提升和改善，会通过各种机制和渠道促进经济增长（钞小静、任保平，2011）。政府支出规模对经济增长有正向影响，但不显著，制度质量对经济增长有负向影响，但不显著。

四、工具变量分位数回归

以上由 OLS 和 2SLS 估计得到的结果为资产短缺促进区域经济增长提供了概括性的统计分析，但是它们不能描述助力效应的分布特征。为了进一步探讨资产短缺对区域经济增长的影响，我们将采用标准分位数回归方法（QR 模型）以及工具变量分位数回归方法（IVQR 模型）（Chernozhukov and Hansen，2005，2006）进行估计。

如表5-3所示，QR 模型得到的估计量明显低于 IVQR 模型，这一点与 OLS 模型的估计结果相似，表明忽视内生性会导致严重的估计偏差；资产短缺对区域经济增长的促进作用在不同经济增速的地区呈现出较大的差异，IVQR 模型估计较 QR 模型更加明显和准确。

表 5-3　促进效应的分布：QR 和 IVQR 估计

模型	QR 模型				IVQR 模型			
	QR_20%	QR_40%	QR_60%	QR_80%	IVQR_20%	IVQR_40%	IVQR_60%	IVQR_80%
AS	0.00521*** (0.00168)	0.00574*** (0.00199)	0.00659*** (0.00132)	0.00590*** (0.00221)	0.02509*** (0.00446)	0.02868*** (0.00576)	0.02057*** (0.00606)	0.01302* (0.00691)
kk	-0.00521*** (0.000661)	-0.00427*** (0.000884)	-0.00369*** (0.000577)	-0.00424*** (0.00108)	-0.00373*** (0.00051)	-0.00297*** (0.00083)	-0.00317*** (0.00099)	-0.00356*** (0.00110)
tech	0.0143* (0.00768)	0.00450 (0.00918)	0.00761 (0.00562)	0.00630 (0.0111)	0.02056*** (0.00589)	0.01243 (0.00813)	0.01268 (0.00938)	0.01418 (0.01135)
hr	0.0203** (0.00792)	0.0227*** (0.00856)	0.0283*** (0.00534)	0.0281*** (0.00790)	0.01277** (0.00512)	0.02128*** (0.00671)	0.01893*** (0.00791)	0.02383*** (0.00777)
expend	0.00764 (0.00747)	-0.00304 (0.0105)	-0.00160 (0.00663)	0.00207 (0.0107)	0.02718*** (0.00859)	0.03565*** (0.01184)	0.02003 (0.01313)	0.00449 (0.01323)
fdi	0.201** (0.0893)	0.332*** (0.0998)	0.260*** (0.0568)	0.183** (0.0833)	0.13021* (0.07189)	0.11154 (0.09057)	0.11297 (0.09530)	0.15852 (0.10241)
feed	-0.0718*** (0.0237)	-0.0490* (0.0295)	-0.0692*** (0.0192)	-0.0999*** (0.0367)	-0.07668*** (0.01737)	-0.10837*** (0.02537)	-0.08681*** (0.03067)	-0.07986** (0.03808)
system	-0.0183 (0.0124)	-0.0242 (0.0158)	-0.00433 (0.0102)	-0.00703 (0.0181)	-0.01183 (0.01134)	0.00809 (0.01489)	0.01150 (0.01703)	-0.00532 (0.01901)
energy	0.00630** (0.00282)	0.00403 (0.00353)	0.00433** (0.00208)	-0.00148 (0.00320)	0.00309 (0.00215)	0.00422 (0.00311)	0.00022 (0.00323)	0.00014 (0.00314)

续表

模型	QR 模型				IVQR 模型			
	QR_20%	QR_40%	QR_60%	QR_80%	IVQR_20%	IVQR_40%	IVQR_60%	IVQR_80%
wel	0.000695	0.00140	0.000392	-0.000103	0.00175**	0.00176**	0.00135	0.00045
	(0.000607)	(0.000932)	(0.000613)	(0.00132)	(0.00069)	(0.00090)	(0.00115)	(0.00130)
常数项	0.0827***	0.0903***	0.101***	0.142***	0.08553***	0.10015***	0.11217***	0.12861***
	(0.0120)	(0.0150)	(0.00971)	(0.0174)	(0.00879)	(0.01282)	(0.01504)	(0.01720)
N	430	430	430	430	430	430	430	430

注: ① ( ) 内数值为回归系数的异方差稳健标准误。② *、**、*** 分别表示 10%、5%、1% 上的显著性水平。

在 QR 和 IVQR 模型中，资产短缺都对区域经济增长起到了促进作用，在经济增速缓慢的地区，资产短缺对经济增长的促进作用强于经济增速高的地区，IVQR 模型的分位数回归系数从 0.02509→0.02868→0.02057→0.01302，可能是因为在经济增速偏低的地区，由于金融资源有限，资产短缺产生的资产负债表和资产价格效应更容易放松居民和企业受到的融资约束以及需求约束，并且程度更大，企业资本结构调整速度更快，对优化技术投资效果也更明显（沈红波等，2010；王淑娜，2014），因而更大程度上促进了生产和经营活动的顺利进行。然而在经济增速高的地区，金融发展程度高，有利于缓解居民和企业面临的融资约束以及需求约束，良好的金融生态环境有助于缓解中小企业与民营企业的"融资难"问题（Love，2003；魏志华等，2014），因此资产短缺发挥经济增长促进作用的空间也相对较小。其他控制变量的符号基本与表 5-2 一致。同时，证明了区域性资产短缺还会缩小区域间经济增长差异，这与刘生龙等（2009）、潘文卿（2010）和杨朝峰等（2015）的结论相同，证实了假设 3。

五、资产短缺调节作用分析

经济增长按照对要素的利用方式，可以划分为粗放型增长方式与集约型增长方式。粗放型增长方式是指主要靠增加生产要素的投入推动经济增长，集约型增长方式是指主要通过提高要素的生产和使用效率来促进经济增长。

前文已证明资产短缺能促进区域经济增长，在此结论基础上，进一步研究资产短缺对技术与经济增长之间的调节效应，探求资产短缺是否会影响和改善我国的经济增长方式。

因此，我们构建新计量模型：

$$gdpr_{i,t} = \alpha + \beta AS_{i,t} + \gamma_1 kk_{i,t} + \gamma_2 tech_{i,t} + \gamma_3 hr_{i,t} + \gamma_4 expend_{i,t} + \gamma_5 fdi_{i,t} +$$

$$\gamma_6 feed_{i,t} + \gamma_7 system_{i,t} + \gamma_8 energy_{i,t} + \gamma_9 wel_{i,t} +$$

$$\varphi_1 AS_{i,t} \times tech_{i,t} + \mu_i + \upsilon_t + \varepsilon_{i,t} \qquad (5-8)$$

式（5-8）中，$AS_{i,t} \times tech_{i,t}$ 代表资产短缺与技术效率的交互项。根据温忠麟等（2005）的研究，当交互项显著时，存在调节效应。更具体来说，当资产短缺与技术效率的交互项具有统计显著性时，如果资产短缺变量与经济增长没有显著关系，可以判断资产短缺变量是纯调节变量，如果资产短缺变量与经济增长也显著相关，资产短缺变量是半调节变量。

从表5-4中可以发现，资产短缺与技术效率的交互项系数（$AStech$）显著为正，同时资产短缺（AS）系数显著为正，因此可以推断：资产短缺（AS）是半调节变量，资产短缺对技术效率与经济增长关系存在显著正向调节作用，即资产短缺程度越大，技术效率对经济增长的促进作用越大，这与理论研究相符。

表5-4　调节效应检验结果

模型	（1）fe	模型	（1）fe
AS	0.00466*	$tech$	0.0147**
	（0.00240）		（0.00657）
hr	0.0435***	$expend$	−0.0165*
	（0.00607）		（0.00862）
fdi	−0.0193	$feed$	0.0390
	（0.141）		（0.0457）
$system$	−0.0635**	$energy$	0.00531**
	（0.0242）		（0.00207）
wel	0.000517	$AStech$	0.00547**
	（0.000510）		（0.00225）
常数项	0.0451**	地区效应	控制
	（0.0166）		
时间效应	控制	N	430
R^2	0.429		

六、稳健性检验

为了确保分析结论的可靠性，我们从以下几个角度进行稳健性检验。①考虑滞后效应：资产短缺以及其他控制变量对经济增长的影响可能存在一定的时滞效应，因此将模型中的解释变量取滞后一期项并采用工具变量两阶段最小二乘估计方法（2SLS）估计，这样能够有效地降低其他解释变量可能存在的内生性问题而带来的估计偏差，结果报告如表5-5第（1）列所示。②有限信息最大似然估计 LIML 方法：在有限样本条件下采用 LIML 方法能够得到更优估计结果（Stock et al., 2002），结果报告如表5-5第（2）列所示。③最优 GMM 估计方法：当存在异方差的时候，最优GMM 估计会比 2SLS 更有效率，结果报告如表5-5第（3）列所示。④由于 FMA_1 和 FMA_2 都不随时间变化，为了使其具有动态特征以得到更有意义的估计结果，我们用2001~2014年的名义汇率 $rate_1$ 和1年期基准存款利率 $rate_2$ 分别与两个变量相乘，得到交互项 $FMA_1 \times rate_1$ 和 $FMA_2 \times rate_2$，并将它们作为最终的工具变量，分别记为 $iv1$ 和 $iv2$，并采用工具变量两阶段最小二乘估计方法（2SLS）估计，结果报告如表5-5第（4）列所示。⑤选取新工具变量 $iv3$ 和 $iv4$，即1978年各省的平均储蓄倾向和金融中心接近度（FMA_2），历史储蓄倾向与行为特征会对当前金融资产需求产生影响（Harbaugh, 2004；程令国等, 2011），但与当前经济增长率无直接因果关系，并采用工具变量两阶段最小二乘估计方法（2SLS）估计，结果报告如表5-5第（5）列所示。⑥增加金融发展控制指标，即 $fir = $（金融机构年末贷款+金融机构年末存款+证券发行量）/GDP，并采用工具变量两阶段最小二乘估计方法（2SLS）估计，结果报告如表5-5第（6）列所示。⑦对连续变量1%以下和99%以上的分位数进行 Winsorize 缩尾处理，并采用工具变量两阶段最小二乘估计方法（2SLS）估计，结果报告如表5-5第

（7）列所示。以上结果都显示回归结果是稳健的。

表 5-5 稳健性检验结果

	（1）	（2）	（3）	（4）	（5）	（6）	（7）
AS	0.0201 ***	0.0203 ***	0.0203 ***	0.0203 ***	0.0197 ***	0.0194 ***	0.0211 ***
	（0.00565）	（0.00534）	（0.00533）	（0.00506）	（0.00561）	（0.00585）	（0.00588）
kk	−0.00347 ***	−0.00334 ***	−0.00339 ***	−0.00334 ***	−0.00338 ***	−0.00327 ***	−0.00343 ***
	（0.00073）	（0.00062）	（0.00061）	（0.00060）	（0.000601）	（0.000608）	（0.000727）
tech	0.00648	0.0139 *	0.0140 *	0.0139 *	0.0136 *	0.0130	0.0135 *
	（0.00846）	（0.00805）	（0.00803）	（0.00808）	（0.00814）	（0.00810）	（0.00764）
hr	0.0165 ***	0.0188 ***	0.0187 ***	0.0189 ***	0.0189 ***	0.0191 ***	0.0249 ***
	（0.00523）	（0.00610）	（0.00608）	（0.00609）	（0.00610）	（0.00607）	（0.00881）
expend	0.0247	0.0202	0.0208	0.0202	0.0193	0.0212	0.0345 **
	（0.0167）	（0.0148）	（0.0149）	（0.0148）	（0.0153）	（0.0151）	（0.0165）
fdi	0.120 *	0.137 *	0.139 *	0.137 *	0.141 *	0.133 *	0.173 **
	（0.0714）	（0.0715）	（0.0715）	（0.0713）	（0.0726）	（0.0687）	（0.0789）
feed	−0.0652 ***	−0.0868 ***	−0.0858 ***	−0.0868 ***	−0.0863 ***	−0.0878 ***	−0.0923 ***
	（0.0246）	（0.0240）	（0.0238）	（0.0239）	（0.0236）	（0.0235）	（0.0241）
system	0.0134	−0.00171	−0.00151	−0.00173	−0.00244	0.000178	0.00850
	（0.0164）	（0.0148）	（0.0149）	（0.0148）	（0.0150）	（0.0147）	（0.0153）
energy	0.00322	0.00503 **	0.00500 **	0.00503 **	0.00508 **	0.00541 **	0.00512 **
	（0.00234）	（0.00224）	（0.00223）	（0.00223）	（0.00224）	（0.00233）	（0.00243）
wel	0.00167 **	0.00111 *	0.00110 *	0.00111 *	0.00107 *	0.00108 *	0.00136
	（0.000786）	（0.000642）	（0.000640）	（0.000640）	（0.000645）	（0.000641）	（0.000860）
fir	—	—	—	—	—	−0.00143	
						（0.00232）	
常数项	0.111 ***	0.106 ***	0.105 ***	0.106 ***	0.106 ***	0.107 ***	0.0945 ***
	（0.0131）	（0.0128）	（0.0128）	（0.0128）	（0.0128）	（0.0127）	（0.0139）
DWH 检验	12.211	—	—	13.3683	8.0631	12.2776	11.3364
	［0.0005］			［0.0003］	［0.0045］	［0.0005］	［0.0008］
Hausman 内生性检验	11.87	—	—	12.98	7.84	11.95	11.06
	［0.0006］			［0.0003］	［0.0051］	［0.0005］	［0.0009］

	（1）	（2）	（3）	（4）	（5）	（6）	（7）
Kleibergen-Paaprk Wald F 统计	10.184 |8.75|	—	—	11.852 |11.59|	8.752 |8.75|	10.285 |8.75|	11.986 |11.59|
Kleibergen-Paaprk LM 统计	17.391 [0.0002]	—	—	19.787 [0.0001]	15.840 [0.0004]	18.273 [0.0001]	21.085 [0.0000]
Sargan-Hansen 检验	0.499 [0.4801]	—	0.2046 [0.6511]	0.014 [0.9067]	0.382 [0.5364]	0.252 [0.6157]	1.248 [0.2640]
地区效应	控制	控制	控制	控制	控制	控制	控制
时间效应	控制	控制	控制	控制	控制	控制	控制
N	399	430	430	430	430	430	430
R^2	0.125	0.094	0.096	0.095	0.109	0.119	0.104

注：①（ ）内数值为回归系数的异方差稳健标准误，[ ]内数值为相应检验统计量的 P 值，\| \|内数值为 Stock-Yogo 检验 15%、20% 水平上的临界值。②*、**、*** 分别表示 10%、5%、1% 上的显著性水平。③Durbin-Wu-Hausman（DWH）内生性检验的零假设是模型中所有解释变量均为外生的。④Hausman 内生性检验的零假设是模型中所有解释变量均为外生的。⑤Kleibergen-Paaprk LM 检验的零假设是工具变量识别不足，若拒绝零假设说明工具变量是合理的；Kleibergen-Paaprk Wald F 检验的零假设是工具变量是弱工具变量，若拒绝零假设说明工具变量是合理的；Sargan-Hansen 检验的零假设是工具变量是过度识别，若接受零假设说明工具变量是合理的。

本章小结

通过引入资产短缺理论假说，发现我国省域经济当前已经长期处于资产短缺状态，探讨了区域性资产短缺与区域经济增长的关系；通过梳理两者之间的理论关系，分析了资产短缺影响经济增长的机制，以中国 2001~2014 年的省际面板数据为样本，采用工具变量两阶段最小二乘估计方法（2SLS）和工具变量分位数回归方法（IVQR）进行实证研究，得出区域性资产短缺能显著促进区域经济增长，并能缩小区域间经济增长差异，证实了结论的稳健性。除此之外，技术效率、人力资本、对外依存度、能源消费弹性系数以及福利收入效应对经济增长是显著正向影响，人均资本存量、人口抚养比系数对经济增长有显著负向影响，政府支出规模对经济增长有正向影响，但不显著，制度质量对经济增长有负向影响，但不显著。

区域发生资产短缺并不可怕，甚至可能是安全和有益的，能引起政府对金融资产供需缺口的重视，通过政策性或者市场化行为，增加安全、优质金融资产供给，缓解扭曲的金融抑制政策，发挥金融优化配置资源功能，从而盘活存量资本。但是资产短缺也是泡沫经济与资金"脱实向虚"的潜在隐患。Caballero（2006）提出，如果高估值泡沫均衡一定要发展，那么要避免泡沫在任一个领域的过度集中，以致生成该领域风险。

虽然资产短缺有助于缩小区域间经济增速的差距，但是严重程度的资产短缺使整体金融资产体系中充斥过多泡沫资产，并且随着泡沫资产价格持续上升，泡沫资产体量和规模的增加，导致政府、企业和个人持续性加杠杆行为，产生泡沫经济，造成资本市场上金融资产的超额需求和产品市场上的超额供给现象并存，爆发系统性风险，最典型的是民间"借贷跑路潮"、P2P 崩盘与地方债危机，这样反而不利于区域平衡、可持续发展以及社会稳定。

资产短缺、资本投入与经济的失衡产出

当前，中国经济不仅面临"过剩失衡"的难题，包括产品过剩、产能过剩、储蓄过剩，也存在"短缺失衡"的局面，主要是资产短缺。资产短缺是一个不容忽视的现实，是金融、经济结构演进中的一种非正常状态，也是社会经济发展过程中的一种普遍和必然的现象，它是一种金融失衡也是一种经济失衡，具有自身的特殊性。长期较大幅度偏离均衡状态的资产短缺是危险的，会对经济产生强烈的副作用。同时，经济失衡产出表现为长期依靠大规模的物质资本投入作为我国经济产出动力来源的运行和发展方式，难以在新时代维持。资产短缺对资本投入、经济产出的影响，将与改革开放时期产品、产能短缺状态下的影响方式存在着巨大的差异。

第一节
理论基础与研究假设

政府重工业优先发展战略，高资本投入创造了中国经济高速增长的奇迹，但也因金融抑制政策，出现了金融资产短缺。在庞大的经济体量背后，日益凸显出投资路径依赖、金融资产供需失衡与经济产出放缓的三重问题。尤其是经济虚拟化，使金融资产在社会资产结构中的位置越来越重要，资产短缺将通过不同调节机理和作用路径成为影响资本投入与宏观经济产出的关键性因素。

当出现资产短缺时，为满足经济中的资产需求，缓解资产短缺，必须由泡沫来填补缺口，即资产价格=基本值+泡沫，因此资产泡沫会作为资产供需均衡的一部分必然存在。很显然，当我国出现资产短缺时，意味着存在泡沫资产，作为弥补缺口的泡沫资产，自然就会发挥金融功用，尤其是在金融抑制程度较高的情况下，可以补充与改善金融投融资渠道，通过发挥资产价格效应降低中小企业融资成本，放松融资约束，增大托宾 Q 值，提升投资效率和资源配置效率，刺激经济增长。Miao 和 Wang（2014）指出，泡沫资产价格上涨实际上是资产与公司所能获取的贷款额之间的正反馈循环。Hirano 和 Yanagawa（2015）认为泡沫资产可以提升有信用约束的企业净价值，增加投资，从而促进经济增长。Giglio 和 Severo（2011）指出在资产短缺情况下，技术的边际产出往往高于资产供需均衡状态，金融资产抵押价值的提升，既可以缓解企业融资约束，减少资本扭曲分配的效率损失，又可以促进收入和产出提升。

资产短缺也有助于提升资本投入效率，优化资本配置，改善动态无效率，促进经济增长。因为在我国，固定资产的重复性、无差异性的过度投资与简单加总，与金融资源相对稀缺，两者投入比例失调，已经使资本价值深化程度越来越低，产出弹性以及对经济的贡献越来越低（Aghion et al.，2007；Jorgenson et al.，2008），导致我国经济出现动态无效率状态（袁志刚、何樟勇，2003；项本武，2008），而一定程度的资产短缺所产生的均衡性资产泡沫有利于改善和消除经济动态无效性，使存在资产短缺情况下的资本生产率要高于无资产短缺情况下的资本生产率，出现动态无效状态逆转，尤其在经济转型期间，动态效率的波动与变换更加频繁，资产均衡泡沫会在动态无效和动态有效之间反复发生。在现实中，泡沫资产的产生与消费增加、资本积累和产出增加有可能是同时出现的。

但是，当前政府对 GDP 的痴迷以及政治晋升追求，偏好于将有限金融资源集中分配到资本密集型工业部门，形成了对高投入、高消耗、高污染、低效率粗放型增长方式的路径依赖。在这种经济和政治双重因素影响下，资产短缺会加剧过度投资和过度储蓄，不利于经济转型与增长，因为在财富创造能力与金融资产创造能力严重不足的矛盾势必会造成经济体内大量财富资金无法顺利地转化为投资和消费需求，导致国内投资与消费增长动力不足，为了确保高经济产出速度，政府实施扭曲的政策，将加大国内投资和储蓄，这样必然又会加剧资产短缺程度，造成资产短缺、过度投资和过度储蓄共存与恶性循环的局面。特别是资产短缺引起的均衡性泡沫在生产性资本领域大量积累，对资本投入、经济产出与增长更加不利。因为资产短缺引起金融资产价格上涨，将增加金融资产如抵押担保品净值，提升银行对未来宏观经济发展形势以及贷款人偿债能力的乐观情绪，促使银行放宽信贷政策、降低信贷标准，产生"金融加速器"作用（Bernanke et al. ，1996）；同时，资产短缺导致实际利率下降，外部融资成本溢价的下降会减小公司的财务杠杆，降低融资成本和风险调整成本，不断优化企业的资产负债水平和现金流，刺激投资，形成投融资乘数效应，甚至资产短缺能在居民间、企业间、银行间、产业间和市场间产生资产价格效应和资产负债表联动溢出效应，但这只能缓解"三高一低"和以资源投入为主的粗放型生产企业的融资约束，并进一步放松其需求约束与实体约束，形成"金融资产价格上升—粗放型投资增加—粗放型生产企业收入、现金流和资产净值增加—粗放型投资增加"的相互强化、往复的恶性循环，进一步支持这些企业低效、无效生产，维持粗放型经营方式，过度进行实物资本的重复性投入与简单加总，加速资本边际报酬递减，减损经济的后续动力（戴魁早、刘友金，2015），尤其是政府对资产短缺的重视，可以通过政策性或者市场化行为，增加安全、优质金融资产供给，缓解金融资产有效供给不足的难题，但是更多的金融资源会在政府投资偏好作用下流向"三高一低"企业和国有企业，加剧过度投资，以致最终出现失衡的经济增长。特别是因为资产短缺引起金融资产价格上涨和实际利率进一步下降，并会出现泡沫资产的替代效应和利率收入效应，引导资金从实体经济向虚拟经济的大量反向流出，对资本存量以及经济产出产生破坏性的效果。

因此，基于以上分析，本书提出以下假设：

H1：资产短缺有助于我国区域经济产出。

H2：资产短缺对资本存量与经济产出关系有负向调节效应。

第二节
计量模型与指标度量

一、计量模型

我们在上文理论模型和影响机理的基础上构建以下简约型计量模型：

$$gdp_{i,t} = \alpha + \beta AS_{i,t} + \gamma Z_{i,t} + \mu_i + \upsilon_t + \varepsilon_{i,t} \qquad (6-1)$$

式（6-1）中，i 表示地区，t 表示年份，gdp 表示以 2000 年为基期根据平减指数折算的实际 GDP 的对数值，由于在相当长时期内，我国各地方政府均采用总体数量指标来衡量经济发展绩效，因此本书用其来代表实际经济产出（杨继生等，2013；李苗苗等，2015）。核心变量包括资产短缺（AS）和资本存量（k），Z 表示控制变量，包括技术效率（$tech$）、人力资本（hr）、金融发展程度（fir）、政府支出规模（$expense$）、对外依存度（fdi）、人口抚养比系数（$feed$）、制度质量（$system$）、能源消费弹性系数（$energy$）、劳动投入（$labor$），μ_i 表示地区效应，υ_t 表示年度效应，$\varepsilon_{i,t}$ 表示随机误差项。

因此，计量模型修正为：

$$gdp_{i,t} = \alpha + \beta_1 AS_{i,t} + \beta_2 k_{i,t} + \gamma_1 tech_{i,t} + \gamma_2 hr_{i,t} + \gamma_3 fir_{i,t} + \gamma_4 expense_{i,t} + \gamma_5 fdi_{i,t} +$$
$$\gamma_6 feed_{i,t} + \gamma_7 system_{i,t} + \gamma_8 energy_{i,t} + \gamma_9 labor_{i,t} + \mu_i + \upsilon_t + \varepsilon_{i,t} \qquad (6-2)$$

接下来，进一步重点考察资产短缺对资本存量与经济产出之间的调节作用，构造如下回归方程：

$$gdp_{i,t} = \alpha + \beta_1' AS_{i,t} + \beta_2' k_{i,t} + \gamma_1' tech_{i,t} + \gamma_2' hr_{i,t} + \gamma_3' fir + \gamma_4' expense_{i,t} +$$

$$\gamma_5' fdi_{i,t} + \gamma_6' feed_{i,t} + \gamma_7' system_{i,t} + \gamma_8' energy_{i,t} + \gamma_9' labor_{i,t} +$$

$$\chi AS_{i,t} \times k_{i,t} + \mu_i + \upsilon_t + \varepsilon_{i,t} \tag{6-3}$$

式（6-3）中，交互项 $AS_{i,t} \times k_{i,t}$ 表示资产短缺对资本存量与经济产出之间的调节效应。根据温忠麟等（2005）的研究，当交互项显著时，存在调节效应，具体来说，当资产短缺与资本存量的交互项具有统计显著性时，如果资产短缺变量与经济产出没有显著关系，可以判断资产短缺变量是纯调节变量，如果资产短缺变量与经济产出也显著相关，资产短缺变量是半调节变量。

二、指标度量

1. 解释变量

（1）对资产短缺（AS）指标的测算基于范从来等（2013）、Chen 和 I-mam（2014）的测算方法和思想，虽然仍有不足和待完善的地方，但是整体上具有较强的解释力和科学性。结合中国具体实际情况，资产需求用本省居民储蓄表示，通过 GDP 减去最终消费近似获得，资产供应包括短期存款变化量、贷款发放规模、债券发行规模以及股票发行规模（包括首发、定向增发、公开增发、配股发行、可转债发行）。

（2）资本存量（k），选用单豪杰（2006）的方法计算以 2000 年为基期的资本存量 k。资本存量 k 采用"永续盘存法"来测算，计算公式是：

$k_t = \dfrac{I_t}{P_t} + (1 - \varphi)k_{t-1}$，其中 k_t 和 k_{t-1} 分别表示 t 和 $t-1$ 期的实际资本存量，P_t 为固定资产投资价格指数，I_t 为名义固定资产投资，φ 为资产年折旧率。

2. 控制变量

（1）技术效率（$tech$），参考任保平等（2012）衡量经济增长质量指标体系中的经济增长效率指标的方法，以实际 GDP 作为产出指标，以资本存量和劳动作为投入指标，使用 DEAP2.1 软件求得全要素生产率，并进一步分解出技术变动和技术效率变动，最后对全要素生产率增长率、技术变动、技术效率变动进行指数合成。

（2）人力资本（hr），采用就业人口平均受教育年数作为代理变量进行衡量。具体地，把小学、初中、高中、大专以上程度的受教育年限分别赋值为 6 年、9 年、12 年和 16 年。则 $hr = 6h_1 + 9h_2 + 12h_3 + 16h_4$，其中 h_i（$i = 1，2，3，4$）分别表示小学、初中、高中、大专以上程度的受教育人数占就业人口的比重。

（3）金融发展程度（fir），用金融机构年末贷款规模与金融机构年末存款规模的比值表示。

（4）政府支出规模（$expense$），用政府财政支出占 GDP 的比重来表示。

（5）对外依存度（fdi），用外商直接投资额占 GDP 的比重来表示。

（6）人口抚养比系数（$feed$），即 $feed$ =（15 岁以下人口 + 65 岁以上人口）/ 15~64 岁人口。

（7）制度质量（$system$），从非国有经济发展水平的角度来量化各地区制度的完善程度，用非国有企业职工数占所有职工数的比重衡量非国有化率。

（8）能源消费弹性系数（$energy$），能源消费量年平均增长速度与经济年平均增长速度之比。

（9）劳动投入（$labor$），我们用就业人口占当地人口的比例表示。

第三节
计量结果及实证分析

一、数据来源

以中国 2001~2014 年的 31 个省际面板数据为样本，数据来源于《中国统计年鉴》、《新中国六十年统计资料汇编》、《中国金融年鉴》、《中国证券期货统计年鉴》、《中国人口和就业统计年鉴》、国泰安数据库、WIND 数据库以及各省统计年鉴、统计局资料等。

二、统计性描述①

经济产出（gdp）标准差说明各省份产出体量差异明显。资产短缺（AS）平均值为 0.2599（见表 6-1），说明我国省份确实普遍存在资产短缺。资本存量（k）标准差说明省份间资本存量相差大。技术效率（$tech$）一般与当地金融发展水平、资源配置效率紧密相关，排在前面几位的是上海、北京、天津、江苏、广东等。人力资本（hr）说明就业人口平均受教育年数在省份间差距较小。金融发展程度（fir）标准差说明我国各省份金

---

① 变量的相关性结果在此省略，各解释变量的相关系数都低于共线性门槛值 0.7（Lind et al., 2002）。因此，本书不存在多重共线性问题，并进一步通过方差膨胀因子（VIF）进行共线性考察，发现取值处于区间 [1.17, 4.26]，Mean VIF 为 2.02，在可接受范围内（根据经验法则，如果最大的方差膨胀因子 $VIF = \max|VIF_1, VIF_2, \cdots, VIF_n| \leqslant 10$，则不存在多重共线性问题），因此本书不存在明显多重共线性问题。

融发展程度差异相对较小。政府支出规模（*expense*）、对外依存度（*fdi*）、人口抚养比系数（*feed*）、制度质量（*system*）和劳动投入（*labor*）标准差说明不同省份有相似的发展结构，差别较小。能源消费弹性系数（*energy*）说明省份间能源利用效率与能源结构存在较大差异。

表 6-1　变量统计分析

	平均数	中位数	最大值	最小值	标准差
gdp	8.5328	8.6753	10.8291	4.8885	1.1265
AS	0.2599	0.4685	1.3559	-6.1423	0.8372
k	9.3174	9.4088	11.5664	5.5305	1.0851
tech	0.4735	0.4964	0.9814	0	0.2133
hr	2.4076	2.3666	4.1784	0.7492	0.4903
fir	0.7249	0.7379	1.1385	0.2328	0.1312
expense	0.2213	0.1743	2.1432	0.00004	0.1906
fdi	0.0264	0.0186	0.1465	0.0006	0.0228
energy	0.7509	0.6642	3.6346	-1.7135	0.5125
feed	0.3934	0.3960	0.6346	0.1927	0.0817
system	0.4191	0.3855	0.8767	0.0364	0.1727
labor	0.5508	0.5463	1.0366	0.2887	0.0795

三、实证分析

本书首先使用面板普通最小二乘法对模型（6-2）给出初步的估计结果，结果显示在表 6-2 的第（1）至第（3）列，其中第（1）列给出了混合效应模型的估计结果，第（2）和第（3）列分别显示了随机效应模型和固定效应模型估计结果。为了比较固定效应和随机效应模型的适用性，进一步进行了 Hausman 检验，发现在 1% 显著性水平上拒绝原假设，说明应该选用固定效应模型。

表6-2 OLS及两阶段最小二乘法（2SLS）估计结果

	（1）	（2）	（3）	（4）
	混合效应	随机效应	固定效应	2SLS
AS	0.0427 ***	−0.0116	0.00351	0.0636 ***
	（0.0137）	（0.00951）	（0.00529）	（0.0169）
k	1.061 ***	0.561 ***	0.257 ***	1.051 ***
	（0.0406）	（0.0249）	（0.0167）	（0.0243）
tech	−0.184 ***	−0.00183	0.0344 ***	−0.168 ***
	（0.0658）	（0.0236）	（0.0129）	（0.0454）
hr	−0.0711	−0.00912	0.000914	−0.0768 ***
	（0.0519）	（0.0181）	（0.00995）	（0.0236）
fir	−0.512 **	−0.229 ***	−0.0879 ***	−0.560 ***
	（0.188）	（0.0586）	（0.0327）	（0.103）
expense	−0.219	−0.0108	−0.00289	−0.214 *
	（0.145）	（0.0347）	（0.0189）	（0.126）
fdi	0.409	−0.895 **	−0.725 ***	0.231
	（0.943）	（0.376）	（0.209）	（0.412）
feed	−0.0572	−0.355 ***	−0.0844	−0.0905
	（0.237）	（0.112）	（0.0627）	（0.141）
system	0.480 **	0.474 ***	0.0574	0.538 ***
	（0.201）	（0.0740）	（0.0433）	（0.0909）
energy	0.0015	0.0033	−0.0045	0.00023
	（0.0173）	（0.00800）	（0.00435）	（0.0171）
labor	−0.189	−0.0872	−0.0189	−0.185
	（0.233）	（0.0833）	（0.0456）	（0.139）
常数项	−0.274	3.415 ***	5.668 ***	−0.148
	（0.435）	（0.218）	（0.138）	（0.278）
Hausman 检验	—	—	297.57	—
			［0.0000］	
DWH 检验	—	—	—	4.9078
				［0.0267］
Kleibergen−Paaprk Wald F 统计	—	—	—	77.3378
Sargan−Hansen 检验	—	—	—	2.1768
				［0.1401］

续表

	（1）	（2）	（3）	（4）
	混合效应	随机效应	固定效应	2SLS
N	430	430	430	430
adj-R^2	0.979	0.897	0.992	0.979

注：① （ ）内数值为回归系数的异方差稳健标准误，[ ]内数值为相应检验统计量的 P 值。② *、**、*** 分别表示 10%、5%、1% 上的显著性水平。③Hausman 检验的零假设是 FE 和 RE 的估计系数没有系统性差异，拒绝零假设表示应该使用固定效应模型。④Durbin-Wu-Hausman（DWH）内生性检验的零假设是模型中所有解释变量均为外生的。⑤Kleibergen-Paaprk Wald F 检验的零假设是工具变量是弱工具变量，若拒绝零假设说明工具变量是合理的；Sargan-Hansen 检验的零假设是工具变量是过度识别，若接受零假设说明工具变量是合理的。

由于固定效应模型估计的一致性要求解释变量与随机误差项无关的假定成立。但是很明显，资产短缺存在内生性问题，与经济产出之间可能出现联立性偏误：经济产出越高的国家一般来说资产短缺也越严重。通过 DWH（Durbin-Wu-Hausman）检验统计量为 4.9078 并且在 5% 的显著性水平上拒绝资产短缺是外生的原假设，这表明资产短缺存在明显的内生性，严重的内生性将导致 OLS 估计结果有偏或非一致。因此，为了降低偏误需要对内生性问题进行控制，通常的改进方法就是寻找一个与资产短缺变量关系密切但独立于经济产出的变量作为工具变量进行两阶段最小二乘法估计。根据资产短缺的内涵与理解，可以从经济地理学的"引力模型"和"重力模型"理论中来寻找工具变量。"引力模型"可以预测国内外金融市场投资、交易的金融资产和资金供需流量，因此距离等地理因素与金融资产短缺存在相关关系，却与经济产出无直接因果关系。"重力模型"理论是指中心对周边腹地的金融功能辐射强度符合距离衰减定律特征，但是信息本身的不对称性和外在效应仍然十分明显，因此必然会对资金、金融资源的流动与集聚产生一定程度的影响，而与经济产出无直接必然联系。

因此，选取的第一个工具变量是国外资本市场接近度（FMA_1），取各省会城市到海岸线距离的倒数（乘以100）作为国外资本市场接近度，记沿海省份到海岸线距离为其内部距离 d_{ii}[①]，而内地省份到海岸线距离为其到最近的沿海省区的距离加上该沿海省份的内部距离，假定 Y 为沿海省份的集合，则第 i 省的国外资本市场接近度表示为：

$$FMA_{1ii} = \begin{cases} 100 \times d_{ii}^{-1}, & i \in Y \\ 100 \times (\min d_{ij} + d_{jj})^{-1}, & i \notin Y, j \in Y \end{cases}$$

大样本的条件下，增加工具变量通常会得到更加有效的估计结果，基于"重力理论"，选择第二个工具变量金融中心接近度（FMA_2）。设定北京金融街、上海证券交易所和深圳证券交易所为金融中心，记金融中心所在省份到金融中心距离为其内部距离 d_{ii}[②]，而其他各省份金融中心接近度为该省会城市到最近金融中心的距离加上金融中心所在省份的内部距离，并取倒数（乘以100）。假定 M 为北京、上海和深圳的集合，则金融中心接近度可表示为：

$$FMA_{2ii} = \begin{cases} 100 \times d_{ii}^{-1}, & i \in M \\ 100 \times (\min d_{ij} + d_{jj})^{-1}, & i \notin M, j \in M \end{cases}$$

通过计算简单相关系数发现，两个工具变量 FMA_1、FMA_2 与资产短缺指数 AS 之间的相关系数分别为 0.142 和 0.262，并且都通过 1% 的显著性水平检验，这也进一步说明所选取的工具变量与内生变量的相关性是可以得到满足的。

我们在表 6-2 第（4）列采用工具变量两阶段最小二乘法 2SLS 进行估

---

① 据 Redding 和 Venable（2004）的做法，各省份内部距离取地理半径的 2/3，即 $d_{ii} = \frac{2}{3}\sqrt{\frac{S_i}{\pi}}$，其中 S_i 为第 i 省份的陆地面积。

② 省会城市之间（与金融中心之间）的距离按照公式 $\arccos(\cos(\alpha_m - \alpha_n)\cos\beta_m\cos\beta_n + \sin\beta_m\sin\beta_n) \times R$ 计算得到，其中 α_m、α_n 分别为 m、n 省会城市的经度，β_m、β_n 分别为 m、n 省会城市的纬度，R 为地球大圆半径。

计，为了验证工具变量的有效性，我们采用多种统计检验进行评判：Kleibergen-Paap rk Wald F 统计量为 77.3378，明显大于 10 的经验规则，符合 Cragg 和 Donald（1993）、Staiger 和 Stock（1997）[①]研究中提出的要求，因此拒绝工具变量是弱识别的假定；Sargan-Hansen 检验的相伴随概率为 0.1401，即不能在 10% 的显著性水平上拒绝"工具变量是过度识别"的零假设，说明工具变量是外生的，与模型残差项无关。上述统计检验都表明所选取的两个工具变量具有合理性，因此模型的设定是可靠的。

接下来，先以固定效应模型为基础进行回归分析，区域性资产短缺对区域经济产出有正向影响，但不显著，在采用工具变量有效地控制内生性之后，资产短缺对各省经济产出有正向影响，并在 1% 水平上显著，且估计系数明显提升，这说明了由固定效应到 2SLS 估计，资产短缺对我国省际经济产出的助力促进作用更加明显，支持假设 1。资本存量对经济产出具有正向影响，在 1% 的水平上显著，说明目前我国进行实物资本投入的产出弹性虽然减小但并未呈现负面影响。技术效率对经济产出表现出负向影响，在 1% 的水平上显著。人力资本对经济产出表现出负向影响，在 1% 的水平上显著。人力资本对经济增长表现出负向影响，在 1% 的水平上显著，原因很可能有：一是测量准确性问题，在现实中，中国大学生就业难和民工荒现象严重，这种背景下用学历教育反映人力资本可能存在偏差，但相对较小（杜伟等，2014）；二是人力资本对经济增长的推动作用逐渐减弱，蔡昉（2004）、车士义和郭琳（2011）、尹银和周俊山（2012）认为随着老龄化的加剧，中国经济发展的"人口红利期"将逐渐消失，从而失去劳动力方面竞争优势，减缓中国经济增长，人口红利对中国经济增长的

---

① Cragg 和 Donald（1993）、Staiger 和 Stock（1997）提出判断工具变量是否是弱工具变量的经验规则，即如果 F 统计量大于 10，则可以拒绝"存在弱工具变量"的原假设，不必担心弱工具变量的问题。

解释力度较小；三是人力资本被视为技术生产的关键投入品，以通过影响技术中介而间接作用于经济增长，直接作用有时并不显著；四是净流入劳动力普遍都是低层次文化水平，整体上使人力资本对经济增长贡献为负（段平忠、刘传江，2005）。金融发展程度对经济产出表现出负向影响，在1%水平上显著，部分学者认为适当政府干预可能比完全自由的金融体系更能促进经济发展（Hellman et al.，1997），因为政府一般会出于发展经济和政治的考虑，倾向于优先发展资本密集型工业部门，包括通过扭曲性金融政策，抑制金融业的发展，将有限金融资源分配到工业部门以支持其发展，从而达到最快提升产出水平的目的（Huang and Wang，2011；陈斌开、林毅夫，2012；王勋等，2013）。政府支出规模对经济产出有负向影响，在10%水平上显著，这与郭庆旺等（2003）研究结论一致，一方面因为政府支出会对私人投资产生挤出效应，抑制总需求增加，造成总供给的下降；另一方面政府支出主要用在非生产性资源消耗上，扭曲了资源配置，不利于经济产出（Barro，1990；曾娟红、赵福军，2005）。制度质量对经济产出有正向影响，在1%的水平上显著，反映出我国非国有经济对经济产出的促进作用显著。对外依存度对经济产出有正向影响，但不显著。人口抚养比系数对经济产出表现出负向影响，但不显著。能源消费弹性系数对经济产出表现出负向影响，但不显著。劳动投入对经济产出表现出负向影响，但不显著。

接下来，我们研究资产短缺对资本存量与经济产出的调节效应。关于模型（6-3）中带有的交互项，本书采用STATA网站关于内生交互项2SLS处理方式（Wooldridge，2011）[1]进行处理，即FMA_1、FMA_2和资本存量的交互项便是其合适的工具变量$FMA11$和$FMA22$。具体结果如表6-3所示。

---

① Wooldridge J. M. RE：Endogenous Interaction terms in 2SLS［EB/OL］. Rene Algesheimer［2011-03-03］. http：// www. stata. com / statalist /archive/2011-03/msg00188. htm.

在报告 2SLS 之前，我们做了模型（6-3）的第一阶段回归结果，Kleibergen-Paaprk Wald F 统计量分别为 40.4394 和 36.9818，均大于 10 的经验规则，符合 Cragg 和 Donald（1993）、Staiger 和 Stock（1997）研究中提出的要求。在表 6-3 的 2SLS 回归结果中，DWH 检验结果都在 1% 的显著性水平上拒绝"所有解释变量均为外生"的原假设，因此适用于使用工具变量来估计资产短缺对资本存量与经济产出关系调节效应，对模型（6-3）估计，可以发现资产短缺与资本存量的交互项系数（AS×k）显著为负，同时资产短缺（AS）系数显著为正，因此可以推断：资产短缺（AS）是半调节变量，资产短缺对资本存量与经济产出关系存在显著负向调节作用，即资产短缺程度越大，资本存量对经济产出的促进作用越小，支持假设 2。因为在长期以"GDP 论英雄"的政绩考核体系下，我国偏好于重工业优先发展战略，资产短缺引起金融资产价格上涨与实际利率下降，形成的均衡性泡沫能在居民间、企业间、银行间、产业间甚至市场间产生资产价格效应和资产负债表联动溢出效应，缓解"三高一低"和以资源投入为主的粗放型生产企业的融资约束、需求约束与实体约束，强化地方政府、银行和企业短视行为，继续维持对粗放型增长方式的路径依赖，加剧过度投资，加速资本边际报酬递减，减损经济的后续动力。同时，如果资产短缺越大，可能越会受到政府重视，更倾向出手调控，增加金融资产供给，并且更多金融资源会在政府投资偏好作用下流向"三高一低"企业，加剧过度投资，但是最终会在边际资本递减的冲击下，难以保障可持续、高效率产出。

表 6-3　资产短缺对资本存量与经济增长关系调节效应估计结果

	第一阶段		2SLS
	AS	AS×k	
AS	—	—	2.4283 *** （0.6564）

续表

	第一阶段		2SLS
	AS	*AS×k*	
k	0.2773 ***	2.8588 ***	1.0955 ***
	(0.0758)	(0.6215)	(0.0377)
tech	−0.4782 ***	−4.4371 ***	−0.1017 *
	(0.1253)	(1.1772)	(0.0596)
hr	0.2974 ***	2.5782 ***	−0.1679 ***
	(0.0583)	(0.5030)	(0.0380)
fir	0.1362	0.7665	−0.6622 ***
	(0.2882)	(2.2472)	(0.1883)
expense	−0.2395	−1.1383	0.1021
	(0.3374)	(2.7127)	(0.1102)
fdi	2.3171 *	20.5248	−0.2983
	(1.3436)	(12.5198)	(0.4922)
feed	−0.8138 **	−6.2716 *	0.1937
	(0.3889)	(3.4701)	(0.1966)
system	0.0456	0.5125	0.5680 ***
	(0.2230)	(2.0708)	(0.1369)
energy	−0.0203	−0.1984	0.0007
	(0.0500)	(0.4149)	(0.0265)
labor	0.4107	4.0716	−0.1066
	(0.3191)	(2.8205)	(0.1951)
AS×k	—	—	−0.2408 ***
			(0.0678)
FMA_1	−0.0619	−1.0464	—
	(0.0738)	(0.6421)	
FMA_2	−1.2481 *	−9.7683	—
	(0.6530)	(6.9361)	
FMA11	0.0121	0.1677 **	
	(0.0084)	(0.0731)	
FMA22	0.0508	0.2438	
	(0.0684)	(0.7292)	

续表

	第一阶段		2SLS
	AS	*AS×k*	
常数项	−2.2177**	−23.0837***	−0.5383
	(0.9031)	(7.1688)	(0.5272)
DWH 检验	—	—	32.5304
			[0.0000]
Kleibergen−Paaprk Wald F 统计	40.4394	36.9818	40.4394
			36.9818
Sargan−Hansen 检验	—	—	4.2991
			[0.1165]
N	430	430	430

注：① ( ) 内数值为回归系数的异方差稳健标准误，[ ] 内数值为相应检验统计量的 P 值。② * 、** 、*** 分别表示 10%、5%、1% 上的显著性水平。③Hausman 内生性检验的零假设是 FE 和 RE 的估计系数没有系统性差异，拒绝零假设表示应该使用固定效应模型。④Durbin-Wu-Hausman（DWH）内生性检验的零假设是模型中所有解释变量均为外生。⑤Kleibergen-Paaprk Wald F 检验的零假设是工具变量是弱工具变量，若拒绝零假设说明工具变量是合理的；Sargan-Hansen 检验的零假设是工具变量是过度识别，若接受零假设说明工具变量是合理的。

四、分位数回归

以上估计得到的结果为资产短缺、资本存量与经济产出关系提供了概括性的统计分析，为了进一步探讨调节效应的分布特征，我们将采用标准分位数回归方法（QR 模型）进行估计。

在表6-4中，QR 模型第（1）至（4）列，资产短缺对资本存量与经济产出关系的调节效应在地区间表现出正 U 形特征，即在经济产出低和经济产出高的地区，负向调节效应较小，在经济产出中等的地区，负向调节效应较大。结合资产短缺的倒 U 形变化系数可以分析：在经济产出高的地区，金融发展程度高，有利于缓解居民和企业面临的融资约束以及需求约束，良好的金融生态环境有助于缓解中小企业与民营企业的"融资难"问题，同时产业在向集约型结构转型升级，粗放型生产企业已经转移到经济产出较低的地区，因此资产短缺发挥调节作用的空间也相对较小；在经济产出较低的地区，资本积累程度较低，资本投入较少，未出现边际资本报酬递减，资产短缺对资本存量与经济产出之间的调节作用也会偏小；在经济产出中等的地区，由于成为粗放型产业的承接地，同时资本投入程度较高，表现出的资产短缺负向调节效应会更显著，抑制作用更明显。其他变量符号与之前估计基本一致。

表6-4　资产短缺对资本存量调节效应的分位数回归估计结果

	（1）	（2）	（3）	（4）
	QR_20%	QR_40%	QR_60%	QR_80%
AS	0.483 ***	0.631 ***	0.704 ***	0.201 ***
	（0.144）	（0.128）	（0.138）	（0.0754）
k	1.050 ***	1.033 ***	1.042 ***	1.053 ***
	（0.0266）	（0.0227）	（0.0223）	（0.0261）
tech	−0.156 **	−0.0978	−0.106 *	−0.114 **
	（0.0695）	（0.0612）	（0.0548）	（0.0509）
hr	−0.129 ***	−0.0986 ***	−0.111 ***	−0.0560 *
	（0.0426）	（0.0326）	（0.0302）	（0.0296）
fir	−0.747 ***	−0.645 ***	−0.636 ***	−0.455 ***
	（0.138）	（0.108）	（0.0942）	（0.101）
expense	−0.614 ***	−0.387 ***	−0.289 ***	−0.151
	（0.0773）	（0.0811）	（0.0955）	（0.144）
fdi	0.262	0.356	−0.103	0.230
	（0.690）	（0.612）	（0.577）	（0.510）
feed	0.490 **	0.349 *	0.156	−0.303
	（0.223）	（0.193）	（0.181）	（0.187）
system	0.428 ***	0.498 ***	0.420 ***	0.321 ***
	（0.142）	（0.128）	（0.121）	（0.121）
energy	−0.0153	−0.000562	−0.0186	0.00359
	（0.0246）	（0.0241）	（0.0216）	（0.0219）

	(1)	(2)	(3)	(4)
	QR_20%	QR_40%	QR_60%	QR_80%
labor	−0.193	0.0502	0.0173	0.0707
	(0.227)	(0.182)	(0.183)	(0.163)
$AS×k$	−0.0474***	−0.0616***	−0.0674***	−0.0164**
	(0.0143)	(0.0133)	(0.0144)	(0.00822)
常数项	−0.145	−0.279	−0.125	−0.187
	(0.290)	(0.250)	(0.265)	(0.309)
N	430	430	430	430

注：① ( ) 内数值为回归系数的异方差稳健标准误，[ ] 内数值为相应检验统计量的 P 值。② *、**、*** 分别表示 10%、5%、1% 上的显著性水平。

五、稳健性检验

为了确保分析结论的可靠性，我们从以下八个角度进行稳健性检验。①选取新工具变量 *save* 替换 FMA_1，即 1952 年各省份的平均储蓄水平与 2001~2014 年 1 年期基准存款利率乘积作为新工具变量，历史储蓄倾向与行为特征会对当前金融资产需求产生影响（Harbaugh，2004；程令国、张晔，2011），但与当前经济产出无直接因果关系，并采用工具变量两阶段最小二乘估计方法（2SLS）估计，结果报告如表 6-5 第（1）和（2）列所示。②采用新测绘方法衡量工具变量，即用 Google 电子地图测绘的国外资本市场接近度 $fmag_1$ 和金融中心接近度 $fmag_2$ 来替换文中工具变量 FMA_1 和 FMA_2，并采用工具变量两阶段最小二乘估计方法（2SLS）估计，结果报告如表 6-5 第（3）和（4）列所示。③用新估计的工具变量 *save* 和 $fmag_2$ 进行 2SLS 估计，结果报告如表 6-5 第（5）和（6）列所示。④由于 $fmag_1$ 和 $fmag_2$ 都不随时间变化，为了使其具有动态特征以得到更有意义的估计结果，我们用 2001~2014 年的名义汇率 $rate_1$ 和 1 年期基准存款利

表6-5 资产短缺、资本投入与经济产出稳健性检验结果

	(1)	(2)	(3)	(4)	(5)	(6)	(7)	(8)	(9)	(10)	(11)	(12)	(13)	(14)	(15)	(16)
AS	0.0753*** (0.0195)	2.709*** (0.743)	0.0752*** (0.0192)	2.321*** (0.474)	0.0713*** (0.0191)	2.928*** (0.528)	0.0612*** (0.0166)	2.539*** (0.590)	0.0651*** (0.0171)	2.860*** (0.873)	0.0627*** (0.0163)	2.099*** (0.545)	0.0645*** (0.0174)	2.736*** (0.776)	0.0636*** (0.0169)	2.4283*** (0.6564)
k	1.039*** (0.0239)	1.104*** (0.0514)	1.039*** (0.0234)	1.095*** (0.0360)	1.040*** (0.0239)	1.112*** (0.0431)	1.045*** (0.0236)	1.096*** (0.0396)	1.043*** (0.0238)	1.100*** (0.0482)	1.050*** (0.0230)	1.091*** (0.0349)	1.018*** (0.0272)	1.112*** (0.0418)	1.051*** (0.0243)	1.0955*** (0.0377)
tech	−0.157*** (0.0460)	−0.102 (0.0633)	−0.157*** (0.0458)	−0.111*** (0.0545)	−0.160*** (0.0459)	−0.102 (0.0629)	−0.168*** (0.0454)	−0.100* (0.0578)	−0.165*** (0.0455)	−0.0873 (0.0658)	−0.208*** (0.0468)	−0.155*** (0.0535)	−0.130*** (0.0456)	−0.0972 (0.0615)	−0.168*** (0.0454)	−0.1017* (0.0596)
hr	−0.0669*** (0.0218)	−0.169*** (0.0310)	−0.0669*** (0.0218)	−0.154*** (0.0313)	−0.0658*** (0.0219)	−0.176*** (0.0406)	−0.0629*** (0.0217)	−0.164*** (0.0359)	−0.0640*** (0.0216)	−0.178*** (0.0409)	−0.0576*** (0.0220)	−0.140*** (0.0314)	−0.0831*** (0.0240)	−0.166*** (0.0347)	−0.0768*** (0.0236)	−0.1679*** (0.0380)
fir	−0.586*** (0.105)	−0.647*** (0.205)	−0.585*** (0.105)	−0.635*** (0.185)	−0.577*** (0.105)	−0.639*** (0.219)	−0.554*** (0.105)	−0.659*** (0.201)	−0.563*** (0.105)	−0.685*** (0.216)	−0.505*** (0.107)	−0.584*** (0.181)	−0.605*** (0.114)	−0.624*** (0.189)	−0.560*** (0.103)	−0.6622*** (0.1883)
expense	−0.227* (0.129)	0.130 (0.136)	−0.227* (0.129)	0.0776 (0.101)	−0.228* (0.129)	0.160 (0.147)	−0.230* (0.130)	0.108 (0.118)	−0.229* (0.130)	0.152 (0.143)	−0.217* (0.125)	0.0718 (0.103)	−0.505*** (0.152)	0.101 (0.228)	−0.214* (0.126)	0.1021 (0.1102)
fdi	0.0993 (0.409)	−0.277 (0.519)	0.100 (0.409)	−0.211 (0.495)	0.134 (0.409)	−0.260 (0.554)	0.219 (0.406)	−0.311 (0.519)	0.186 (0.407)	−0.427 (0.536)	0.414 (0.411)	0.0113 (0.477)	0.369 (0.412)	−0.0703 (0.525)	0.231 (0.412)	−0.2983 (0.4922)
feed	−0.200 (0.131)	0.199 (0.147)	−0.200 (0.130)	0.143 (0.149)	−0.194 (0.131)	0.242 (0.163)	−0.178 (0.131)	0.162 (0.162)	−0.184 (0.132)	0.197 (0.185)	−0.199 (0.135)	0.0802 (0.151)	−0.147 (0.136)	0.177 (0.176)	−0.0905 (0.141)	0.1937 (0.1966)
system	0.562*** (0.0908)	0.534*** (0.150)	0.561*** (0.0901)	0.534*** (0.129)	0.551*** (0.0903)	0.515*** (0.145)	0.523*** (0.0902)	0.555*** (0.139)	0.533*** (0.0910)	0.575*** (0.150)	0.494*** (0.0927)	0.512*** (0.127)	0.435*** (0.0950)	0.477*** (0.146)	0.538*** (0.0909)	0.5680*** (0.1369)
energy	−0.00127 (0.0170)	0.00110 (0.0288)	−0.00126 (0.0170)	0.00083 (0.0256)	−0.00102 (0.0170)	0.00166 (0.0303)	−0.00040 (0.0171)	0.00052 (0.0275)	−0.00064 (0.0170)	0.00029 (0.0304)	0.00151 (0.0171)	0.00393 (0.0240)	0.0120 (0.0187)	0.00625 (0.0319)	0.00023 (0.0171)	0.0007 (0.0265)
labor	---	---	---	---	---	---	---	---	---	---	---	---	---	---	−0.185 (0.139)	−0.1066 (0.1951)
AS×k	---	−0.271*** (0.0774)	---	−0.231*** (0.0492)	---	−0.294*** (0.0550)	---	−0.252*** (0.0610)	---	−0.285*** (0.0899)	---	−0.208*** (0.0563)	---	−0.274*** (0.0802)	---	−0.2408*** (0.0678)

续表

	(1)	(2)	(3)	(4)	(5)	(6)	(7)	(8)	(9)	(10)	(11)	(12)	(13)	(14)	(15)	(16)
常数项	-0.111 (0.291)	-0.678 (0.625)	-0.112 (0.286)	-0.602 (0.468)	-0.136 (0.291)	-0.761 (0.556)	-0.197 (0.289)	-0.598 (0.515)	-0.173 (0.290)	-0.615 (0.609)	-0.0683 (0.279)	-0.401 (0.454)	0.115 (0.340)	-0.767 (0.505)	-0.148 (0.278)	-0.5383 (0.5272)
DWH 检验	10.9607 [0.0010]	47.8691 [0.0000]	13.3641 [0.0003]	37.7104 [0.0000]	9.0541 [0.0028]	59.5712 [0.0000]	4.0840 [0.0439]	35.5785 [0.0000]	—	—	5.6141 [0.0183]	28.1605 [0.0000]	3.4600 [0.0636]	28.9013 [0.0000]	4.9078 [0.0267]	32.5304 [0.0000]
Kleibergen-Paap rk Wald F统计	58.6423	31.8388 27.0626	62.1211	55.423 50.3741	60.7576	49.5834 44.483	79.7876	42.1094 39.0812	—	—	73.5617	41.4422 38.4478	118.901	57.0841 53.4786	77.3378	40.4394 36.9818
Sargan-Hansen 检验	0.5538 [0.4568]	0.8973 [0.6385]	1.6780 [0.1952]	4.0112 [0.1346]	0.3347 [0.5629]	0.5012 [0.7783]	0.8770 [0.3490]	2.8169 [0.2445]	—	—	3.1438 [0.0762]	4.6177 [0.0994]	0.4624 [0.4965]	2.9105 [0.2333]	2.1768 [0.1401]	4.2991 [0.1165]
N	430	430	430	430	430	430	430	430	430	430	403	403	430	430	430	430
R^2	0.979	0.950	0.979	0.959	0.979	0.945	0.979	0.954	0.979	0.946	0.979	0.962	0.979	0.951	0.979	0.956

注：① ( ) 内数值为回归系数的异方差稳健标准误。[ ] 内数值为相应检验统计量的 P 值。② *、**、***、**** 分别表示 10%、5%、1% 上的显著性水平。

率 $rate_2$ 分别与两个变量相乘，得到交互项 $fmag_1 \times rate_1$ 和 $fmag_2 \times rate_2$，并将它们作为最终的工具变量 $fmag_{11}$ 和 $fmag_{22}$，采用工具变量两阶段最小二乘估计方法（2SLS）估计，结果报告如表6-5第（7）和（8）列所示。⑤有限信息最大似然估计 LIML 方法：在有限样本条件下采用 LIML 方法能够得到更优估计结果（Stock et al.，2002），结果报告如表6-5第（9）和（10）列所示。⑥考虑滞后效应：资产短缺、资本存量、交互项以及其他控制变量对经济增长的影响可能存在一定的时滞效应，因此将模型中的解释变量取滞后一期项并采用工具变量两阶段最小二乘估计方法（2SLS）估计，这样能够有效地降低其他解释变量可能存在的内生性问题而带来的估计偏差，结果报告如表6-5第（11）和（12）列所示。⑦对连续变量1%以下和99%以上的分位数进行 Winsorize 缩尾处理，并采用工具变量两阶段最小二乘估计方法（2SLS）估计，结果报告如表6-5第（13）和（14）列所示。⑧选用就业人口增长率替代原劳动投入指标，记为 $labor_1$ 和 $labor_2$，并用 FMA_1、FMA_2 工具变量进行工具变量两阶段最小二乘估计方法（2SLS）估计，结果报告如表6-5第（15）和（16）列所示。以上检验都显示回归结果是稳健的。

本章小结

本章探讨了区域性资产短缺与资本存量、经济产出的理论关系及影响机理，以我国 2001~2014 年的省际面板数据为样本，采用工具变量两阶段最小二乘估计方法（2SLS）和分位数回归方法探究了区域性资产短缺与经济产出的关系，并进一步考察了区域性资产短缺对资本存量与经济产出关系的调节效应，得出区域性资产短缺能显著促进区域经济产出，资产短缺是半调节变量，但是对资本存量与经济产出关系存在显著负向调节作用，并且对资本存量的调节效应在地区间表现出 U 形特征的结论，最后证实了结论的稳健性。除此之外，资本存量、制度质量对经济产出是显著正向影响，技术效率、人力资本、金融发展程度、政府支出规模对经济产出是显著负向影响，对外依存度对经济产出有正向影响，但不显著，人口抚养比系数、能源消费弹性系数、劳动投入对经济产出表现出负向影响，但不显著。因此，应尽量避免其在资本高度积累、资源过度投入、以粗放型生产为主的地区集聚，尤其是产出处于中游水平的地区，以便能更快促进企业资本结构调整，进行产业转型。

资产短缺与经济增长"快而脆弱"关系，资产短缺与经济总量"大而脆弱"关系，虽然在一定程度上表现出了资产短缺对经济产出存在促进作用，但是这种效果是短期而非长期、持续性的，是以牺牲长期经济稳定性、加剧金融脆弱性和加剧经济运行风险为代价的。

资产短缺、金融发展与经济的失衡产出

金融发展的积极作用被众多学者证实，它能促进资源优化配置、推动经济发展，但这更多的是反映金融发展的规模与数量。如果经济过度金融化，片面强调金融资产和工具的量性膨胀和粗放式扩张，不仅容易掏空实体经济，还会使债台高筑，导致泡沫经济，恶化经济增长，加剧结构失衡。资产短缺以金融资产作为研究金融均衡发展的单元和对象，很好地体现了金融发展的结构、实质与内在变化，并且能够通过对金融系统的补充作用促进经济产出，但同时它也会影响金融系统的稳定性从而不利于经济增长，因此金融发展对经济增长的影响呈现多样性与复杂性。

从改革开放至今，中国的金融改革已经历了 30 多年的历程，发生了翻天覆地的变化：国有四大商业银行与中国人民银行剥离，使中国人民银行行使真正意义上的中央银行各项职能；1996 年第一家民营股份制银行——民生银行成立，标志了民营资本打破了金融领域的垄断，中国银行业开始进入一个多元化的发展时期；中国人民保险有限公司的建立是中国保险业起步发展的重要开端；1990 年深圳证券交易所、上海证券交易所开始正式营业推动了我国金融资本市场的大跨步发展。

马不停蹄的金融化进程实现了金融资产总量的快速增长和规模的急剧扩大，我国在 1991~2007 年各类金融资产以及金融资产总量都在增长，金融相关比率由 1991 年的 208.3% 上升到 2007 年的 456.4%，增速比经济基础增速快 5%，但是金融供给不平衡、不充分发展的问题仍然明显，表现在资产结构仍存在债券规模小、保险市场规模小以及股票市场价格波动过大的问题（易纲、宋旺，2008）。很明显，金融发展不应是只关注单向的规模和数量特征，当前更应该注重双向的金融资产供需问题。在我国，因为高经济增速、过度储蓄，与本国金融市场供给能力有限、金融抑制的矛盾，导致出现资产短缺的失衡现象。尤其是在进入互联网金融时代之后，经济虚拟化、金融深化持续加快，证券化和金融衍生工具不断发展，资产短缺的矛盾日益加深。

由于我国在渐进体制转型背景下存在地方保护主义和市场分割，特别是金融市场仍然处于高度分割状态，金融资产与资金的流动存在重重障碍，金融系统的运转和经营会受到各方面的干预，远未达到完全的市场化，因此区域配置自然会导致区域性金融资产供需失衡，而且可能会在文化、社会、人口以及预防动机等因素的影响下加剧。这种持续性甚至加剧的区域性金融资产短缺趋势，必然与区域金融发展、经济增长之间存在千丝万缕的关联。

第一节
理论基础与研究假设

金融发展对经济增长影响的重要性和复杂性是显而易见的（Gold-smith，1969；Shaw and Mckinon，1973）。但过度金融化，片面强调金融资产和工具的量性膨胀和粗放式扩张，不仅容易掏空实体经济，还会使债台高筑，导致泡沫经济，恶化经济增长，加剧结构失衡（Minsky，1985），如拉美债务危机、20 世纪 90 年代亚太金融危机以及 2007 年美国次贷危机。然而金融资产短缺，与金融资产过剩相对的另一种状态，是当前一个不容忽视的现实，是金融、经济结构演进中的一种非正常状态，也是社会经济发展过程中的一种常见和必然的现象，它是金融失衡也是经济失衡的一种，具有自身的特殊性，长期较大幅度偏离均衡状态的资产短缺是危险的，会引发投机、诱发并积累风险，对金融体系和经济产生负向冲击。但如果在经济和社会正常发展可承受的安全范围之内，资产短缺会成为扭转经济增速放缓，促进经济提速升级的重要动力和契机，因为中国工业化时期的投资型偏好，给经济增长造成了巨大限制，而由于政府对金融资产供需缺口的重视，其会通过政策性或者市场化行为，增加安全、优质金融资产供给，缓解扭曲的金融抑制政策，发挥金融优化配置资源功能，从而使资产短缺成为经济产出的重要推动器；同时，其自动调节弥补缺口的均衡性泡沫，作为供求机制的重要组成部分，能改善金融投融资渠道，刺激总需求和总产出（Caballero and Farhi，2016；王永钦等，2016）。可见，资产短缺可以影响经济产出，以及通过金融系统作用于经济产出。

　　资产短缺以金融资产作为研究金融均衡发展的单元和对象，折射了金融资产的总体和结构性供需特点，其通过对金融系统的补充作用实现对经济产出的正向促进作用，但同时也会通过影响金融系统的稳定性对经济产出起到负向阻力作用。接下来，重点探讨资产短缺对金融发展与经济产出之间存在直接和间接的调节作用。

一、直接调节作用

　　作为经济中的弥补金融资产需求缺口的泡沫资产，同时又是供求机制的重要组成部分，其能够促进金融功能的发挥，如对冲与分配风险，提升信息不对称的效率投资与资源配置（Froot et al.，1992），对经济产出产生积极促进作用。尤其是在金融资源有限，金融抑制程度较高的情况下，有效的金融资本支持成为支持高效投资和经济增长的必要条件，资产短缺产生的均衡性泡沫可能会起到信贷加速器作用，促使信用扩张和资产泡沫膨胀自我强化、螺旋式上升，引起信贷规模变化或者信贷结构变化，从而实现对金融体系的有效补充，即通过金融系统可以促进金融资源配置，创新金融产品，激发实体经济优化投资。

二、间接调节作用

　　根据边际报酬递减规律，在生产过程中，金融要素与实物资本要素存在一个最优投入比例。在我国，政府一般会出于发展经济和政治的考虑，倾向于优先发展资本密集型工业部门，抑制金融业的发展，并将有限金融资源分配到工业部门以支持其发展，从而达到保障高产出的目的，这种以金融抑制换取资本驱动型增长的巨大惯性，蕴含了结构性减速的必然，固定资产的重复性、无差异性的过度投资与简单加总，与金融资源相对稀缺，两者投入比例失调，已经使产出弹性越来越低，因此资产短缺引起的资产价格上升和实际利率下降，会产生泡沫资产的替代效应和利率收入效应，促使人们持有价格上升的高收益金融资产和泡沫资产，从而协调资本投入比例，调整与金融资本投入比例失调，促进产出增加。更重要的是，政府在面对金融资产缺口时，通过利用"看得见的手"和"看不见的手"，在资本市场中创造优质、安全金融资产，从而激发企业的活力和创造力，推动产出不断增加，同时在实体经济提质升级与金融良性发展的反向过程中也消化了泡沫风险。

基于以上推理判断，本书提出以下两个假设：

H1：资产短缺有助于我国区域经济产出。

H2：资产短缺对金融发展与经济产出关系有正向调节效应。

第二节
资产短缺、金融发展与经济产出计量模型构建

一、计量模型

首先研究资产短缺对经济产出的影响，在上文理论分析和影响机理的基础上构建以下简约型计量模型：

$$gdp_{i,\,t} = \alpha + \beta AS_{i,\,t} + \gamma Z_{i,\,t} + \mu_i + \upsilon_t + \varepsilon_{i,\,t} \qquad (7\text{-}1)$$

式（7-1）中，i 表示地区，t 表示年份，gdp 表示以 2000 年为基期根据平减指数折算的实际 GDP 的对数值，代表实际经济产出。核心变量包括

资产短缺（AS）、金融发展程度（fir），Z 表示控制变量，包括资本存量（k）、技术效率（$tech$）、人力资本（hr）、政府支出规模（$expense$）、对外依存度（fdi）、人口抚养比系数（$feed$）、制度质量（$system$）、能源消费弹性系数（$energy$），μ_i 表示地区效应，υ_t 表示年度效应，$\varepsilon_{i,t}$ 表示随机误差项。

因此，计量模型修正为：

$$gdp_{i,t} = \alpha + \beta_1 AS_{i,t} + \beta_2 fir_{i,t} + \gamma_1 k_{i,t} + \gamma_2 tech_{i,t} + \gamma_3 hr_{i,t} + \gamma_4 expense_{i,t} +$$
$$\gamma_5 fdi_{i,t} + \gamma_6 feed_{i,t} + \gamma_7 system_{i,t} + \gamma_8 energy_{i,t} + \mu_i + \upsilon_t + \varepsilon_{i,t}$$

$$(7-2)$$

接下来，进一步重点考察资产短缺对金融发展与经济产出之间的调节作用，构造如下回归方程：

$$gdp_{i,t} = \alpha + \beta'_1 AS_{i,t} + \beta'_2 fir_{i,t} + \gamma_1' k_{i,t} + \gamma_2' tech_{i,t} + \gamma_3' hr_{i,t} +$$
$$\gamma_4' expense_{i,t} + \gamma_5' fdi_{i,t} + \gamma_6' feed_{i,t} + \gamma_7' system_{i,t} +$$
$$\gamma_8' energy_{i,t} + \chi AS_{i,t} \times fir_{i,t} + \mu_i + \upsilon_t + \varepsilon_{i,t} \qquad (7-3)$$

式（7-3）中，交互项 $AS_{i,t} \times fir_{i,t}$ 表示资产短缺对金融发展与经济产出之间的调节效应。根据温忠麟等（2005）的研究，当交互项显著时，存在调节效应，更具体来说，当资产短缺与金融发展的交互项具有统计显著性时，如果资产短缺变量与经济产出没有显著关系，可以判断资产短缺变量是纯调节变量，如果资产短缺变量与经济产出也显著相关，资产短缺变量是半调节变量。

二、指标度量

1. 解释变量

（1）对资产短缺（AS）指标的测算基于范从来等（2013）、Chen 和 Imam（2014）的测算方法和思想，虽然仍有不足和待完善的地方，但是整体上具有较强的解释力和科学性。结合中国具体实际情况，资产需求用本省居民储蓄表示，通过 GDP 减去最终消费近似获得，资产供应包括短期存款变化量、贷款发放规模、债券发行规模以及股票发行规模（包括首发、定向增发、公开增发、配股发行、可转债发行）。

（2）金融发展程度（*fir*）。在市场经济体中，衡量金融发展程度的指标主要包括金融机构存贷款占 GDP 比率、证券市场市值比率、银行贷款与资产额比率等（Beck，2004；李健，2005）。由于中国证券市场发展于 20世纪 90 年代初，发展时间较短，而且对经济增长的影响较弱，不具统计显著性（李富强等，2009；于成永，2016），而且在金融不发达的国家或地区，金融中介的功能主要体现为信贷活动，即银行资金的运用程度。因此，本书用金融机构年末贷款规模/金融机构年末存款规模的比值表示（曾利飞等，2006）。

2. 控制变量

（1）资本存量（*k*）。选用单豪杰（2006）的方法计算以 2000 年为基期的资本存量 *k*。资本存量 *k* 采用"永续盘存法"来测算，计算公式是：

$k_t = \dfrac{I_t}{P_t} + (1 - \varphi)k_{t-1}$，其中 k_t 和 k_{t-1} 分别表示 t 和 $t-1$ 期的实际资本存量，P_t 为固定资产投资价格指数，I_t 为名义固定资产投资，φ 为资产年折旧率。

（2）技术效率（*tech*）参考任保平等（2012）衡量经济增长质量指标体系中的经济增长效率指标的方法，使用潜在产出法中比较常用的 Dea-Malmquist 指数法，对 2001~2014 年全要素生产率进行估算。以实际 GDP作为产出指标，以资本存量和劳动作为投入指标，使用 DEAP2.1 软件求得，并进一步分解出技术变动和技术效率变动，最后对全要素生产率增长率、技术变动、技术效率变动进行指数合成。

（3）人力资本（*hr*）。通常包括教育和健康两部分，但限于数据，本书采用就业人口平均受教育年数作为代理变量进行衡量。具体地，把小学、初中、高中、大专以上程度的受教育年限分别赋值为 6 年、9 年、12 年和 16 年。则 $hr = 6h_1 + 9h_2 + 12h_3 + 16h_4$，其中 $h_i(i = 1，2，3，4)$ 分别表示小学、初中、高中、大专以上程度的受教育人数占就业人口的比重。

（4）政府支出规模（$expense$）。用政府财政支出占 GDP 的比重来表示。

（5）对外依存度（fdi）。用外商直接投资额占 GDP 的比重来表示。

（6）人口抚养比系数（$feed$），即 $feed =$（15 岁以下人口 + 65 岁以上人口）／ 15~64 岁人口。

（7）制度质量（$system$）。从非国有经济发展水平的角度来量化各地区制度的完善程度。鉴于数据的可获得性，我们用非国有企业职工数占所有职工数的比重衡量非国有化率。

（8）能源消费弹性系数（$energy$）。是体现能源利用效率的重要指标，即能源消费量年平均增长速度与经济年平均增长速度之比。

第三节
计量结果及实证分析

一、数据来源

以我国 2001~2014 年的 31 个省际面板数据为样本，数据来源于《中国统计年鉴》、《新中国六十年统计资料汇编》、《中国金融年鉴》、《中国证券期货统计年鉴》、《中国人口和就业统计年鉴》、国泰安数据库、WIND

数据库以及各省统计年鉴、统计局资料等。

二、描述性统计①

经济增速（gdp）标准差说明各省份经济产出和经济体量差异明显。资产短缺（AS）平均值为 0. 2599（见表 7-1），说明我国省域确实普遍存在资产短缺。金融发展程度（fir）标准差说明我国各省份金融发展程度差异相对较小。资本存量（k）标准差说明省份间资本存量相差大。技术效率（tech）一般与当地金融发展水平、资源配置效率紧密相关。人力资本（hr）说明就业人口平均受教育年数在省份间差距较小。政府支出规模（expense）、对外依存度（fdi）、人口抚养比系数（feed）和制度质量（system）标准差说明不同省份有相似的发展结构，差别较小。能源消费弹性系数（energy）说明省份间能源利用效率与能源结构存在较大差异。

表 7-1　变量统计分析

	gdp	AS	fir	k	tech	hr	expense	fdi	energy	feed	system
平均数	8. 5328	0. 2599	0 7249	9. 3174	0. 4735	2. 4076	0. 2213	0. 0264	0. 7509	0. 3934	0. 4191
中位数	8. 6753	0. 4685	0. 7379	9. 4088	0. 4964	2. 3666	0. 1743	0. 0186	0. 6642	0. 3960	0. 3855
最大值	10. 8291	1. 3559	1. 1385	11. 5664	0. 9814	4. 1784	2. 1432	0. 1465	3. 6346	0. 6346	0. 8767
最小值	4. 8885	-6. 1423	0. 2328	5. 5305	0	0 . 7492	0. 00004	0. 0006	-1. 7135	0. 1927	0. 0364
标准差	1. 1265	0. 8372	0. 1312	1. 0851	0. 2133	0. 4903	0. 1906	0. 0228	0. 5125	0. 0817	0. 1727

---

① 变量的相关性结果在此省略汇报，各解释变量的相关系数都低于共线性门槛值 0.7（Lind et al.，2002）。因此，本书不存在多重共线性问题，并进一步通过方差膨胀因子（VIF）进行共线性考察，发现取值处于区间 [1. 19，4. 61]，Mean VIF 为 2. 21，在可接受范围内（根据经验法则，如果最大的方差膨胀因子 $VIF = \max\{VIF_1，VIF_2，\cdots，VIF_n\} \le 10$，则不存在多重共线性问题），因此本书不存在明显多重共线性问题。

三、实证分析

首先使用面板普通最小二乘法对模型（7-2）给出初步的估计结果，结果报告如表7-2第（1）至（3）列所示，其中第（1）列给出了混合效应模型的估计结果，第（2）和（3）列分别报告随机效应模型和固定效应模型估计结果。为了比较固定效应和随机效应模型的适用性，进一步进行了Hausman检验，发现在1%显著性水平上拒绝原假设，说明应该选用固定效应模型。

表7-2 OLS及两阶段最小二乘法（2SLS）估计结果

	（1）	（2）	（3）	（4）
	混合效应	随机效应	固定效应	2SLS
AS	0.0429***	−0.0117	0.00357	0.0713***
	（0.0139）	（0.00958）	（0.00529）	（0.0191）
fir	−0.512**	−0.237***	−0.0887***	−0.577***
	（0.190）	（0.0589）	（0.0326）	（0.105）
k	1.054***	0.564***	0.256***	1.040***
	（0.0389）	（0.0246）	（0.0165）	（0.0239）
tech	−0.182**	−0.00225	0.0345***	−0.160***
	（0.0666）	（0.0238）	（0.0129）	（0.0459）
hr	−0.0578	−0.00452	0.00194	−0.0658***
	（0.0484）	（0.0177）	（0.00963）	（0.0219）
expense	−0.235	−0.0148	−0.00366	−0.228*
	（0.145）	（0.0349）	（0.0188）	（0.129）
fdi	0.375	−0.971***	−0.740***	0.134
	（0.943）	（0.373）	（0.206）	（0.409）
feed	−0.151	−0.372***	−0.0865	−0.194
	（0.239）	（0.112）	（0.0624）	（0.131）
system	0.472**	0.490***	0.0586	0.551***
	（0.202）	（0.0742）	（0.0432）	（0.0903）
energy	0.000718	0.00322	−0.00452	−0.00102
	（0.0172）	（0.00806）	（0.00434）	（0.0170）

续表

	（1）	（2）	（3）	（4）
	混合效应	随机效应	固定效应	2SLS
_cons	−0.307	3.348***	5.666***	−0.136
	（0.433）	（0.218）	（0.138）	（0.291）
Hausman 检验	—	—	300.38	—
			［0.0000］	
DWH 检验	—	—	—	9.0541
				［0.0028］
Kleibergen-Paaprk Wald F 统计	—	—	—	60.7576
Sargan-Hansen 检验	—	—	—	0.3347
				［0.5629］
N	430	430	430	430
R^2	0.978	0.898	0.992	0.978

注：①（ ）内数值为回归系数的异方差稳健标准误，［ ］内数值为相应检验统计量的 P 值。②*、**、*** 分别表示 10%、5%、1% 上的显著性水平。③Hausman 内生性检验的零假设是 FE 和 RE 的估计系数没有系统性差异，拒绝零假设表示应该使用固定效应模型。④Durbin-Wu-Hausman（DWH）内生性检验的零假设是模型中所有解释变量均为外生的。⑤Kleibergen-Paaprk Wald F 检验的零假设是工具变量是弱工具变量，若拒绝零假设说明工具变量是合理的；Sargan-Hansen 检验的零假设是工具变量是过度识别，若接受零假设说明工具变量是合理的。

　　由于固定效应模型估计的一致性要求解释变量与随机误差项无关的假定成立。但是很明显，资产短缺存在内生性问题，与经济产出之间可能出现联立性偏误。通过 DWH（Durbin-Wu-Hausman）检验统计量为 9.0541 并且在 1% 的显著性水平上拒绝资产短缺是外生的原假设，这表明资产短缺存在明显的内生性，严重的内生性将导致 OLS 估计结果有偏差或非一致。因此，为了降低偏误需要对内生性问题进行控制，通常的改进方法就是寻找一个与资产短缺变量关系密切但独立于经济产出的变量作为工具变量进行两阶段最小二乘法估计。根据资产短缺的内涵与理解，可以从经济地理学的"重力模型"理论中来寻找工具变量。"重力理论"是指中心对周边腹地的金融功能辐射强度符合距离衰减定律特征，但是信息本身的不对称性和外在效应仍然十分明显，因此必然会对资金、金融资源的流动与集聚产生一定程度的影响，而与经济产出无直接必然联系。

因此，选择的第一个工具变量是金融中心接近度（FMA_1），设定北京金融街、上海证券交易所和深圳证券交易所为金融中心，记金融中心所在省份到金融中心距离为其内部距离 d_{ii}[①]，而其他各省份金融中心接近度为该省会城市到最近金融中心的距离 d_{ij}[②] 加上金融中心所在省份的内部距离 d_{ii}，并取倒数（乘以 100）。假定 M 为北京、上海和深圳的集合，则金融中心接近度可表示为：

$$FMA_{1ii} = \begin{cases} 100 \times d_{ii}^{-1}, i \in M \\ 100 \times (\min d_{ij} + d_{jj})^{-1}, i \notin M, j \in M \end{cases}$$

在大样本的条件下，增加工具变量通常会得到更加有效的估计结果（Wooldridge，2002）。有鉴于此，选择第二个工具变量 save，表示为 1952 年各省份的平均储蓄水平与 2001~2014 年 1 年期基准存款利率乘积，历史储蓄倾向与行为特征会对当前金融资产需求产生影响（Harbaugh，2004；程令国、张晔，2011），但与当前经济产出无直接因果关系，也满足外生性条件。另外，通过计算简单相关系数发现，两个工具变量 FMA_1、save 与资产短缺指数 AS 之间的相关系数分别为 −0.731 和 0.275，并且都通过 1% 的显著性水平检验，这也进一步说明所选取的工具变量与内生变量的相关性是可以得到满足的。

我们在表 7-2 第（4）列采用工具变量两阶段最小二乘法 2SLS 进行估计，为了验证工具变量的有效性，我们采用多种统计检验进行评判：

---

① 根据 Redding 和 Venable（2004）的做法，各省份内部距离取地理半径的 2/3，即 $d_{ii} = \frac{2}{3}\sqrt{\frac{S_i}{\pi}}$，其中 S_i 为第 i 省份的陆地面积。

② d_{ij} 为用 Google 电子地图测绘的距离，并根据比例尺进行转换。

Kleibergen-Paaprk Wald F 统计量为 60.7576，明显大于 10 的经验规则，符合 Cragg 和 Donald（1993）、Staiger 和 Stock（1997）① 研究中提出的要求，因此拒绝工具变量是弱识别的假定；Sargan-Hansen 检验的相伴随概率为 0.5629，即不能在 10% 的显著性水平上拒绝"工具变量是过度识别"的零假设，说明工具变量是外生的，与模型残差项无关。上述统计检验都表明所选取的两个工具变量具有合理性，因此模型的设定是可靠的。

接下来，先以固定效应模型为基础进行回归分析，资产短缺对区域经济产出有正向影响，但不显著，在采用工具变量有效地控制内生性之后，资产短缺对省经济产出有正向影响，并在 1% 水平上显著，估计系数明显提升，这说明了由固定效应到 2SLS 估计，资产短缺对我国省际经济产出的助力促进作用更加明显，支持假设 1。金融发展程度对经济产出表现出负向影响，在 1% 水平上显著，因为政府一般会出于发展经济和政治的考虑，倾向于优先发展资本密集型工业部门，将有限金融资源分配到工业部门以支持其发展，从而达到最快提升产出水平的目的。资本存量对经济产出具有正向影响，在 1% 的水平上显著。技术效率对经济增长表现出负向影响，在 1% 的水平上显著。人力资本对经济增长表现出负向影响，在 1% 的水平上显著。政府支出规模对经济增长有负向影响，在 10% 水平上显著。制度质量对经济增长有正向影响，在 1% 的水平上显著。对外依存度对经济增长有正向影响，但不显著。人口抚养比系数对经济增长表现出负向影响，但不显著。能源消费弹性系数对经济增长表现出负向影响，但不显著。

接下来，我们研究资产短缺对金融发展与经济产出的调节效应。关于

① Cragg 和 Donald（1993）、Staiger 和 Stock（1997）提出判断工具变量是否是弱工具变量的经验规则，即如果 F 统计量大于 10，则可以拒绝"存在弱工具变量"的原假设，不必担心弱工具变量的问题。

模型 (7-3) 中带有的交互项，本书采用 STATA 网站关于内生交互项 2SLS 处理方式 (Wooldridge, 2011)[①] 进行处理，即 fma_1、$save$ 和金融发展的交互项便是其合适的工具变量 fma_{11}、$save_{11}$。具体结果如表 7-3 所示。在报告 2SLS 之前，我们做了模型 (7-3) 的第一阶段回归结果，Kleibergen-Paaprk Wald F 统计量分别为 87.23 和 47.699，均大于 10 的经验规则，符合 Cragg 和 Donald (1993)、Staiger 和 Stock (1997) 研究中提出的要求。在表 7-3 的 2SLS 回归结果中，DWH 检验结果都在 1% 的显著性水平上拒绝"所有解释变量均为外生"的原假设。因此，适用于使用工具变量来估计资产短缺对金融发展与经济产出关系调节效应，对模型 (7-3) 估计，可以发现资产短缺与金融发展的交互项系数 ($AS \times fir$) 显著为正，同时资产短缺 (AS) 系数显著为正。因此，可以推断：资产短缺 (AS) 是半调节变量，资产短缺对金融发展与经济产出关系存在显著正向调节作用，即资产短缺程度越大，金融发展对经济产出的促进作用越大。支持假设 2。原因在于政府对资产短缺供需缺口的重视，会利用宏观手段在资本市场中创造优质、安全金融资产，优化资源配置，推动经济高效持续产出，形成资产短缺与金融发展的良性互补。

表 7-3 资产短缺对金融发展与经济产出关系调节效应估计结果

	第一阶段		2SLS
	AS	$AS \times fir$	
AS	—	—	0.210*** (0.0480)
fir	0.5045** (0.1969)	-0.0949 (0.0608)	-0.486*** (0.109)

① Wooldridge J. M. RE：Endogenous Interaction terms in 2SLS [EB/OL]. Rene Algesheimer [2011-03-03]. http：//www. stata. com /statalist /archive/2011-03/msg00188. htm.

续表

	第一阶段		2SLS
	AS	AS×fir	
k	0.2555***	−0.0333**	1.026***
	(0.0615)	(0.0133)	(0.0279)
tech	−0.4753***	0.0038	−0.0930*
	(0.0995)	(0.0255)	(0.0522)
hr	0.2674***	−0.0311**	−0.0704***
	(0.0550)	(0.0133)	(0.0238)
expense	−0.3945	0.0876	−0.282*
	(0.3346)	(0.0763)	(0.148)
fdi	1.6614	0.2398	−0.0607
	(1.0824)	(0.2740)	(0.441)
feed	−0.6140**	−0.1860***	0.0759
	(0.3076)	(0.0617)	(0.137)
system	0.1976	0.0022	0.505***
	(0.1853)	(0.0477)	(0.0992)
energy	−0.0113	0.0246*	−0.0205
	(0.0491)	(0.0138)	(0.0206)
AS×fir	—	—	0.772***
			(0.214)
save	0.0005	0.0013***	—
	(0.0018)	(0.0005)	
fma_1	−0.6170***	−0.0324	—
	(0.1575)	(0.0475)	
$save_{11}$	−0.0410**	0.0434***	—
	(0.0192)	(0.0062)	
fma_{11}	7.2718***	−2.1270***	—
	(0.6238)	(0.2844)	
_cons	−2.1372***	0.4349***	−0.239
	(0.7043)	(0.1519)	(0.318)
DWH 检验	—	—	11.4154
			[0.0033]

续表

	第一阶段		2SLS
	AS	AS×fir	
Kleibergen-Paaprk Wald F 统计	87.23	47.699	87.23 47.699
Sargan-Hansen 检验	—	—	2.2711 [0.3212]
N	430	430	430

注：①（ ）内数值为回归系数的异方差稳健标准误，[ ]内数值为相应检验统计量的 P 值。②*、**、***分别表示 10%、5%、1% 上的显著性水平。③Hausman 内生性检验的零假设是 FE 和 RE 的估计系数没有系统性差异，拒绝零假设表示应该使用固定效应模型。④Durbin-Wu-Hausman（DWH）内生性检验的零假设是模型中所有解释变量均为外生的。⑤Kleibergen-Paaprk Wald F 检验的零假设是工具变量是弱工具变量，若拒绝零假设说明工具变量是合理的；Sargan-Hansen 检验的零假设是工具变量是过度识别，若接受零假设说明工具变量是合理的。

四、分位数回归

以上估计得到的结果为区域性资产短缺、金融发展与经济产出关系提供了概括性的统计分析，为了进一步探讨调节效应的分布特征，我们将采用标准分位数回归方法（QR 模型）进行估计。

在表 7-4 中，QR 模型第（1）至（4）列，资产短缺对金融发展与经济产出关系的调节效应在地区间表现出倒 U 形特征，即在经济产出低和经济产出高的地区，正向调节效应较小，在经济产出中等的地区，正向调节效应较大。结合资产短缺的倒 U 形变化系数可以分析：在经济产出高的地区，金融发展程度高，有利于缓解居民和企业面临的融资约束以及需求约束，良好的金融生态环境有助于缓解中小企业与民营企业的"融资难"问题，因此资产短缺发挥调节作用的空间也相对较小；在经济产出低的地区，资产短缺调节作用虽然可以分流过度投资的实物资本，及放松居民和企业受到的融资约束以及需求约束，但是由于金融资源相对匮乏，金融抑制较强，正向直接调节效应会"大打折扣"；在经济产出中等的地区，作为产业承接地，更多依靠的是物质资本投入与积累，金融的快速发展伴随资产短缺的间接调节机制，会表现出更明显的正向调节效应，促进作用更强。其他变量符号与之前估计基本一致。

表 7-4　资产短缺对金融发展调节效应的分位数回归估计结果

	(1)	(2)	(3)	(4)
	QR_20	QR_40	QR_60	QR_80
AS	0.0687 ***	0.0792 ***	0.0756 ***	0.0640 ***
	(0.0255)	(0.0258)	(0.0261)	(0.0177)
fir	−0.846 ***	−0.620 ***	−0.593 ***	−0.413 ***
	(0.122)	(0.110)	(0.109)	(0.0832)
k	1.015 ***	0.996 ***	1.022 ***	1.050 ***
	(0.0238)	(0.0224)	(0.0236)	(0.0193)
tech	−0.124 **	−0.157 **	−0.126 **	−0.102 **
	(0.0612)	(0.0619)	(0.0639)	(0.0422)
hr	−0.0926 ***	−0.0759 ***	−0.0918 ***	−0.0580 **
	(0.0295)	(0.0292)	(0.0315)	(0.0226)
expense	−0.586 ***	−0.580 ***	−0.516 ***	−0.252 **
	(0.0597)	(0.0784)	(0.107)	(0.110)
fdi	0.0285	0.393	0.204	0.145
	(0.583)	(0.629)	(0.656)	(0.415)
feed	0.360 **	0.354 **	0.143	−0.321 **
	(0.156)	(0.172)	(0.191)	(0.146)
system	0.521 ***	0.502 ***	0.350 **	0.299 ***
	(0.121)	(0.130)	(0.136)	(0.0954)
energy	−0.0142	−0.00759	−0.0161	−0.000170
	(0.0207)	(0.0245)	(0.0253)	(0.0189)
AS×fir	0.175 *	0.286 ***	0.208 *	0.107 *
	(0.0978)	(0.104)	(0.112)	(0.0634)

续表

	（1）	（2）	（3）	（4）
	QR_20	QR_40	QR_60	QR_80
_cons	0.0535	0.0372	0.0362	-0.128
	（0.262）	（0.256）	（0.294）	（0.246）
N	430	430	430	430

注：①（ ）内数值为回归系数的异方差稳健标准误，[ ] 内数值为相应检验统计量的 P 值。②*、**、*** 分别表示 10%、5%、1% 上的显著性水平。

五、稳健性检验

为了确保本书分析结论的可靠性，从以下五个角度进行稳健性检验。①为了使 fma_1 具有动态特征以得到更有意义的估计结果，用 2001～2014 年 1 年期基准存款利率与其相乘，得到新工具变量 $fmar_1$，与 save 一起使用 2SLS 方法估计，结果报告如表 7-5 第（1）和（2）列所示。②采用新测绘方法衡量金融中心接近度，构建新工具变量 FMA_2，其中省会城市与金融中心之间的距离按照公式 $\arccos(\cos(a_m - a_n)\cos b_m \cos b_n + \sin b_m \sin b_n) \times R$ 计算得到，α_m、α_n 分别为 m、n 省会城市的经度，β_m、β_n 分别为 m、n 省会城市的纬度，R 为地球大圆半径，与 save 一起采用工具变量两阶段最小二乘估计方法（2SLS）估计，结果报告如表 7-5 第（3）和（4）列所示。③有限信息最大似然估计 LIML 方法：在有限样本条件下采用 LIML 方法能够得到更优估计结果（Stock et al.，2002），结果报告如表 7-5 第（5）和（6）列所示。④考虑滞后效应：资产短缺、金融发展、交互项以及其他控制变量对经济产出的影响可能存在一定的时滞效应，因此将模型中的解释变量取滞后一期项并采用工具变量两阶段最小二乘估计方法（2SLS）估计，这样能够有效地降低其他解释变量可能存在的内生性问题而带来的估计偏差，结果报告如表 7-5 第（7）和（8）列所示。⑤对文章中连续变量

表7-5 资产短缺、金融发展与经济产出稳健性检验结果

	(1)	(2)	(3)	(4)	(5)	(6)	(7)	(8)	(9)	(10)
AS	0.0586***	0.205***	0.0753***	0.225***	0.0586***	0.211***	0.0692***	0.207***	0.0725***	0.237***
	(0.0167)	(0.0549)	(0.0195)	(0.0521)	(0.0167)	(0.0571)	(0.0186)	(0.0533)	(0.0190)	(0.0508)
fir	-0.548***	-0.481***	-0.586***	-0.486***	-0.548***	-0.481***	-0.520***	-0.414***	-0.623***	-0.525***
	(0.105)	(0.109)	(0.105)	(0.110)	(0.105)	(0.110)	(0.108)	(0.111)	(0.114)	(0.119)
k	1.047***	1.028***	1.039***	1.024***	1.047***	1.027***	1.046***	1.034***	1.015***	0.996***
	(0.0241)	(0.0292)	(0.0239)	(0.0286)	(0.0241)	(0.0295)	(0.0232)	(0.0272)	(0.0271)	(0.0308)
tech	-0.170***	-0.0965*	-0.157***	-0.0848	-0.170***	-0.0935*	-0.202***	-0.135**	-0.124***	-0.0541
	(0.0455)	(0.0542)	(0.0460)	(0.0535)	(0.0455)	(0.0550)	(0.0476)	(0.0554)	(0.0461)	(0.0510)
hr	-0.0622***	-0.0695***	-0.0669***	-0.0717***	-0.0622***	-0.0699***	-0.0596***	-0.0647***	-0.0854***	-0.0894***
	(0.0218)	(0.0241)	(0.0218)	(0.0241)	(0.0218)	(0.0242)	(0.0223)	(0.0243)	(0.0241)	(0.0258)
expense	-0.231*	-0.282*	-0.227*	-0.286*	-0.231*	-0.283*	-0.215*	-0.272*	-0.501***	-0.588***
	(0.131)	(0.149)	(0.129)	(0.150)	(0.131)	(0.150)	(0.124)	(0.145)	(0.151)	(0.164)
fdi	0.242	-0.0321	0.0993	-0.105	0.242	-0.0478	0.353	0.171	0.301	0.0755
	(0.407)	(0.448)	(0.409)	(0.449)	(0.407)	(0.452)	(0.416)	(0.456)	(0.415)	(0.461)
feed	-0.174	0.0756	-0.200	0.0937	-0.174	0.0829	-0.208	0.0775	-0.158	0.145
	(0.132)	(0.138)	(0.131)	(0.139)	(0.132)	(0.140)	(0.134)	(0.148)	(0.136)	(0.141)
system	0.515***	0.498***	0.562***	0.510***	0.515***	0.499***	0.515***	0.463***	0.456***	0.406***
	(0.0909)	(0.0989)	(0.0908)	(0.100)	(0.0909)	(0.0993)	(0.0931)	(0.102)	(0.0952)	(0.106)

续表

	(1)	(2)	(3)	(4)	(5)	(6)	(7)	(8)	(9)	(10)
energy	-0.000243	-0.0199	-0.00127	-0.0223	-0.000243	-0.0206	0.00106	-0.0192	0.0115	-0.0159
	(0.0171)	(0.0206)	(0.0170)	(0.0214)	(0.0171)	(0.0209)	(0.0170)	(0.0210)	(0.0187)	(0.0242)
AS×fir	—	0.758***	—	0.837***	—	0.784***	—	0.775***	—	0.941***
		(0.241)		(0.235)		(0.252)		(0.259)		(0.242)
常数项	-0.213	-0.255	-0.111	-0.228	-0.213	-0.252	-0.0270	-0.165	0.161	0.0802
	(0.294)	(0.324)	(0.291)	(0.320)	(0.294)	(0.325)	(0.281)	(0.303)	(0.339)	(0.360)
DWH 检验	2.7483	7.2326	10.9607	13.1507	—	—	8.9789	8.8070	7.2685	13.5907
	[0.0974]	[0.0269]	[0.0010]	[0.0014]			[0.0029]	[0.0122]	[0.0073]	[0.0013]
Kleibergen-Paaprk Wald F 统计	76.5255	111.589 60.7967	58.6423	82.4701 41.5908	—	—	62.654	69.9158 36.3952	92.2007	176.305 81.1431
Sargan-Hansen 检验	0.003	3.2009	0.5538	4.8794	—	—	0.0955	2.6584	0.1659	2.8491
	[0.9567]	[0.2018]	[0.4568]	[0.0872]			[0.7573]	[0.2647]	[0.6838]	[0.2406]
N	430	430	430	430	430	430	403	403	430	430

注：① ( ) 内数值为回归系数的异方差稳健标准误，[ ] 内数值为相应检验统计量的 P 值。② *、**、*** 分别表示 10%、5%、1% 上的显著性水平。

1%以下和99%以上的分位数进行 Winsorize 缩尾处理，并采用工具变量两阶段最小二乘估计方法（2SLS）估计，结果报告如表7-5第（9）列和第（10）列所示。以上结果都显示回归结果是稳健的。

本章小结

引入资产短缺理论，探讨了区域性资产短缺、金融发展与经济产出的理论关系以及直接、间接影响机理，以我国 2001～2014 年的省际面板数据为样本，采用工具变量两阶段最小二乘估计方法（2SLS）和分位数回归方法探究了区域性资产短缺与经济产出的关系，并进一步考察了区域性资产短缺对金融发展与经济产出的调节效应，得出我国资产短缺能显著促进区域经济产出，资产短缺是半调节变量，而且对金融发展与经济产出关系存在显著正向调节作用，并且对金融发展的调节效应在地区间表现出倒 U 形特征的结论，最后证实了结论的稳健性。除此之外，金融发展程度、技术效率、人力资本、政府支出规模对经济增长是显著负向影响，资本存量、制度质量对经济增长是显著正向影响，对外依存度对经济增长有正向影响，但不显著，人口抚养比系数、能源消费弹性系数对经济增长表现出负向影响，但不显著。

虽然资产短缺对经济产出存在促进作用，但是这种效果是短期而非长期、持续性的，是以牺牲长期经济稳定性、加剧金融脆弱性和加剧经济运行风险为代价的。这种情况与近来金融发展与经济增长出现的"剪刀差和反转"异常现象联系密切，也是导致经济增长低效率、金融低效率与金融高风险的一个重要原因。

资产短缺对实体经济增长的影响

经济金融化表象背后的深层次原因是根植于我国制度层面的长期性和基础性问题，由体制性压抑造成了需求结构和供给结构的严重扭曲，即居民、机构对金融资产的强烈需求，与金融体系对金融资产低效、不充分、不平衡供给所造成的资产短缺。资产短缺不仅影响经济增长，更与实体经济发展联系紧密。不仅折射了虚拟经济与实体经济背离的普遍现象，引起资金"脱实向虚"，导致实体经济遇冷、金融趋热以及经济增速放缓、宏观紧缩，而且成为影响货币政策有效实施的关键因素。

20 世纪 80 年代至 2008 年金融危机爆发之前，全球经济经历了一个低通胀平稳增长的"大稳健"时期，但是低通胀、低利率加剧了资产泡沫形成、信贷扩张以及金融体系的脆弱性，为全球经济大衰退埋下了祸根（Stock and Waston，2005；Bernanke，2012；杨继军、范从来，2015）。2008 年金融危机爆发后，国内虚实经济面对全球性经济疲软以及量化宽松政策的外部冲击，也逐渐暴露出更多的矛盾与问题，如不仅实体经济缺钱，刺激政策空间较为有限，而且存在稳增长与去杠杆"跷跷板"效应。我国经济增速自 2010 年起持续性减缓，金融不稳定与不平衡增强，宏观经济运行进入新常态。

在中国经济发展新阶段，资产短缺改变了货币与金融市场、实体经济的关系。因为金融资产改变了实物商品与货币的关系，实体经济不仅与商品供求、货币供求因素相关，更与金融资产供求结构有千丝万缕的关系。所以，资产短缺导致出现金融过热，并在金融资产价格上涨预期的推动下，引起金融资产市场投资回报率上升。当金融资产市场投资回报率高于实体经济部门时，将会造成虚拟经济的过度繁荣与实体经济的大量"失血"。然而大批社会资金"脱实向虚"的转移加剧实体经济利润增长率的下降和下行压力的激增，也加剧了实体经济部门萎缩、技术性投资水平下降、生产性投资效率降低，以及金融资产价格的扭曲与波动。因此，资产短缺对实体经济发展产生了阻碍作用。

不同地区处于不同经济发展阶段，资产短缺与虚实经济关系存在地区差异性、复杂性。从中国经济现实观察，一些既定的历史因素在不同地区经济发展阶段中起了重要作用。财政分权改革，造成地方政府与企业投资自主权、银行信贷自主权的扩大，当地政府、地方企业与银行之间形成的利益共同体，催生了特有的货币投放的"倒逼"机制（樊纲等，1993）。长期的经济货币化过程，为经济提供了大量金融资源，并以储蓄的形式大量进入银行为政府掌握。1994年分税制改革以后，由于中央地方财权与事权的失衡，地方政府为缓解财政缺口，将预算内、预算外财政融资向金融财政化和金融资源控制转变，开启了"高杠杆、高贷款、高融资"的增长时代，很大程度压抑了金融体系发展的内在需求，也变相造成中央货币创造功能"被动性"往地方层面的分解和下沉，出现了货币资金不断投放，引起M2/GDP偏高但区域性物价水平偏低，最终造成了中国经济结构转型升级过程中金融体系对实体经济的挤出和掠夺效应的不良后果。不同地区经济增速、发展路径、金融资源禀赋与发展程度的差异性，决定了区域性资产短缺程度的差异性，导致资金"脱实向虚"也存在结构的非平衡性。一个地区的经济增长速度越快，而金融发展滞后、金融政策扭曲，以及银行体系低效、不透明，会导致该地区难以有效供给充足的金融资产，过剩储蓄对金融资产需求之间的矛盾就越难以调和，资产短缺程度也越严重（Stein，2011）。在一些欠发达省份，金融资产相对稀缺，粗放型生产企业尤其是粗放型生产中小企业，面对劳动力成本和融资成本提升、投资效率下降和利润压缩，更容易转行去高收益率的金融市场"捞快钱"，资产短缺对实体经济的影响作用更加明显。因此，资产短缺成为影响地区虚实经济结构发展平衡性的一个重要因素，而且资产短缺也已成为在稳健的货币政策环境中审视高货币化率与实体经济部门物价的潜在却真实关系的重要桥梁。

资产短缺反映了虚实经济结构性问题。"控杠杆"与"稳实体"同时成为货币当局的现实目标，是制定实施货币政策必须慎重考虑的方面。解决资产短缺问题就是加速金融回归服务实体的本源。尤其应增加安全金融资产有效供给、拒绝金融创新滥用，以及高风险金融资产过度包装的虚假行为。很多地方已沉浸在低物价水平与资产泡沫膨胀的环境中，而非低物价水平与低资产泡沫的良性环境中，防潜在物价上涨压力甚至已然转变为防资产泡沫压力，因此更需要关注资产短缺问题。陆磊和杨骏（2016）提出，物价稳定与金融稳定有时难以兼顾，中央银行仅致力于稳定物价，容易导致经济中物价上涨的压力从实体部门转移至虚拟领域，使资产价格泡沫在物价相对稳定时频繁发生，中央银行目标应该从狭义价格向广义价格（即更广泛的一系列金融资产价格体系）进行管理。中央政治局第四十次集体学习和2017年全国金融工作会议都特别强调要维护金融安全。目前，国务院已经采取设立金融稳定发展委员会等措施，不断通过"去杠杆""挤泡沫"的政策性或者市场化手段，给高风险金融资产"做减法"，优化金融供给体系，有效增加安全金融资产供给，缓解当前相对供给不足的大难题，防止资产短缺干扰货币政策的有效实施。商业银行等金融机构为达到金融监管标准，在加速改变资产负债结构，去杠杆化和稳步推进风险排查工作。同时，微观主体对安全金融资产的强烈需求与安全金融资产相对低效、不充分、不平衡供给之间的矛盾，也增强了对其财富管理和风险规避的需求（Ahrend and Schwellnus，2012）。

<h2 style="text-align:center">第一节</h2>

<h1 style="text-align:center">资产短缺与实体经济增长的理论关系辨析</h1>

现代社会产出不仅需要实物资本的投入，更重要的是金融资产的投入。虚拟经济不再是实体经济的附属品，它日益脱离实体经济呈现独立发

展趋势。如果说实体经济表现为产品和服务支撑的价格系统，即 CPI。那么虚拟经济相关的金融资产体量、虚拟经济交易规模以及金融资产价格等因素都可内含于金融资产供需体系之中，会共同对实体经济部门物价产生影响（刘骏民等，2004）。因此，我们考虑在新凯恩斯混合菲利普斯曲线（HNKPC）（Galí and Gertler，1999）一般模型中加入金融供需缺口冲击扰动因素 ξ_t，搭建起资产短缺与实体经济之间关联的桥梁。

HNKPC 拓展模型可表述为：

$$\pi_t = c_0 + \alpha_1 \pi_{t-1} + \alpha_2 E_t \pi_{t+1} + \alpha_3 mc_t + \beta \xi_t \qquad (8-1)$$

式（8-1）中，c_0 衡量均衡状态下的物价水平；系数 α_1 衡量过去物价水平对当期物价水平的影响程度，即物价上涨惯性的影响强度；α_2 度量未来物价上涨的理性预期对当期物价水平的影响程度，即物价上涨预期的影响强度。

金融资产供需缺口包括金融资产过剩和金融资产短缺两种情况，对实体经济的影响具有多样性和复杂性。本章进而构建一个分析资产短缺的研究框架，对式（8-1）中 β 系数符号进行理论和经验上的综合性分析与判断。

在传统经济学理论框架中，当社会总产量达到一定规模时，随着社会需求的增加，由于劳动、原料、技术、生产设备等因素使生产成本提高，导致供给的增加在生产过程中出现瓶颈（供给会增加一部分，但是少于需求增加水平）。"相对过多货币追求相对过少商品"，引起实体经济领域物价上涨，这是商品短缺时期的一个重要特征。随着经济增长、资本大量积累与居民收入水平提升，实体经济生产力以及商品已经在总量、局部地区形成了供大于求的局面，满足了人们日益增长的基本物质生活需求，出现边际消费倾向递减和资本边际效率递减，造成了社会商品消费与实体经济投资有效需求不足，在实体经济与虚拟经济领域形成相对过剩的资金存量与过剩储蓄。它们以追求利润最大化与增值为目标，部分流向实体经济，部分滞留在金融市场形成投机性需求。完全以商品供求关系决定物价的分析局限性凸显，物价水平现在同时取决于商品供求和金融资产供求的"双供求"状况，且金融资产供求在社会总供求关系中占据重要的地位。

由于资本虚拟化、经济金融化加速，经济活动的重心从产业部门转至金融部门，使金融业在经济中扮演重要角色，与实体经济日趋背离，呈现独特的价值增值运动（张宇、蔡万焕，2010；周宏、李国平，2013），但我国资本市场发展不足，银行业行政进入壁垒、利率和信贷管制等金融抑制政策，使政府过度干预信贷市场，对金融资源的控制权力超越市场的合理边界（张杰、杨连星，2015），导致相对过剩的资金余额与过剩储蓄追逐短缺的金融资产，而资产短缺引起金融资产价格上涨。金融系统内的货币周转又造成人们的货币幻觉，以致信用（工具）和信用货币加速膨胀，金融市场投资炙热。在预期金融资产价格上涨和实体经济利润下滑的情况下，更多资金与储蓄从实体经济领域渗入虚拟经济领域，追逐短缺的金融资产，加剧金融体系的资产泡沫程度。这个过程会进一步加剧资金进入金融市场，造成实体经济遇冷，因而导致实体经济领域商品和服务价格上涨压力转移至金融资产市场。

在中国经济发展新阶段，资产短缺成为影响虚实经济的重要因素之一。资产短缺会造成金融过热和资产泡沫，创造金融资产价值增值和资金投机性需求的机会，增强企业和居民到金融市场投机"赚快钱"的动机和热情。只要金融市场的投资回报率高于实体经济，金融资产价格上涨会不断刺激货币和存款大搬家，使其与传统商品交易相分离，从作用于生产、流通和消费等实体经济环节挤出，渗入金融市场，形成金融体系的"资金空转"。资产价格一轮又一轮地上涨，产生金融市场的"窖藏效应"和"蓄水池效应"，加大实体经济中通缩风险的概率，加剧货币资金"脱实向虚"。现阶段中国金融的主要流向不再是为实体经济融资，更多为自身融资，用钱来套取更多的钱，金融市场已经对实体经济中的资金形成了掠夺和挤压效应。于是金融资产价格上涨与低物价相伴而行，而资产短缺对实体经济的影响主要为负向作用，即 $\beta < 0$。

第二节
计量模型与指标度量

一、计量模型

考察资产短缺对实体经济增长的影响，基于上文 HNKPC 扩展理论模型和研究框架，构建以下计量模型：

$$\pi_{i,t} = c_0 + \alpha_1 \pi_{i,t-1} + \alpha_2 E_t \pi_{i,t+1} + \alpha_3 gap_{i,t} +$$
$$\beta AS_{i,t} + \gamma Z_{i,t} + \mu_i + \upsilon_t + \varepsilon_{i,t} \qquad (8-2)$$

式（8-2）中，i 表示地区，t 表示年份，$\pi_{i,t}$ 为实体经济部门产品与服务支撑的价格系统，代表实体经济发展，表示为以 2000 年为基期的 CPI 差分得到的环比物价水平，AS 表示资产短缺，$gap_{i,t}$ 表示产出缺口，近似作为真实边际成本替代变量。Z 表示控制变量，包括实际房屋平均销售价格（$fapi$），实际固定资产投资价格指数（$gupi$）、全要素生产率（tfp）、人均资本存量（kk）、对外依存度（fdi）、人口抚养比系数（$feed$）、制度质量（$system$）、政府支出规模（$expense$），μ 表示地区效应，υ_t 表示年度效应，$\varepsilon_{i,t}$ 表示随机误差项。

因此，最终的计量模型修正为：

$$\pi_{i,t} = c_0 + \alpha_1 \pi_{i,t-1} + \alpha_2 E_t \pi_{i,t+1} + \alpha_3 gap_{i,t} + \beta AS_{i,t} + \gamma_1 fapi_{i,t} +$$

$$\gamma_2 gupi_{i,t} + \gamma_3 tfp_{i,t} + \gamma_4 kk_{i,t} + \gamma_5 fdi_{i,t} + \gamma_6 feed_{i,t} + \gamma_7 system_{i,t} +$$

$$\gamma_8 expense_{i,t} + \mu_i + \upsilon_t + \varepsilon_{i,t} \tag{8-3}$$

二、指标度量

1. 解释变量

对"资产短缺"（AS）指标的测算基于范从来等（2013）、Chen 和 Imam（2014）的测算方法和思想，虽然仍有不足和待完善的地方，但是整体上具有较强的解释力和科学性。结合中国具体实际情况，资产需求用本省居民储蓄表示，通过 GDP 减去最终消费近似获得，资产供应包括短期存款变化量、贷款发放规模、债券发行规模以及股票发行规模（包括首发、定向增发、公开增发、配股发行、可转债发行）。

2. 工具变量

资产短缺可能存在内生性问题，与物价之间可能出现联立性误差，即物价与资产短缺互为因果关系，因此需寻找一个与资产短缺变量关系密切，但独立于物价的变量，作为工具变量进行两阶段最小二乘法估计。可从地理距离来寻找，因为地理特征对于物价而言，具有严格的外生性。故本书选取的第一个工具变量为与金融中心的距离（FMA）。设定北京金融街、上海证券交易所和深圳证券交易所为金融中心，取各省会城市到最近金融中心的距离 d_{ij}①的倒数（乘以 100）为其与金融中心的距离，其中北京、上海和深圳的距离为 0。假定 M 为北京、上海和深圳的集合，则与金

---

① 省会城市与金融中心之间的距离按照公式 $\arccos(\cos(\alpha_m - \alpha_n)\cos\beta_m\cos\beta_n + \sin\beta_m\sin\beta_n) \times R$ 计算得到，其中 α_m、α_n 分别为 m 金融中心、n 省会城市的经度，β_m、β_n 分别为 m 金融中心、n 省会城市的纬度，R 为地球大圆半径。

融中心的距离可表示为：

$$FMA_{ii} = \begin{cases} 0, & i \in M \\ 100 \times (\mathrm{min} d_{ij})^{-1}, & i \notin M, j \in M \end{cases}$$

为得到更加有效的估计结果，本书选择第二个工具变量，为反映历史特征的工具变量 save，表示 1952 年各省的平均储蓄水平。历史储蓄倾向与行为特征会对当前金融资产需求产生影响，但由于时间距离现在足够远，可以认为其与当前物价不存在直接因果关系。之所以选择 1952 年这个时间点，是为了避开 1959~1961 年三年困难时期消费习惯和行为的异常情况，以满足外生性要求。

3. 其他变量

（1）物价上涨预期（$E_t \pi_{t+1}$），结合中国的现实情况，利用 CPI 的滞后一阶、二阶，以及石油价格与实际有效汇率估算值，作为替代变量。

（2）产出缺口（gap），由于边际成本与产出缺口之间存在着近似的线性关系，因而采用 HP 滤波法求得产出缺口进行替代。

（3）实际房屋平均销售价格（fapi），用房屋平均销售价格除以定基 CPI，并取对数。

（4）实际固定资产投资价格指数（gupi），将以 2000 年为基期的固定资产投资价格指数差分，得到环比价格指数。

（5）全要素生产率（tfp），使用 Dea-Malmquist 指数法，以实际 GDP 作为产出指标，资本存量和劳动作为投入指标，估算 2001~2014 年的全要素生产率。

（6）人均资本存量（kk），即资本存量与年末人口数量之比，资本存量根据单豪杰（2006）计算方法采用"永续盘存法"测算。

（7）对外依存度（fdi），用外商直接投资额占 GDP 的比重表示。

（8）人口抚养比系数（feed），即 feed =（15 岁以下人口 + 65 岁以上人口）/15~64 岁人口。

（9）制度水平（*system*），从非国有经济发展水平的角度，量化各地区制度的完善程度，使用非国有企业职工数占所有职工数的比重衡量。

（10）政府支出规模（*expense*），用政府财政支出占 GDP 的比重表示。

第三节

计量结果及实证分析

一、数据来源

以我国 2001~2014 年的 31 个省际面板数据为样本，数据来源于《中国统计年鉴》、《新中国六十年统计资料汇编》、《中国金融年鉴》、《中国证券期货统计年鉴》、《中国人口和就业统计年鉴》、国泰安数据库、WIND 数据库以及各省统计年鉴、统计局资料等。

二、统计性描述[①]

如表 8-1 所示，资产短缺（AS）平均值为 0.2599，说明我国省域确实普遍存在资产短缺，最大值为 1.3559，最小值为 -6.1423。偏高的标准差说明省份资产短缺差异化明显。其中，北京、上海常年资产供过于求，

---

① 变量的相关性结果在此省略，通过方差膨胀因子（*VIF*）进行共线性考察，发现取值处于区间 [1.43, 5.63]，Mean *VIF* 为 2.70，在可接受范围内（根据经验法则，如果最大的方差膨胀因子 $VIF = \max\{VIF_1, VIF_2, \cdots, VIF_n\} \leqslant 10$，则不存在多重共线性问题），因此本书不存在明显多重共线性问题。

作为全国的政治、经济中心，表现出很强的金融资产与产业集聚效应。一些欠发达省份如云南、青海和贵州，个别年份因地方政府债务激增也出现过资产过剩，但长期仍然处于资产短缺状态。CPI 的最大值、最小值以及标准差反映出地区间的实体经济发展不平衡。

表 8-1　变量统计分析

	CPI	AS	fapi	gupi	gap	tfp	kk	fdi	feed	expense	system
平均数	0.0301	0.2599	8.0690	0.0654	0.0312	0.9764	4.6348	0.0263	0.3934	0.2217	0.4216
中位数	0.0295	0.4684	8.0389	0.0241	-0.0136	0.9780	3.6446	0.0186	0.3928	0.1744	0.3883
最大值	0.1216	1.3559	9.8433	3.0689	1.5010	1.0860	21.8468	0.1465	0.6346	2.1432	0.8767
最小值	-0.0271	-6.1423	6.8794	-0.0537	-0.1558	0.8440	0.6061	0.0006	0.1927	0.00004	0.0364
标准差	0.0251	0.8372	0.5980	0.2437	0.1849	0.0385	3.5100	0.0227	0.0817	0.1899	0.1740

三、实证分析

使用面板普通最小二乘法进行初步估计，结果报告如表 8-2 第（1）至（3）列所示。其中，第（1）、第（2）和第（3）列分别给出混合回归、随机效应模型和固定效应模型的估计结果。经 Hausman 检验，发现在 1% 显著性水平上拒绝原假设，说明固定效应模型比随机效应模型更具适用性。但严重的内生性将导致 OLS 估计结果有偏差或非一致。通过上文理论框架分析可以发现，资产短缺与物价之间存在明显的内生性关系，通过异方差稳健的 DWH 检验，统计量为 3.665 并在 10% 的显著性水平上拒绝资产短缺是外生的原假设，表明资产短缺具有内生性。

表 8-2 中第（4）列采用 2SLS 进行估计，以验证工具变量的有效性。首先，采用 Kleibergen-Paaprk LM 统计量检验工具变量是否与内生变量相关，结果在 1% 显著性水平上拒绝了工具变量识别不足的原假设。其次，Kleibergen-Paaprk Wald F 统计量为 13.624，大于 10 的经验规则，拒绝工

具变量是弱识别的原假设。最后，Sargan - Hansen 检验的伴随概率为 0.4992，即不能在 10% 的显著性水平上拒绝工具变量是过度识别的原假设，说明工具变量是外生的，与模型残差项无关。所有统计检验都表明，工具变量选取和模型的设定是可靠的。

表 8-2 OLS 及工具变量两阶段最小二乘法估计结果

	（1）	（2）	（3）	（4）	
	混合回归	随机效应	固定效应	第一阶段	第二阶段
AS	-0.00113	-0.00113	-0.00186 *	—	-0.00679 **
	（0.0012）	（0.0012）	（0.0009）		（0.0033）
$E_t\pi_{t+1}$	1.018 ***	1.018 ***	1.060 ***	5.8471 **	1.052 ***
	（0.0521）	（0.0521）	（0.0426）	（2.2741）	（0.0575）
π_{t-1}	0.170 ***	0.170 ***	0.128 ***	0.5901	0.175 ***
	（0.0335）	（0.0335）	（0.0217）	（1.6595）	（0.0425）
$fapi$	-0.0126 **	-0.0126 **	-0.0255 ***	-1.1592 ***	-0.0213 ***
	（0.0051）	（0.0051）	（0.0087）	（0.1967）	（0.0060）
$gupi$	-0.00109	-0.00109	0.00758	-0.0403	-0.0009
	（0.00465）	（0.00465）	（0.00579）	（0.1953）	（0.0029）
gap	0.0130 *	0.0130 *	0.0174 **	0.1233	0.0120
	（0.00721）	（0.00721）	（0.00659）	（0.3888）	（0.0096）
tfp	0.0751 **	0.0751 **	0.0374	-0.3867	0.0744 ***
	（0.0312）	（0.0312）	（0.0325）	（0.9823）	（0.0256）
kk	-0.0005	-0.0005	-0.00108 *	-0.0273 *	-0.0005
	（0.0004）	（0.0004）	（0.0006）	（0.0142）	（0.0006）
fdi	-0.0254	-0.0254	-0.104	5.8638 ***	0.0444
	（0.0421）	（0.0421）	（0.103）	（1.9291）	（0.0528）
$feed$	-0.0219 *	-0.0219 *	-0.0779 ***	1.4597 **	-0.0229 **
	（0.0123）	（0.0123）	（0.0255）	（0.6745）	（0.0115）
$system$	-0.0193 **	-0.0193 **	-0.0471 ***	0.3076	-0.0142 *
	（0.00868）	（0.00868）	（0.0119）	（0.3282）	（0.00829）
$expense$	0.00001	0.00001	-0.00286	-0.7105	-0.00498
	（0.0093）	（0.0093）	（0.0027）	（0.4498）	（0.0045）

续表

	（1）	（2）	（3）	（4）	
	混合回归	随机效应	固定效应	第一阶段	第二阶段
常数项	0.00197	0.00197	0.167***	7.6659***	0.0641
	（0.0247）	（0.0247）	（0.0579）	（1.4107）	（0.0423）
FMA	—	—	—	0.6191***	—
				（0.1737）	
save	—	—	—	0.0575***	—
				（0.0113）	
Hausman 检验	—	—	87.81	—	—
			[0.0000]		
DWH 检验	—	—	—	—	3.665
					[0.0556]
Hausman 内生性检验	—	—	—	—	3.54
					[0.0600]
Kleibergen-Paaprk Wald F 统计	—	—	—	13.624	13.624
				{11.59}	{11.59}
Kleibergen-Paaprk LM 统计	—	—	—	—	21.727
					[0.0000]
Sargan-Hansen 检验	—	—	—	—	0.457
					[0.4992]
N	399	399	399	399	399
R^2	0.673	0.714	0.737	0.458	0.650

注：① （ ）内数值为回归系数的异方差稳健标准误，[ ] 内数值为相应检验统计量的 P 值。
② *、**、***分别表示10%、5%、1%上的显著性水平。

以固定效应模型为基础的回归分析显示，资产短缺对物价有负向影响，在10%的水平上显著，在采用工具变量之后，资产短缺对物价的估计系数上升了0.00493，约265.1%，说明由固定效应到2SLS估计，资产短缺对我国省际物价水平负向的影响更为明显。物价上涨预期与物价水平显著正相关，物价上涨惯性与物价水平显著正相关，且物价上涨预期系数估计值大于物价上涨惯性。产出缺口与物价正相关。实际房屋平均销售价格与物价显著负相关，主要是由于当前我国居民消费观念以储蓄型消费为主，而非信贷型消费，房价上涨的兑现财富效应、未兑现的财富效应和流动性约束效应，对消费支出的影响几乎为零，甚至由于投机性房价波动和房价与消费之间的"替代效应"，会导致房价上涨对居民消费支出的挤出程度超过挤入程度，高房价严重抑制了居民的消费支出，尤其对于只有一套房产用于自住自用的房产所有者、低收入者和农村居民（范子英、刘甲炎，2015）。实际固定资产投资价格指数与物价之间的关系不显著。全要素生产率与物价显著正相关。如果我国自主创新的技术进步在短期内无法替代国外技术引进，那么我国技术进步提高暂时可能无法缓解劳动力成本与海外渠道等其他成本的上涨，从而对长期的物价上涨形成持续性的压力（龙少波等，2014）。人均资本存量对物价具有负向影响，但不显著，可能是我国资本投入当前仍然存在规模经济效应，消化了原材料与劳动力的价格上涨压力。对外依存度与物价之间的关系不显著。人口抚养比系数与物价显著负相关。制度水平对物价有显著负向影响，因为非国有经济是市场经济主要参与者，有利于提升生产率，增加社会总供给。政府支出规模与物价之间关系不显著。

四、工具变量分位数回归

以上由 OLS 和 2SLS 估计得到的结果，为资产短缺与实体经济领域物价水平的负相关关系提供了概括性的统计分析，但未能描述地区差异性分布特征，需采用标准分位数回归方法（QR 模型）以及工具变量分位数回归方法（IVQR 模型），对后者进行估计。

如表 8-3 所示，QR 模型得到的估计系数绝对值明显低于 IVQR 模型，与 OLS 模型的估计结果相似，表明忽视内生性会导致严重的估计偏差。资产短缺对物价的负向作用在不同物价水平的地区呈较大差异，IVQR 模型估计较 QR 模型更明显和准确。

表 8-3　资产短缺对物价影响的地区异质性分布：**QR 和 IVQR 估计**

	QR 模型				IVQR 模型			
	QR_20%	QR_40%	QR_60%	QR_80%	IVQR_20%	IVQR_40%	IVQR_60%	IVQR_80%
AS	0.00136	−0.00026	−0.00144	−0.00287**	0.0058	−0.0037	−0.0078**	−0.0094**
	(0.00157)	(0.00155)	(0.000987)	(0.00127)	(0.0044)	(0.0046)	(0.0035)	(0.0047)
$E_t\pi_{t+1}$	1.006***	1.032***	0.993***	0.910***	0.9662***	1.0416***	1.0480***	0.9319***
	(0.0558)	(0.0704)	(0.0496)	(0.0631)	(0.0642)	(0.0774)	(0.0569)	(0.0825)
π_{t-1}	0.0934***	0.0902*	0.130***	0.211***	0.0792**	0.1039**	0.1181***	0.2077***
	(0.0360)	(0.0505)	(0.0388)	(0.0532)	(0.0384)	(0.0510)	(0.0432)	(0.0713)
$fapi$	−0.0049	−0.0092**	−0.0146***	−0.0148***	0.0019	−0.0148*	−0.0255***	−0.0266***
	(0.0044)	(0.0047)	(0.0034)	(0.0047)	(0.0078)	(0.0083)	(0.0063)	(0.0091)
$gupi$	0.0043	0.0032	−0.0027	−0.0065**	0.0043	0.0030	0.0028	−0.0064
	(0.0029)	(0.0041)	(0.0033)	(0.0032)	(0.0049)	(0.0041)	(0.0036)	(0.0042)
gap	0.0342**	0.0218	−0.0061	−0.0333**	0.0376**	0.0195	−0.0067	−0.0401**
	(0.0155)	(0.0156)	(0.00996)	(0.0129)	(0.0157)	(0.0156)	(0.0109)	(0.0159)
tfp	0.0303	0.0388	0.0862***	0.0321	0.0267	0.0502	0.0804***	0.0573
	(0.0286)	(0.0339)	(0.0249)	(0.0319)	(0.0296)	(0.0344)	(0.0273)	(0.0438)
kk	−0.0010**	−0.0007	−0.00002	0.00009	−0.0009*	−0.0009	−0.0002	−0.001
	(0.0005)	(0.0006)	(0.0004)	(0.0004)	(0.0005)	(0.0006)	(0.0005)	(0.0006)
fdi	0.0189	−0.0070	−0.0593	0.0615	−0.0482	0.0242	0.0553	0.1313
	(0.0571)	(0.0671)	(0.0464)	(0.0622)	(0.0780)	(0.0847)	(0.0662)	(0.0941)
$feed$	−0.0408**	−0.0329*	−0.0231**	−0.0020	−0.0395**	−0.0364**	−0.0300**	−0.0091
	(0.0163)	(0.0177)	(0.0116)	(0.0128)	(0.0180)	(0.0180)	(0.0127)	(0.0164)
$system$	−0.0216**	−0.0125	−0.0069	−0.0141	−0.0251**	−0.0084	0.0007	−0.0018
	(0.0108)	(0.0111)	(0.0082)	(0.0108)	(0.0115)	(0.0121)	(0.0095)	(0.0134)
$expense$	−0.0081	−0.0047	0.0079	0.0084	−0.0031	−0.0067	0.0038	0.0073
	(0.0055)	(0.0052)	(0.0053)	(0.0055)	(0.0062)	(0.0061)	(0.0063)	(0.0073)
常数项	−0.0145	0.0129	0.0083	0.0616	−0.0593	0.0437	0.0901*	0.1221*
	(0.0405)	(0.0455)	(0.0323)	(0.0413)	(0.0620)	(0.0670)	(0.0508)	(0.0718)
N	399	399	399	399	399	399	399	399

注：① （ ）内数值为回归系数的异方差稳健标准误。② * 、** 、*** 分别表示 10%、5%、1% 上的显著性水平。

在 QR 和 IVQR 模型中，资产短缺几乎都对物价起到了负向作用，除了在物价水平 20% 分位点的地区，估计系数为正但不显著。在物价水平较低的地区，资产短缺对物价的负向作用弱于物价水平高的地区，物价越高，受资产短缺影响作用越强。可能因为一个地区的经济发展质量、金融发展水平与资产短缺存在内生关联性，资产短缺在地区的差异性，会影响地方政府对不同产业类型和结构的投资，以及当地企业和居民的消费、投资行为与导向。

五、稳健性检验

为了确保分析结论的可靠性，我们进行了多角度的稳健性检验，包括 11 个方面，分别用表 8-4 的第（1）～（11）列表示。①有限信息最大似然估计 LIML 方法。②前置正交化离差 GMM 估计。③选用实际商品零售价格指数，替代居民消费价格指数，并使用前置正交化离差 GMM 估计。④选用实际商品零售价格指数，替代居民消费价格指数，并采用 2SLS 估计。⑤选用实际城市居民消费价格指数，替代居民消费价格指数，并采用 2SLS 估计。⑥对连续变量 1% 以下和 99% 以上的分位数进行 Winsorize 缩尾处理，并采用 2SLS 方法估计。⑦考虑到巴拉萨—萨缪尔森效应在区域性实体经济发展差异中的重要作用，控制变量中加入地区经济发展水平，采用 2SLS 方法估计。⑧资产短缺与物价之间的协同或者关联可能源于周期性因素，加入反映经济周期、信贷周期的变量，采用 HP 滤波法求得实际 GDP（表 8-4 第（8）列左）和 M_2（表 8-4 第（8）列右）供应量取对数并去趋势后的波动值，且采用 2SLS 估计。⑨资产短缺与物价之间的协同或者关联，还有可能源于政策性因素对两者的作用，需加入反映货币政策变量，表示为 1 年期存款基准利率（r），并采用 2SLS 估计（易纲，2009）。⑩由于 FMA 和 save 都不随时间变化，且考虑巴拉萨—萨缪尔森效应，为了使其具有动态特征保证估计更精确，体现金融资产受政策、经济等环境影响性，用 2001~2014 年的名义汇率 *rate* 分别与两个工具变量相乘，得到交互项 *FMA×rate* 和 *save×rate*，并将它们作为最终的工具变量，采用 2SLS 估计。⑪同理，我们用 2001~2014 年的 1 年期基准贷款利率与 1 年期基准存款利率的差额，分别与两个工具变量相乘，得到交互项 $FMA×rate_2$ 和 $save×rate_2$，采用 2SLS 估计。以上结果都显示回归结果是稳健的（见表 8-4）。

六、调节效应分析

资产短缺不仅可以引导货币在虚实经济之间的配置与流向，而且能够通过改变实体部门投资进而影响实体经济领域产品价格水平。具体而言，由于资产短缺出现金融过热，引起的资产泡沫又可作为抵押品，当价格上涨时，能在资产、产业与市场间产生资产负债表效应，增加有信用约束的企业净价值，放松融资约束与实体经济约束，促使企业获得更多的外部资金，从而增加实体经济部门资本投入和提升技术投资效率，产生规模经济效应，冲销成本与物价上涨压力（Martin and Ventura，2012；王永钦等，2016）。但是，严重的资产短缺会对实体部门形成掠夺和挤出效应，实体经济有可能面临更强约束，导致社会有效生产投资下降，生产效率提升放缓，物价上涨压力增加。

下面进一步研究资产短缺对资本、技术与实体经济领域物价水平之间的调节机理及调节效应，以考察资产短缺对实体部门投资需求的影响。构建新计量模型为：

$$\pi_{i,t} = c_0 + \alpha_1 \pi_{i,t-1} + \alpha_2 E_t \pi_{i,t+1} + \alpha_3 gap + \beta AS_{i,t} + \gamma_1 fapi_{i,t} +$$
$$\gamma_2 gupi_{i,t} + \gamma_3 tfp_{i,t} + \gamma_4 kk_{i,t} + \gamma_5 fdi_{i,t} + \gamma_6 feed_{i,t} +$$
$$\gamma_7 system_{i,t} + \gamma_8 expense_{i,t} + \phi_1 AS_{i,t} × kk_{i,t} +$$
$$\phi_2 AS_{i,t} × tfp_{i,t} + \mu_i + \upsilon_t + \varepsilon_{i,t} \qquad (8\text{-}4)$$

表 8-4 稳健性检验结果

	(1)	(2)	(3)	(4)	(5)	(6)	(7)	(8)	(9)	(10)	(11)
AS	-0.0068**	-0.0049***	-0.0033**	-0.00602*	-0.00914***	-0.00664*	-0.00652**	-0.00757**	-0.00607**	-0.00700**	-0.00635**
	(0.0033)	(0.0012)	(0.0015)	(0.00341)	(0.0034)	(0.00343)	(0.00317)	(0.00313)	(0.00289)	(0.00331)	(0.00323)
$E_t\pi_{t+1}$	1.052***	0.9444***	0.9249***	1.039***	1.048***	1.040***	1.044***	1.054***	0.699***	1.046***	1.043***
	(0.0576)	(0.2168)	(0.2938)	(0.0597)	(0.0601)	(0.0527)	(0.0587)	(0.0561)	(0.0653)	(0.0593)	(0.0587)
π_{t-1}	0.175***	0.1641**	0.2311**	0.221***	0.191***	0.164***	0.184***	0.186***	0.0884**	0.185***	0.184***
	(0.0425)	(0.0716)	(0.0989)	(0.0474)	(0.0442)	(0.0390)	(0.0420)	(0.0416)	(0.0415)	(0.0423)	(0.0420)
$fapi$	-0.0214***	-0.0494***	-0.0558***	-0.0214***	-0.0237***	-0.0195***	-0.0194***	-0.0205***	-0.0201***	-0.0201***	-0.0192***
	(0.0061)	(0.0115)	(0.0108)	(0.0061)	(0.0060)	(0.0057)	(0.0058)	(0.00561)	(0.0054)	(0.00589)	(0.00582)
$gupi$	-0.0009	-0.0201	-0.0062	0.00115	-0.000145	0.00119	-0.00010	-0.00064	0.00112	-0.00099	-0.0010
	(0.0029)	(0.0128)	(0.0250)	(0.0031)	(0.0031)	(0.0082)	(0.00287)	(0.00299)	(0.00290)	(0.00288)	(0.00287)
gap	0.0120	-0.0588	-0.0386	0.00678	0.0106	0.0130	0.0192*	0.0186*	0.00514	0.0193*	0.0192*
	(0.0096)	(0.0398)	(0.0590)	(0.0093)	(0.0103)	(0.0095)	(0.00985)	(0.00993)	(0.00908)	(0.00990)	(0.00984)
tfp	0.0743***	0.3325***	0.2773***	0.0761***	0.0732***	0.0662***	0.0753***	0.0771***	0.0450**	0.0752***	0.0753***
	(0.0256)	(0.1274)	(0.1306)	(0.0267)	(0.0261)	(0.0237)	(0.0253)	(0.0255)	(0.0245)	(0.0254)	(0.0253)
kk	-0.0005	0.0016	-0.0016	-0.0009**	-0.00038	-0.0006	-0.00037	0.000058	-0.00019	-0.00037	-0.00037
	(0.0004)	(0.0024)	(0.0039)	(0.0004)	(0.0004)	(0.0004)	(0.00037)	(0.00035)	(0.00031)	(0.00037)	(0.00037)
fdi	0.0449	-0.1493	-0.1720	0.0500	0.0437	0.0383	0.0214	0.0241	0.0345	0.0268	0.0195
	(0.0530)	(0.3625)	(0.4027)	(0.0538)	(0.0540)	(0.0571)	(0.0506)	(0.0501)	(0.0466)	(0.0518)	(0.0510)

续表

	(1)	(2)	(3)	(4)	(5)	(6)	(7)	(8)	(9)	(10)	(11)	(12)
feed	-0.0229** (0.0115)	-0.2450*** (0.0851)	-0.3055*** (0.1175)	-0.0261** (0.0120)	-0.0159 (0.0119)	-0.0218* (0.0117)	-0.0199* (0.0113)	-0.0093 (0.0113)	-0.0182 (0.0114)	-0.0169* (0.0102)	-0.0199* (0.0113)	-0.0199* (0.0112)
system	-0.0142* (0.0083)	-0.0735 (0.0646)	-0.0903 (0.0663)	-0.0151* (0.0091)	-0.0079 (0.0080)	-0.0145* (0.0084)	-0.0150* (0.0082)	-0.0023 (0.0082)	-0.0132 (0.00830)	-0.0082 (0.0078)	-0.0146* (0.00820)	-0.0152* (0.00816)
expense	-0.0050 (0.0045)	0.0270 (0.0383)	-0.0184 (0.0481)	-0.0122* (0.0063)	-0.0059 (0.0049)	-0.0070 (0.0102)	-0.0050 (0.0045)	-0.0060 (0.0046)	-0.00527 (0.00450)	-0.0053 (0.0043)	-0.0054 (0.00458)	-0.00484 (0.00457)
gdpr	—	—	—	—	—	—	0.0597 (0.0382)	0.0163 (0.0379)	0.0540 (0.0386)	0.00779 (0.0352)	0.0615 (0.0386)	0.0591 (0.0383)
hprgdp	—	—	—	—	—	—	—	0.212*** (0.0424)	—	—	—	—
hpm2	—	—	—	—	—	—	—	—	0.0189 (0.0212)	—	—	—
r	—	—	—	—	—	—	—	—	—	0.0229*** (0.00254)	—	—
常数项	0.0645 (0.0424)	—	—	0.0598 (0.0428)	0.0768* (0.0431)	0.0593 (0.0421)	0.0414 (0.0407)	0.0988** (0.0393)	0.0465 (0.0396)	0.0487 (0.0386)	0.0461 (0.0415)	0.0397 (0.0408)
DWH检验	—	—	—	4.3314 [0.0381]	7.222 [0.0075]	2.4965 [0.1141]	3.3390 [0.0677]	5.6548 [0.0174]	3.8241 [0.0505]	3.7161 [0.0539]	3.6112 [0.0574]	2.9834 [0.0841]

续表

	(1)	(2)	(3)	(4)	(5)	(6)	(7)		(8)	(9)	(10)	(11)
Hausman 内生性检验	—	—	—	4.29 [0.0382]	7.11 [0.0077]	2.45 [0.1174]	3.21 [0.0730]	5.43 [0.0198]	3.67 [0.0554]	3.57 [0.0589]	3.48 [0.0623]	2.87 [0.0902]
Kleibergen-Paaprk Wald F 统计	—	—	—	13.597 {11.59}	13.902 {11.59}	11.848 {11.59}	13.875 {11.59}	13.880 {11.59}	13.990 {11.59}	13.7263 {11.59}	14.190 {11.59}	14.018 {11.59}
Kleibergen-Paaprk LM 统计	—	—	—	21.857 [0.0000]	22.132 [0.0000]	18.366 [0.0001]	22.127 [0.0000]	22.382 [0.0000]	22.480 [0.0000]	22.014 [0.0000]	23.130 [0.0000]	22.556 [0.0000]
Sargan-Hansen 检验	—	14.843 [0.6727]	—	1.2094 [0.2715]	0.592 [0.4417]	0.338 [0.5609]	0.189 [0.6635]	0.123 [0.7253]	0.110 [0.740]	0.067 [0.7956]	0.132 [0.7168]	0.262 [0.6089]
N	399	368	368	399	399	399	399	399	399	399	399	399
R^2	0.649	—	—	0.637	0.625	0.666	0.654	0.663	0.654	0.706	0.650	0.655

注：①（ ）内数值为回归系数的异方差稳健标准误，[ ] 内数值为相应检验统计量的 P 值，{ } 内数值为 Stock-Yogo 检验 15% 水平上的临界值；②*、**、***分别表示 10%、5%、1% 上的显著性水平。

式（8-4）中，$AS_{i,t} \times kk_{i,t}$ 代表资产短缺与人均资本存量的交互项，$AS_{i,t} \times tfp_{i,t}$ 代表资产短缺与全要素生产率的交互项。根据温忠麟等（2005）的研究，当交互项显著时，存在调节效应。

前置正交化离差 GMM 估计如表 8-5 所示。可以发现，模型（1）中 J 统计量不能拒绝过度约束正确的原假设，说明模型设定正确。资产短缺与人均资本存量的交互项系数（$AS \times kk$）显著为负。可以推断，资产短缺对人均资本存量与实体经济领域物价关系存在显著负向调节作用，即资产短缺程度较大，人均资本存量对物价的负向作用较强。这主要是因为资产短缺引致的资产泡沫，可以提升金融资产抵押价值，增大托宾 Q 值，产生规模经济效应，缓解物价上涨压力，但要长期警惕发生资本投入的动态无效率，以及过度投资带来的产能过剩与结构失衡。

模型（2）中 J 统计量不能拒绝过度约束正确的原假设，说明模型设定正确。资产短缺与全要素生产率的交互项系数（$AS \times tfp$）显著为正。可以推断，资产短缺对全要素生产率与实体经济领域物价关系存在显著正向调节作用，即资产短缺程度较大，则全要素生产率对物价的正向作用较强。原因可能是在资产短缺环境中，企业自主技术创新存在很大技术风险和信息不对称风险，在研发成果转化及产业化等阶段，存在庞大的资金与信贷资源需求，企业更愿意依赖国外技术引进，导致本国实体经济部门技术效率的提升，无法冲销劳动力成本与海外渠道等其他成本的上涨。因此，长期资产短缺会对实体经济的技术和生产效率产生较大的非良性影响。

表 8-5　调节效应检验结果

	模型（1）	模型（2）
	$AS \times kk$	$AS \times tfp$
AS	−0.0011	−0.0024
	（0.0013）	（0.0015）

续表

	模型（1）	模型（2）
	AS×kk	AS×tfp
$E_t\pi_{t+1}$	1.0856***	1.2554***
	(0.1198)	(0.1642)
π_{t-1}	0.1346**	0.1456**
	(0.0585)	(0.0578)
fapi	−0.0424***	−0.0300***
	(0.0106)	(0.0085)
gupi	0.0136	0.0142
	(0.0204)	(0.0103)
gap	0.0198*	0.0406***
	(0.0114)	(0.0124)
tfp	0.1196	0.1057
	(0.0762)	(0.0657)
kk	−0.0004	−0.0047***
	(0.0009)	(0.0016)
fdi	−0.2632	−0.2970*
	(0.1995)	(0.1586)
feed	−0.0232	−0.1305***
	(0.0632)	(0.0380)
system	0.0040	−0.1506**
	(0.0436)	(0.0676)
expense	−0.0256	−0.0685
	(0.0252)	(0.0429)
AS×kk	−0.0004*	—
	(0.0002)	
AS×tfp	—	0.0854***
		(0.0181)
N	368	368
J统计量	20.3402	24.4441
	[0.26]	[0.11]

注：①（ ）内数值为回归系数的异方差稳健标准误，[ ] 内数值为相应检验统计量的P值；②*、**、*** 分别表示10%、5%、1%上的显著性水平；③J统计量用于判断工具变量的选择是否导致过度拟合。

本章小结

当前，中国经济已经由经济货币化向经济金融化转变，从商品短缺过渡到资产短缺的新阶段。在新发展阶段下，探究资产短缺与实体经济之间的内在逻辑关联，能为审视虚实经济背离和资金"脱实向虚"的重要金融现象提供更合适的现实经验与理论视角，也成为我们寻找经济增长"快而脆弱"、经济产出"大而脆弱"原因的背后真相。从资产短缺视角研究中国虚实经济背离，一是立足于国内经济与金融发生重大结构性转变的阶段性现实与背景；二是能体现经济结构性变化与调整的基本逻辑，也反映了当前我国经济金融化发展的重要趋势与现实特征；三是资产短缺既是金融资产存在供需结构性矛盾的产物，也是造成资金"脱实向虚"的重要原因，导致了货币政策对实体经济调控效果日趋弱化。因此，本章立足于中国经济发展新阶段，从地区层面探究资产短缺对虚实经济产生的影响。通过分析资产短缺与实体经济发展的内在逻辑与关联性，发现资产短缺既是造成资金"脱实向虚"的关键，也是导致虚实经济背离的重要原因。通过引入和拓展新凯恩斯混合菲利普斯曲线，以2001~2014年的中国省际面板数据为样本，利用工具变量两阶段最小二乘估计方法（2SLS）和工具变量分位数回归方法（IVQR）进行进一步实证检验，发现区域性资产短缺与实体经济发展呈显著负相关，且其影响存在地区异质性。由于我国长期存在金融抑制与过剩储蓄，未来很长时期，资产短缺、低通胀、"脱实向虚"并存的现象可能一直存在。

资产短缺的结构性影响因素分析

　　资产短缺是金融、经济结构演进中的一种非正常状态，也是社会经济发展过程中的一种常见和必然的现象，它是金融失衡也是经济失衡的一种。前文已经发现资产短缺是造成经济增长"快而脆弱"、经济总量"大而脆弱"的重要原因，而且长期的资产短缺可能成为影响宏观经济不稳定的根源，会加剧国内储蓄—投资结构失衡，造成投资与消费增长动力不足，引起社会资金大面积"脱实向虚"、经济长期停滞增长与流动性陷阱，并且会削弱经济刺激政策与市场调节机制作用，甚至产生恶劣资产泡沫，破坏金融体系稳定性，引发金融危机。因此，基于前文的理论和实证分析，非常有必要探究我国资产短缺的主要结构性影响因素，从而为政府应对资产短缺提供经验借鉴。

第一节
影响因素的理论基础

根据资产短缺的定义及计算公式，以及前文的理论框架分析，可以知道，我国资产短缺主要受金融发展、储蓄需求以及宏观经济三大因素影响。

$$AS_t = 1 - \frac{a_t}{s_t} = 1 - \frac{(security_t + bank_t)f(y_t, market_t, r_t)}{s_t} \qquad (9-1)$$

式（9-1）中，根据戈德史密斯金融结构与发展理论，金融发展与金融部门结构紧密挂钩，由此我们将其分解为证券部门（*security*）和银行部门（*bank*），因为证券、银行部门的金融资产发行与金融发展呈正相关，所以两者都会缓解资产短缺，且与资产短缺呈负相关。

储蓄体现了金融需求因素，我们以人口年龄结构来体现。一般而言，总人口抚养比越低，储蓄需求与储蓄率越高，但如果将总人口抚养比区分为少儿人口抚养比（*young*）和老年人口抚养比（*old*），则少儿人口抚养比与储蓄率呈负相关，而老年人口抚养比与储蓄率正相关（汪伟，2010）。因此，少儿人口抚养比对资产短缺有缓解作用，老年人口抚养比对资产短缺有加强作用。不同年龄人口结构的储蓄需求与资产短缺呈不同关系。

宏观经济因素包括经济增长（*y*）、市场化进程（*market*）、实际利率（*r*）以及是否发生金融危机（*timing*）四个方面，体现了金融供需发展的整体宏观环境。具体来说，经济增长能反映一个国家或地区经济整体实力。市场化进程体现了金融自由化的发展程度。利率是金融市场中重要的供求调节杠杆。金融危机爆发体现了对资产短缺的突发性和爆炸性影响。

第二节
模型构建及指标度量

一、模型构建

为考察金融发展、储蓄需求以及宏观经济因素对资产短缺的影响，设定基本面板回归方程：

$$AS_{i,t} = a + \theta FIR_{i,t} + \gamma Macro_{i,t} + \delta Sav_{i,t} + \vartheta timing + u_i + \varepsilon_{i,t} \quad (9\text{-}2)$$

式（9-2）中，i 表示中国各省份，t 表示年份；被解释变量 AS 表示资产短缺；解释变量 FIR 表示金融发展，包括证券化率（$security$）、银行贷款规模（$bank$）；解释变量 $Macro$ 表示宏观经济因素，包括实际经济增速（$gdpr$）、市场化指数（$market$）、实际利率（r）；解释变量 Sav 表示储蓄需求，包括老年人口抚养比（old）、少儿人口抚养比（$young$）；解释变量 $timing$ 为时间虚拟变量，定义金融危机爆发的 2008~2010 年为 1，其余年份为 0（Laeven and Valencia，2008）；u_i 表示个体效应，$\varepsilon_{i,t}$ 为随机误差项。因此，模型修正为：

$$AS_{i,t} = a + \theta_1 security_{i,t} + \theta_2 bank_{i,t} + \gamma_1 gdpr_{i,t} + \gamma_2 market_{i,t} +$$

$$\gamma_3 r_{i,t} + \delta_1 old_{i,t} + \delta_2 young_{i,t} + \vartheta timing + u_i + \varepsilon_{i,t} \quad (9\text{-}3)$$

由于使用的回归模型中，变量的内生性问题导致固定效应估计量的不一致性，而动态面板 GMM 估计能够有效地克服相关问题。动态面板 GMM 估计包括差分 GMM 估计和系统 GMM 估计（Arellano and Bond, 1991, 1995），两者回归变量均含被解释变量滞后项，能够处理引起的内生性问题，但是前者仅利用差分方程信息构造矩条件，后者同时利用差分方程和水平方程信息，得出的结果相比更有效率，因此使用系统 GMM 进行实证估计。模型如下：

$$AS_{i,t} = \alpha AS_{i,t-1} + \theta' FIR_{i,t} + \gamma' Macro_{i,t} + \delta' Sav_{i,t} + \vartheta' timing + u_i + \varepsilon_{i,t} \qquad (9\text{-}4)$$

其中被解释变量 AS，解释变量 FIR、$Macro$、Sav 和 $timing$ 的内涵与回归方程式（9-3）相同。

由于金融发展会受到宏观经济因素影响而对资产短缺产生不同效果和影响，因此进一步考察了宏观经济因素对金融发展与资产短缺之间的调节作用，构造如下回归方程：

$$AS_{i,t} = \alpha AS_{i,t-1} + \theta'' FIR_{i,t} + \gamma'' Macro_{i,t} + \delta'' Sav_{i,t} + \vartheta'' timing +$$
$$\varphi(FIR_{i,t} \times Macro_{i,t}) + u_i + \varepsilon_{i,t} \qquad (9\text{-}5)$$

式（9-5）中，交叉项 $FIR_{i,t} \times Macro_{i,t}$ 用来衡量不同宏观经济因素影响下的不同金融结构对资产短缺影响的差异，包括在经济增长影响下，证券、银行对资产短缺的影响，即 $security_{i,t} \times gdpr_{i,t}$、$bank_{i,t} \times gdpr_{i,t}$；在市场化进程影响下，证券、银行对资产短缺的影响，即 $security_{i,t} \times market_{i,t}$、$bank_{i,t} \times market_{i,t}$；在利率市场化进程影响下，证券、银行对资产短缺的影响，即 $security_{i,t} \times r_{i,t}$、$bank_{i,t} \times r_{i,t}$。

二、指标度量

（1）对"资产短缺"（AS）指标的测算基于范从来等（2013）、Chen 和 Imam（2014）的测算方法和思想，虽然仍有不足和待完善的地方，但是整体上具有较强的解释力和科学性。结合中国具体实际情况，资产需求用本省居民储蓄表示，通过 GDP 减去最终消费近似获得，资产供应包括短期存款变化量、贷款发放规模、债券发行规模以及股票发行规模（包括首发、定向增发、公开增发、配股发行、可转债发行）。

（2）金融发展指标选择，主要从证券和银行两方面来考察我国金融发展结构。选择证券化率（security）表示证券发展程度，即证券化率＝某一地区一定时期期末上市公司股票市值/ GDP，选择银行贷款规模（bank）表示银行发展程度，即银行贷款规模＝年末银行贷款余额/GDP。

（3）宏观经济因素指标选择，其中实际经济增长速度以 2000 年为基期，根据平减指数折算的实际人均 GDP 增速表示。关于度量市场化进程，国内外有许多学者进行了尝试，如 Bandiera 等（2000）、周业安和赵坚毅（2005）、阎大颖（2007）等构建的金融市场化指数，但是最适合中国的、权威性高的、引用多的是樊纲等（2011）编制的中国市场化指数，因此选择报告中各省份的市场化进程总指数。度量实际利率，用 1 年期基准存款利率减去居民消费价格指数（汪伟，2010）。

（4）储蓄需求指标选择，选择少儿和老年人口抚养比表示，其中少儿人口抚养比 $young$ ＝15 岁以下人口/15～64 岁人口，老年人口抚养比 old ＝65 岁以上人口/ 15～64 岁人口。

第三节
计量结果及分析

一、数据来源

以我国 2001～2014 年的 31 个省面板数据为样本，数据来源于《中国统计年鉴》、《新中国六十年统计资料汇编》、《中国金融年鉴》、《中国证券期货统计年鉴》、《中国人口和就业统计年鉴》、国泰安数据库、WIND数据库以及各省统计年鉴、统计局资料等。

二、统计性描述[①]

如表9-1所示，资产短缺（*AS*）平均值为0.2599，说明我国省域确实普遍存在资产短缺。证券化率（*security*）的高标准差反映出地区间证券市场发展程度呈现很大差异。银行贷款规模（*bank*）在各省之间差距不大，主要是因为我国经济以银行体系为主，以间接融资为主要融资方式。经济增速（*gdpr*）最大值与最小值差距较大。市场化指数（*market*）最大值与最小值相差很大，部分地区在一些年份出现了负值，说明地区间市场化进程不统一，差异性明显。实际利率（*r*）普遍差距很小。老年人口抚养比（*old*）和少儿人口抚养比（*young*）的标准差都可以说明我国各省份地区有相似的人口结构。

表9-1 变量统计分析

变量	*AS*	*security*	*bank*	*gdpr*	*market*	*r*	*old*	*young*
最大值	1.3559	21.1922	2.5552	0.2370	12.5	0.0460	0.2188	0.4947
最小值	-6.1423	0.0452	0.5372	0.0370	-0.6	-0.0703	0.0671	0.0988
平均数	0.2599	0.5175	1.0710	0.1107	6.7505	0.0008	0.1204	0.3892
中位数	0.4685	0.2376	1.0069	0.1120	6.385	0.0035	0.1183	0.2691
标准差	0.8372	1.3726	0.3513	0.0271	2.3641	0.0183	0.0006	0.0071

---

① 变量的相关性结果在此省略汇报，各解释变量的相关系数都低于共线性门槛值0.7（Lind et al.，2002）。因此，本书不存在多重共线性问题，并进一步通过方差膨胀因子（*VIF*）进行共线性考察，发现取值处于区间［1.05，1.25］，Mean *VIF* 为1.15，在可接受范围内（根据经验法则，如果最大的方差膨胀因子 $VIF = \max\{VIF_1, VIF_2, \cdots, VIF_n\} \leqslant 10$，则不存在多重共线性问题），因此本书不存在明显多重共线性问题。

三、实证分析

1. 资产短缺影响因素估计

我们分别采取不同的计量模型来识别不同变量对资产短缺的影响程度。首先，对回归方程（9-3）采用静态面板估计，通过 Hausman 检验结果显著拒绝原假设，因此使用固定效应模型进行估计。估计结果如表9-2第（1）和（2）列所示。回归结果显示：证券化率、银行贷款规模与资产短缺显著负相关，比较系数绝对值大小，影响程度上银行大于证券。宏观经济因素中实际利率与资产短缺显著负相关，经济增速、市场化指数与资产短缺呈正相关但不显著，金融危机与资产短缺呈显著负相关。老年人口抚养比、少儿人口抚养比与资产短缺呈正相关但不显著。

表 9-2　资产短缺影响因素估计结果

	（1）	（2）	（3）
	固定效应模型（1）	固定效应模型（2）	GMM
security	-0.113^{***}	-0.0790^{***}	-0.127^{**}
	（0.0196）	（0.0189）	（0.0536）
bank	-0.451^{***}	-0.157	-0.200^{*}
	（0.140）	（0.145）	（0.103）
market	0.0125	0.0106	0.0138^{**}
	（0.00896）	（0.00864）	（0.00668）
gdpr	0.737	0.892	1.729^{*}
	（0.893）	（0.880）	（1.022）
r	-2.242^{*}	-4.800^{***}	-6.176^{***}
	（1.173）	（1.176）	（1.288）
old	2.669^{*}	0.977	0.448
	（1.465）	（1.474）	（1.508）
young	0.427	0.185	-0.342
	（0.451）	（0.448）	（0.299）

续表

	（1）	（2）	（3）
	固定效应模型（1）	固定效应模型（2）	GMM
timing	−0.128 ***	−0.102 **	−0.0903 ***
	（0.0476）	（0.0446）	（0.0243）
常数项	0.224	0.0458	0.123
	（0.316）	（0.312）	（0.251）
AS_{t-1}	—	0.377 ***	0.686 ***
		（0.0485）	（0.117）
N	430	399	399
AR（1）	—	—	0.032
AR（2）	—	—	0.682
Hansen Test ［P 值］	—	—	29.46 ［1.000］
R^2	0.157	0.266	

注：① （ ）内数值为回归系数的异方差稳健标准误，［ ］内数值为相应检验统计量的 P 值。② * 、** 、*** 分别表示 10%、5%、1%上的显著性水平。

如前所述，由于存在内生性问题，所以需要采用动态面板 GMM 估计来处理。系统 GMM 估计方法依靠两个检验来验证其适用性：第一个是 Hansen 检验，用以检验在过度识别情况下所使用的工具变量是否有效；第二个为二阶序列相关检验，用以检验扰动项无自相关的假设。

接下来，我们采取系统 GMM 估计方法对回归方程（9-4）进行估计，如表 9-2 第（3）列所示。AR（1）统计量显著，表明差分后的残差项存在一阶序列相关，AR（2）统计量不显著，表明差分后的残差项不存在二阶序列相关，说明系统 GMM 估计有效，并且都通过了 Hansen 检验，说明选择的工具变量是有效的。其中，证券化率、银行贷款规模与资产短缺呈显著负相关，比较系数绝对值，银行对资产短缺的影响程度大于证券。在宏观经济因素中的经济增速与资产短缺呈显著正相关，说明高速经济增长确实会加大资产短缺。市场化指数与资产短缺也表现出显著正相关，主要因为樊纲等（2011）构建的市场化指数是一个相对指数，一个相对程度，不是绝对程度，同时2007~2009年的"政府与市场关系"指标在区域间出现了不同程度倒退，因此我国可能仍处在较低程度的市场化水平，距离较高程度的市场化水平有一定差距，而且政府对市场干预和影响程度较高，反而加剧了资产短缺程度。实际利率与资产短缺呈显著负相关，说明实际利率上升会减小资产短缺，实际利率下降会增加资产短缺，这主要归因于居民为未来预期不确定性、货币幻觉、长期刚性储蓄需求以及国内不成熟的金融市场体系提升了居民储蓄水平（徐涛，2004）。金融危机与资产短缺呈显著负相关，说明金融危机能破坏性缓解和降低资产短缺程度。老年人口抚养比与资产短缺呈正相关但不显著，少儿人口抚养比与资产短缺呈负相关但不显著。

2. 宏观经济因素对金融发展与资产短缺关系的调节作用

通过前面的分析，可以知道证券化率、银行贷款规模与资产短缺呈负相关，宏观经济因素与资产短缺相关关系不一。由于我国宏观环境变化频繁、波动较大，金融结构是否会因不同宏观经济因素影响而对资产短缺产生不同效果和影响。很明显，经济增长与金融发展往往是相互促进、相互作用的，利率市场化过程也会对证券、银行的经营绩效和风险产生不确定的影响，而且市场化进程与金融发展也存在复杂的联系。此外，金融危机的爆发更会波及证券、银行发展的方方面面。因此，基于回归方程（9-5）考察上述四种不同宏观经济因素（经济增速、市场化指数、实际利率、金融危机）对金融发展与资产短缺关系造成的影响，其交互项共有8个，见表9-3的第（1）~（8）列。回归结果如表9-3所示。

表 9-3 不同宏观经济因素下资产短缺影响因素估计结果

	（1）	（2）	（3）	（4）	（5）	（6）	（7）	（8）
AS_{t-1}	0.544 ***	0.588 ***	0.663 ***	0.629 ***	0.723 ***	0.696 ***	0.665 ***	0.647 ***
	（0.0913）	（0.103）	（0.173）	（0.149）	（0.136）	（0.120）	（0.115）	（0.126）
security	−0.102 **	−0.123 ***	−0.137 ***	−0.125 ***	−0.101	−0.111 **	−0.134 ***	−0.121 ***
	（0.0397）	（0.0464）	（0.0339）	（0.0450）	（0.0686）	（0.0473）	（0.0514）	（0.0470）
bank	−0.297 ***	−0.263 **	−0.221 **	−0.317 **	−0.156 *	−0.174 *	−0.209 **	−0.335 **
	（0.102）	（0.130）	（0.112）	（0.130）	（0.0826）	（0.0904）	（0.0951）	（0.148）
market	0.0132 *	0.0159 ***	0.0184 **	0.0225 ***	0.0167 **	0.0162 **	0.0151 **	0.0174 **
	（0.00704）	（0.00548）	（0.00829）	（0.00775）	（0.00729）	（0.00738）	（0.00626）	（0.00696）
gdpr	0.242	0.890	2.842 *	0.0502	1.210	1.120	0.581	0.740
	（0.697）	（1.284）	（1.677）	（1.565）	（0.927）	（0.950）	（0.720）	（0.813）
r	−5.888 ***	−5.535 ***	−4.998 ***	−5.967 ***	−6.637 ***	−7.221 ***	−5.900 ***	−5.461 ***
	（1.273）	（1.806）	（1.811）	（2.062）	（1.449）	（1.615）	（1.438）	（1.432）
old	1.294	0.117	0.824	0.702	0.970	1.294	1.010	1.005
	（1.088）	（0.950）	（1.427）	（2.437）	（1.126）	（1.190）	（1.242）	（1.428）
young	−0.520	−0.961 ***	−0.264	−0.394	−0.288	−0.297	−0.217	−0.357
	（0.340）	（0.360）	（0.524）	（0.553）	（0.349）	（0.295）	（0.314）	（0.416）
timing	−0.0471	−0.0730 **	−0.0877 ***	−0.0636 *	−0.0768 ***	−0.0681 **	−0.0779 **	−0.105 ***
	（0.0418）	（0.0331）	（0.0290）	（0.0349）	（0.0282）	（0.0304）	（0.0318）	（0.0232）
segdpr	3.415 ***	—						
	（0.416）							
bagdpr	—	9.947 *						
		（5.501）						
semarket	—	—	−0.0242					
			（0.0286）					
bamarket	—	—	—	0.0340 *				
				（0.0203）				
ser	—	—	—	—	−2.109 *			
					（1.134）			
bar	—	—	—	—	—	−14.62 ***		
						（3.449）		

	（1）	（2）	（3）	（4）	（5）	（6）	（7）	（8）
set	—	—	—	—	—	—	-0.0803*** (0.0126)	—
bat	—	—	—	—	—	—	—	-0.410*** (0.149)
常数项	0.386** (0.153)	0.539*** (0.188)	-0.0740 (0.449)	0.377 (0.499)	0.0130 (0.278)	0.0346 (0.281)	0.161 (0.199)	0.297 (0.247)
N	399	399	399	399	399	399	399	399
AR（1）	0.041	0.036	0.039	0.035	0.036	0.036	0.033	0.031
AR（2）	0.106	0.461	0.452	0.970	0.556	0.437	0.447	0.617
Hansen Test ［P 值］	30.10 [1.000]	29.40 [1.000]	30.24 [1.000]	28.33 [1.000]	30.07 [1.000]	29.73 [1.000]	30.12 [1.000]	29.92 [1.000]

注：① （ ）内数值为回归系数的异方差稳健标准误，[ ] 内数值为相应检验统计量的 P 值。
② * 、 ** 、 *** 分别表示 10%、5%、1% 上的显著性水平。

表9-3 第（1）至（8）列中 AR（1）统计量显著，表明差分后的残差项存在一阶序列相关，AR（2）统计量不显著，表明差分后的残差项不存在二阶序列相关，这说明系统 GMM 估计有效，并且都通过了 Hansen 检验，选择的工具变量是有效的。

在经济增长因素影响下，证券、银行对资产短缺的影响呈现相同的特征。证券化率与经济增长的交互项（*segdpr*）和银行贷款规模与经济增长的交互项（*bagdpr*）系数显著为正，即经济增速较高时，证券化率、银行贷款规模与资产短缺之间的负向作用较弱；经济增速较低时，证券化率、银行贷款规模与资产短缺之间的负向作用较强。经济增速对于金融发展与资产短缺之间的负向关系存在弱化的调节作用，其中经济增长对银行的调节效果明显强于证券。

在市场化指数影响下，证券、银行对资产短缺的影响呈现出不同的特征。证券化率与市场化指数的交互项（semarket）系数为负，但不显著，即市场化指数较高时，证券化率与资产短缺之间的负向作用较强；市场化指数较低时，证券化率与资产短缺之间的负向作用较弱，市场化指数对于证券化率与资产短缺之间的负向关系存在促进的调节作用。然而银行贷款规模与市场化指数的交互项（bamarket）系数显著为正，即市场化指数较高时，银行贷款规模与资产短缺之间的负向作用较弱；市场化指数较低时，银行贷款规模与资产短缺之间的负向作用较强。市场化指数对于银行贷款规模与资产短缺之间的负向关系存在弱化的调节作用，其中市场化指数对银行的调节效果强于证券。

在实际利率影响下，证券、银行对资产短缺的影响呈现出相同的特征。证券化率与实际利率的交互项（ser）和银行贷款规模与实际利率的交互项（bar）系数显著为负，即实际利率较高时，证券化率、银行贷款规模与资产短缺之间的负向作用较强；实际利率较低时，证券化率与资产短缺之间的负向作用较弱。实际利率对于证券化率与资产短缺之间的负向关系存在促进的调节作用，其中实际利率对银行的调节效果强于证券。

在金融危机影响下，证券、银行对资产短缺的影响呈现出相同的特征。证券化率与金融危机的交互项（set）和银行贷款规模与金融危机的交互项（bat）系数显著为负，即发生金融危机，证券化率、银行贷款规模与资产短缺之间的负向作用较强；当没有发生金融危机，证券化率与资产短缺之间的负向作用较弱。金融危机产生对于证券化率与资产短缺之间的负向关系存在促进的调节作用，其中金融危机产生对银行的调节效果强于证券。

通过研究对比四种宏观因素影响金融发展与资产短缺之间的关系和程度，发现证券和银行在不同宏观经济因素下会表现出不同特征，且宏观经济因素对银行影响程度大于证券。这主要是因为我国银行相对于证券市场，规模更加庞大，具有高杠杆特征及其顺周期行为，在金融加速器机制作用下，受宏观经济环境冲击更加敏感，影响程度更深，容易出现"小冲击，大波动"。

四、稳健性分析

通过以下四种方式进行稳健性分析，分别对应表9-4的第（1）~（4）列：①动态面板差分 GMM 估计方法通过使用被解释变量和解释变量的滞后项作为工具变量以解决内生性问题以及动态面板偏差，从而得到一致且无偏差的估计量，因此使用动态面板差分 GMM 进行估计；②银行业发展水平用（金融机构年末贷款余额+金融机构年末存款余额）/同期 GDP 比值进行替换，表示为 bank1；③金融危机时间虚拟变量，设 2008 年为 1，其余年份为 0，表示为 timing2；④市场化指数用中介市场发育度 ma 进行替换（樊纲等，2011）。以上回归显示研究结果是稳健的（见表9-4）。

表9-4　资产短缺影响因素稳健性检验

	（1）	（2）	（3）	（4）
security	-0.0592***	-0.120**	-0.130**	-0.133**
	(0.0115)	(0.0471)	(0.0565)	(0.0566)
bank	-0.280*	—	-0.190*	-0.211***
	(0.162)		(0.0971)	(0.0795)
bank1	—	-0.180**	—	—
		(0.0863)		
market	0.0273***	0.0158**	0.0159**	—
	(0.00846)	(0.00802)	(0.00676)	
ma	—	—	—	0.00598
				(0.00798)

续表

	（1）	（2）	（3）	（4）
gdpr	2.776	0.929	0.458	1.674 *
	（2.560）	（0.896）	（0.860）	（0.991）
r	−3.727 ***	−5.536 ***	−7.336 ***	−6.132 ***
	（1.364）	（1.469）	（1.493）	（1.267）
old	7.505	0.747	1.311	0.830
	（4.629）	（1.008）	（1.590）	（1.037）
young	0.0887	−0.479	−0.154	−0.244
	（0.690）	（0.322）	（0.362）	（0.429）
timing	−0.128 ***	−0.0845 ***	—	−0.0981 ***
	（0.0391）	（0.0242）		（0.0258）
timing2	—	—	−0.114 *	—
			（0.0671）	
常数项	—	0.474 *	0.0739	0.127
		（0.244）	（0.208）	（0.241）
AS_{t-1}	0.239 ***	0.601 ***	0.697 ***	0.682 ***
	（0.0830）	（0.122）	（0.122）	（0.126）
N	399	399	399	399
AR（1）	0.028	0.034	0.032	0.032
AR（2）	0.684	0.713	0.694	0.682
Hansen Test［P 值］	29.96	30.07	30.34	30.27
	［1.000］	［1.000］	［1.000］	［1.000］

注：① （ ）内数值为回归系数的异方差稳健标准误，［ ］内数值为相应检验统计量的 P 值。

②* 、** 、*** 分别表示 10%、5%、1% 上的显著性水平。

本章小结

资产短缺是影响宏观经济不稳定的根源，是引起社会资金"脱实向虚"、产生资产泡沫以及破坏金融体系稳定性，甚至是引发金融危机的重要原因。因此，基于前文理论、实证和经验的发现，本章非常有必要以资产短缺的影响因素作为主要研究对象，以期为应对和缓解资产短缺寻找良方。实证结果发现我国省域当前已经处于资产短缺状态。进一步，以我国 2001~2014 年的 31 个省面板数据为样本，采用系统 GMM 估计进行实证研究，得出以下结论：①金融发展与资产短缺呈负相关，不同年龄人口结构的储蓄需求与资产短缺呈不同关系，在宏观经济因素中经济增速、市场化指数与资产短缺呈正相关，而实际利率、金融危机产生与资产短缺是负向关系。②不同宏观经济因素对金融发展与资产短缺关系的调节作用存在较大差异性，其中经济增速、实际利率和金融危机产生对证券、银行与资产短缺关系表现出相同的调节作用，市场化指数对证券、银行与资产短缺关系表现出相反的调节作用，具体来说，证券化率、银行贷款规模与经济增长的交互项系数显著为正；证券化率与市场化指数的交互项系数为负，而银行贷款规模与市场化指数的交互项系数显著为正；证券化率、银行贷款规模与实际利率的交互项系数显著为负；证券化率、银行贷款规模与金融危机的交互项系数显著为负。最后证实了结论的稳健性。

资产短缺与电子货币

世界经济已经出现虚拟化的趋势，经济形态实现了由实体经济到虚拟经济或符号经济的转变，不仅金融资产、工具出现量性膨胀，而且过度金融创新加剧了金融脆弱性。金融安全当前已经上升到国家战略层面，而资产短缺可以反映和代表金融安全与稳定。与此同时，货币在经历实物货币、金融货币、信用货币和纸币等形式后出现了一种新的形式——电子货币。目前，电子货币已经对经济发展与金融结构产生巨大影响，必然与资产短缺、金融安全密切相关。因此，研究电子货币如何改变我国资产短缺的现状以影响金融体系安全性，具有重要的现实意义。

随着经济与金融全球化迅速发展，经济形态实现了由实体经济到虚拟经济或符号经济的转变，金融体系已成为支配和决定一般经济周期运行的主要力量。不仅是发展中国家，在发达国家，金融化进程都伴随着金融资产、工具的量性膨胀，以及滥用金融创新，从而忽视了金融资产的质量与安全。从20世纪70年代开始，拉美债务危机、亚太金融危机、俄罗斯金融危机，直至2007年美国次贷危机爆发，金融安全受到各国政府、金融企业和理论界的高度关注。金融安全与金融化进程的矛盾不断被激化，凸显了高风险金融资产规模过大和安全资产供不应求的结构性问题。

安全资产是金融安全的重要组成部分。IMF在2012年的《全球金融稳定报告》中对安全资产及其重要性做了解释，安全资产是在构建投资组合中作为一种安全的价值储备和资本保值资产。安全资产是私人和中央银行以及衍生品市场中流动、稳定的抵押品的重要来源，充当金融交易中的润滑剂或替代品；作为审慎监管的重要组成部分，安全资产为银行提供了增强资本和流动性缓冲的机制；作为基准，安全资产成为其他高风险资产定价的重要标准；对于货币政策，安全资产是其操作的一个重要组成部分。IMF还表示安全资产供给正在萎缩，需求却日益增长的现实状况。虽然一些学者提出以资产证券化等衍生金融资产作为替代品，但是一旦宏观经济出现负向冲击，这些替代品的质量与安全性会大大降低，转换成为高风险的金融资产（Greenwood et al.，2015）。Caballero在2006年从宏观视角以金融资产供求均衡关系为研究对象建立起的系统性理论——资产短缺理论，从侧面反映了当前金融资产存在供不应求的状态，其中金融资产需求由其价值贮藏需求和抵押需求构成，金融资产供给由其基础价值和泡沫价值构成。

资产短缺与金融安全密切相关，是金融安全的重要体现，也是长期存在于中国的典型化事实。经过 30 多年经济高速增长，虽然中国告别了商品短缺，但是资产短缺的矛盾并没有发生实质性改变，尤其是当今虚拟经济、互联网金融的发展，更加剧了这种供需矛盾性与不平衡，引发了经济发展过程中一系列重大问题：泡沫与杠杆化压力凸显，影子银行等非正规金融"疯狂膨胀"，加速了虚实背离内在化和普遍化，造成虚拟经济的过度繁荣与实体经济的大量"失血"。而且，为满足经济中的资产需求，资产泡沫会作为资产供需均衡的一部分存在，出现金融过热。在金融资产价格上涨预期的推动下，泡沫资产在供给的金融资产中占比过高，会产生泡沫经济，一旦泡沫破灭，泡沫资产会在很短时间里大幅贬值，发生"债务—通缩"效应。

中国社科院经济研究所等发布的《中国上市公司蓝皮书：中国上市公司发展报告（2017）》指出，2016～2017 年，中国经济呈现出弱复苏迹象，"安全资产"价值重现，全球和中国都在信用周期下行过程中偏好"安全资产"，导致大量资金逐步再次配置向"安全资产"。但是安全资产的创造并非一蹴而就，证券化的金融资产替代和补充也绝非是长久之计。在互联网金融时代，信息技术很大程度上降低了交易成本、提升了交易效率，将个人、金融中介、金融市场紧密、高效联结起来，而且电子货币的生产、流通和支付，银行卡的推广促使现金在经济流通中的规模下降，这不仅使传统货币层次的划分日益不稳定，更缩小了金融资产之间的流动性差异，模糊了金融资产之间的界限，使其对金融资产的替代以及金融资产之间的转换日益频繁。以 Black（1970）、Fama（1980）、Hall（1982）等为代表的新货币经济学者认为，在技术高度发达、没有法律限制的条件下，基金、债券等金融资产可以和传统货币一样作为支付工具。周光友（2009a）认为在电子货币条件下，金融资产以何种形式存在已变得不再重要，在电子货币完全取代传统货币的前提下，甚至可以将全部金融资产保留在一种货币形态上。因此，金融产品货币化（谢平、石午光，2016）或者金融资产货币化将改变金融资产的供需结构，金融资产的需求结构发生了以货币支付类为主金融资产向价值储藏类金融资产和资本投资类金融资产的演变，更具"金融力"的金融资产需求规模正在变大，货币职能重心正在转变（王勇等，2014）。电子货币对资产短缺、金融安全会产生不可忽视的影响。

第一节
理论基础

一、研究基础

货币在经历实物货币、金融货币、信用货币等形式后出现了一种新的形式——电子货币。1998年巴塞尔委员会对电子货币进行了权威的界定，即电子货币是指在零售支付机制中，通过销售终端、不同的电子设备之间以及在公开网络上执行支付的"储值"和预付支付机制。尹龙（2000）将电子货币视为电子资金转移系统的一个组成部分，并将其划分为金融电子数据交换、传统零售业务支付和电子货币支付三类。谢平和刘海二（2013）将电子货币分为两类：第一类是基于银行卡的电子货币，发行者是商业银行；第二类是基于虚拟账户的电子货币，此类货币已经脱离了原有的货币供给体系。然而电子货币对经济的影响很大，国际清算银行

（1996）对电子货币交易过程、影响因素、电子货币对货币乘数及货币流通速度的影响、电子货币所产生的安全问题及其风险控制等问题进行了研究，提出电子货币对提高支付体系的效率和加快货币流通速度有很大的促进作用。学者主要从对货币供给、流通速度与货币乘数（Berentsen，1998；蒲成毅，2002；周光友，2007a；印文、裴平，2016）、货币政策有效性（Freedman，2000；胡海鸥、贾德奎，2003；周光友，2007b）以及电子货币替代效应影响（Snellman et al.，2001；陈雨露、边卫红，2002；周广友，2007c，2010；周光友、张炳达，2009；宋洋等，2012）几个方面展开。

对于金融安全的研究，前文已经提出了资产短缺可以作为金融发展新逻辑，也可以充分反映金融安全。Caballero 从"资产短缺"视角对金融资产的供求进行均衡性分析。Golec 等（2017）提出资产短缺与产权和合约权利保护较弱，合约执行不严格，存在较高执法风险与征收风险等相关技术、法律、政治、市场、金融机构因素相关。范从来（2013）、刘绍保（2014）发现中国早在 1994 年就已进入到资产短缺阶段，并一直都存在金融资产供需缺口，未得到根本性的转变，中国经济的持续快速增长和金融发展的严重滞后是造成当前中国资产短缺的最重要因素。同时，学者们对资产短缺影响宏观经济与金融做了综合性探究，认为资产短缺会造成新兴经济体贸易及经常账户顺差，导致全球性储蓄过剩、格林斯潘利率之谜与同时期全球性失衡，并且会削弱经济刺激政策与市场调节机制作用，延缓经济复苏，破坏金融体系稳定性，加剧金融脆弱性，造成经济长期停滞增长与流动性陷阱（Caballero et al.，2008；Caballero and Krishnamurthy，2009；Caballero and Farhi，2013）。

通过上述总结，可以发现关于电子货币定义、特征以及对货币供给、流通速度以及货币乘数影响的研究已经比较成熟，而且有关资产短缺的研究也已经起步，但是将资产短缺（金融安全）置于互联网金融时代背景之下，探讨电子货币与资产短缺（金融安全）关系的文章仍是空白。因此，创新性地从资产短缺视角切入，以资产短缺代替金融安全，研究电子货币对我国资产短缺（金融安全）的影响，即电子货币如何改变我国资产短缺的现状以影响金融体系安全性与稳定性，具有很强的理论和实际价值，能为后续学者研究相关内容提供一定的经验借鉴。

二、理论分析与推导

传统货币数量论认为 $MV = PT$。其中，M 表示一定时期流通中货币的平均数量，V 表示货币流通速度，P 表示商品和劳务价格，T 表示商品和劳务的交易数量，这在历史上很长一段时间都是正确和有效的。但是到了 20 世纪 70 年代以后，传统货币数量论公式对现实的解释效果越来越弱，原因在于经济结构和货币结构发生了数量和质量上的改变，随着互联网金融的发展和电子货币的普及，虚拟经济加速与实体经济发生脱离，虚拟资产规模和增速超过实体资产占据主要地位，电子货币对传统通货和存款的挤占和替代作用越来越明显。因此，传统货币数量论公式转变为：

$$M^*V^* + EV_e = PT \qquad\qquad (10-1)$$

式（10-1）左边由 M^*V^* 和 EV_e 两部分组成，由于电子货币模糊了传统货币层次的划分，所以可以假设 EV_e 包括以电子货币为媒介来进行交易、支付的交易型电子货币量 E_1 和以电子货币为媒介催生的投资型电子金融资产形式存在的电子货币量 E_2。交易型电子货币量是指那些可以用于直接支付的电子货币资产，具有很强的流动性，如果对照传统货币层次的划分，包含在 $M0$ 和 $M1$ 中；投资型电子金融资产是指那些到期可以获得一定收益的电子金融资产，流动性较差，主要包括网络有价证券及金融衍生工具，包含在 $M2$ 和 $M3$ 中。M^*V^* 包括以传统纸币为媒介的交易型货币量和以储蓄、传统投资型金融资产形式存在的货币量。等式右边近似以第 t 期实际产出 GDP 表示，为 y_t。则：

$$M^*V^* + E_1 + E_2 = y_t \qquad (10\text{-}2)$$

假定第 t 期，实际消费为 c_t，取决于当期实际产出，而由于不同种类资产流通性和属性不同，所以其财富效应具有非对称性，边际消费倾向各不相同。因此，$c_t = \theta_0 M^*V^* + \theta_1 E_1 + \theta_2 E_2$。其中，$\theta_0$ 表示传统经济的平均消费倾向，$0 < \theta_0 < 1$，θ_1 表示交易型电子货币的边际消费倾向；θ_2 表示投资型电子金融资产的边际消费倾向，一般认为投资型电子金融资产的边际消费倾向小于交易型电子货币的边际消费倾向，即 $0 < \theta_2 < \theta_1 < 1$。然而，第 t 时期实际创造的金融资产 a_t 取决于当期的实体经济和虚拟经济共同发展状况，即 $a_t = f(M^*V^* + E_1 + E_2)$。$AS_t$ 为第 t 时期的资产短缺状况，为研究方便，暂不考虑跨境贸易有关资金流动，也不考虑任何私人资本流动活动。这样，资产短缺程度可表示为：

$$AS_t = \frac{y_t - c_t - a_t}{y_t - c_t} \qquad (10\text{-}3)$$

将式（10-3）代入上面各式，整理得：

$$AS_t = 1 - \frac{f(M^*V^* + E_1 + E_2)}{(M^*V^* + E_1 + E_2) - (\theta_0 M^*V^* + \theta_1 E_1 + \theta_2 E_2)} \qquad (10\text{-}4)$$

为更直接和简明研究电子货币与资产短缺之间的影响，在式（10-4）推导过程中包含一个前提假设，即 M^*V^* 近似为一常数，因为目前的电子货币仍表现为"货币中央银行化"，是基于一国法定货币从发行者处（中央银行与一般金融机构）兑换并获得代表等额金额的传统货币量，所以假定了新增 M^*V^* 都通过替代效应形成的交易型电子货币 E_1、投资型电子金融资产 E_2。具体来说，包括替代加速效应和替代转化效应。关于替代效应的理解，North（1994）基于交易成本，认为只要一种货币能够使经济主体降低交易成本，那么货币的形式就会发生变迁，就会发生替代作用。周光友

（2006）提出电子货币在被传统货币替代时存在两个明显的替代效应：替代加速效应和替代转化效应，这两个效应的作用具有明显的阶段性特征。本书对替代加速效应和替代转换效应的定义有些不同。具体而言，电子货币的替代加速效应是指电子货币相对于传统货币和传统金融资产的各种优势，使电子货币对现金纸币的大幅挤占、对活期存款替代的趋势加快，其主要形成了交易型电子货币 E_1，为电子货币替代传统货币和传统金融资产的第一阶段；电子货币的替代转化效应是指电子货币的替代加速效应缩小了传统金融资产的流动性差异，扩大了对传统金融资产替代的内容和范围，使得非流通现金比重越大，既加速了以储蓄、传统投资型金融资产向投资型电子金融资产的转化，也加速了流动性较高的交易型电子货币向流动性较低的投资型电子金融资产的转化，即沿着 $M0$，$M1$，$M2$，$M3$，$\cdots$，Mn 的方向替代转化，并且这种转化所需费用很少，时间成本几乎为零，其主要形成了投资型电子金融资产 E_2，为电子货币替代传统货币和传统金融资产的第二阶段。

分别对 E_1 和 E_2 求偏导：

$$\frac{\partial AS_t}{\partial E_1} = - \frac{\dfrac{\partial f}{\partial E_1}\left[(1-\theta_0)M^*V^* + (1-\theta_1)E_1 + (1-\theta_2)E_2\right] - f(1-\theta_1)}{\left[(1-\theta_0)M^*V^* + (1-\theta_1)E_1 + (1-\theta_2)E_2\right]^2}$$

（10-5）

$$\frac{\partial AS_t}{\partial E_2} = - \frac{\dfrac{\partial f}{\partial E_2}\left[(1-\theta_0)M^*V^* + (1-\theta_1)E_1 + (1-\theta_2)E_2\right] - f(1-\theta_2)}{\left[(1-\theta_0)M^*V^* + (1-\theta_1)E_1 + (1-\theta_2)E_2\right]^2}$$

（10-6）

从式（10-5）、式（10-6）中可以看出，决定 $\dfrac{\partial AS_t}{\partial E_1}$ 和 $\dfrac{\partial AS_t}{\partial E_2}$ 的关键是 $\dfrac{\partial f}{\partial E_1}$、$(1-\theta_1)$ 和 $\dfrac{\partial f}{\partial E_2}$、$(1-\theta_2)$，即与电子货币对金融资产创造的能力及

交易型电子货币、投资型电子金融资产边际消费倾向相关。由于边际消费倾向在之前分析中已经确定了大小和符号，所以现在主要判断$\frac{\partial f}{\partial E_1}$和$\frac{\partial f}{\partial E_2}$。

一种极端情况：假设只有几乎为零的交易型电子货币就能满足交易需求，其余都是投资型电子金融资产，那么资产收益率将无限上升，金融资产供给将无限增大，这极大地缓解了资产短缺压力，$\frac{\partial AS_t}{\partial E_2} \sim -\infty$。另外一种极端情况：假设几乎所有的资产都是交易型电子货币资产，投资型电子金融资产几乎为零，则资产收益率将无限下降，金融资产的供给将无限萎缩，资产短缺的压力不断加剧，$\frac{\partial AS_t}{\partial E_1} \sim +\infty$。此时，经济中将出现恶性资产泡沫，来缓解极其严重的资产短缺。后者情况发生主要归因于经济中出现了逆电子化现象，比如说发生系统性风险、流动性陷阱，或者持有交易型电子货币的实际收益率超过某一限度，许多人宁愿以现金的形式保有货币，也不愿意将其转化为投资或者投资型电子金融资产。但是，在现实生活中，一般不会出现上述极端情况，那么$\frac{\partial AS_t}{\partial E_2} < \frac{\partial AS_t}{\partial E_1} < 0$，就是相对于能减少交易成本与提高流动性的交易型电子货币，投资型电子金融资产由于对金融资产的创造力更强，其缓解资产短缺效果更加明显。

图10-1详细剖析了电子货币的替代效应，即电子货币替代加速效应=电子货币正向替代加速效应+电子货币逆向替代加速效应（电子货币正向替代加速效应符号为正，电子货币逆向替代加速效应符号为负）；电子货币替代转换效应=电子货币正向替代转换效应+电子货币逆向替代转换效应（电子货币正向替代转换效应符号为正，电子货币逆向替代转换效应符号为负）。下文所提到的电子货币的替代加速效应和替代转换效应均是指总的效应。接下来，主要探讨两种效应对我国资产短缺的影响情况。

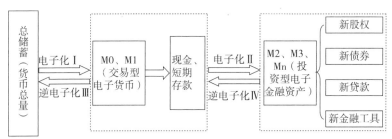

Ⅰ：电子货币正向替代加速效应 Ⅰ   Ⅱ：电子货币正向替代转换效应 Ⅱ
Ⅲ：电子货币逆向替代加速效应 Ⅰ   Ⅳ：电子货币逆向替代转换效应 Ⅱ

图 10-1 电子货币的替代效应

第二节
实证分析

一、数据来源

由于月度数据和季度数据可得性问题，本书计量模型采用年度指标。由于我国股票市场从 1990 年正式运营，所以选取的时间跨度为 1990~2011年。以上数据均来自《中国金融年鉴》《中国统计年鉴》以及中国统计局和人民银行。

二、指标选择

（1）电子货币替代率（ES）。由于目前我国的电子货币主要以各种卡的形式存在，电子货币的数据以历年银行卡余额数据来代替。周光友（2006，2007，2009）、印文和裴平（2016）等均提出以银行卡余额作为电子货币的替代变量。因此以电子货币占狭义货币量 M1 的比率 $ES = E/M1$ 来表示电子货币替代加速效应。目前从我国电子货币发展所处的阶段来看，电子货币主要是部分取代流通中的传统交易型货币资产，如传统的现金和活期存款，并且随着电子货币的不断发展，该比率也会随之上升。

（2）金融发展指标（FD）表示电子货币替代转换效应。McKinnon（1973）提出了衡量一国金融深化的数量指标——M2/GDP，它反映了一国金融发展的深度和货币金融体系的支付中介和动员储蓄职能。M2/GDP 基本上反映了经济和金融发展水平，与一国经济和金融的发达程度呈明显的正相关关系。纪志宏（2013）提出中国 M2/GDP 上升反映了中国金融市场化和金融深化进程，是在一定物价水平下金融资产或者货币供应量的扩张过程。FD 应该呈不断增大的趋势。

（3）资产短缺指标（AS）的测算从安全资产的供求差异层面出发，也覆盖了当前中国经济中的绝大部分金融资产，具体基于范从来等（2013）的测算方法与指标，即 $AS = 1 - \dfrac{B + E + L + \Delta S \cdot D + NPFA}{S}$，其中表示资产需求的国民储蓄（$S$）用 GDP 加上国际收支平衡表中收益净流入和经常转移净流入再减去最终消费。资产供应项：投资者对国外金融资产的净购买（$NPFA$）的美元数据拟采用相应时期内中国国际收支平衡表中"证券投资""其他投资"和"错误与遗漏"三个项目的借方累计余额与直接标价法下人民币对美元平均汇率乘积表示；短期存款变化量（$\Delta S \cdot D$）是以相应时期内单位活期存款与城乡居民活期存款变化量的累计额近似代替；贷款发放规模（L）是以相应时期内金融机构人民币各项贷款规模和本国所获得的净境外贷款规模共同表示；债券发行规模（B）是以相应时期内本国对内债券净发行规模和对外债券净发行规模表示，其中本国对内债券净发行规模是以本国国债、金融债（政策性金融债和其他金融债）、企业债和公司债发行规模与其兑付额间的差额表示，本国对外债券净发行规模是以中国国际收支平衡表中政府、企业对外净发债规模表示；股票发行规模（E）拟采用相应时期内本国 A、B 股市场上的股票融资额近似表示。另外，计算资产短缺排除证券化、中介化行为的影子银行等相关金融资产，主要基于以下几方面原因：一是私人部门创造的金融资产、民间借贷、民间集资以及其他非公开市场上的融资，由于缺乏国家和地区强有力监管，属于相对非安全的金融资产；二是对影子银行缺乏权威界定，影子银行长期游离于监管之外，并且目前已公开的关于影子银行的数据非常稀少；三是影子银行的具体机构形态与业务模式范畴广，核算口径存在很大差异，在实际的业务操作中，各个子类业务往往存在交叉，或者实质相同的业务被不同机构统计在不同的会计科目下，容易导致统计上的重复计算或漏算；四是影子银行的对冲基金和特殊目的实体公司（SPV）尚未发展，主要是私募股权、投资基金，以及开展银信理财合作的投资公司、民间借贷机构等，规模尚小（周小川，2011；孙国峰、贾君怡，2015）。

图 10-2 是 1990~2011 年我国资产短缺、电子货币替代率和金融深化

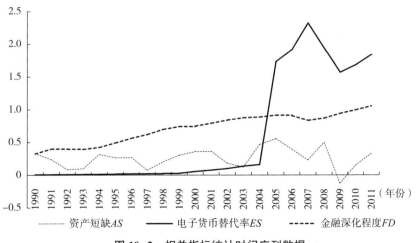

图 10-2 相关指标统计时间序列数据

程度指标的时间序列图。从图 10-2 中可以发现，从 2004 年开始电子替代率大幅上升，资产短缺有向下的趋势，特别是在 2009 年出现了资产剩余，为 -0.129，其余年份都证明了我国在绝大部分情况下处于资产短缺。对比 2004~2007 年的资产短缺曲线、电子货币的替代率曲线和金融深化程度曲线可以发现，电子的替代率在 2004~2007 年出现了垂直式的爆发性增长，电子货币替代加速效应明显。据中国人民银行统计，2005 年是中国银行卡产业超常规发展的一年，各项业务指标继续保持爆发性增长，我国也成为了全球银行卡发卡量第一的大国，消费交易额占全国社会消费品零售总额的比重已接近 10%，比五年前提高 5 倍，但是金融深化程度曲线却出现了一定程度的缓慢下降，原因是虚实经济收益率倒挂以及金融工具创新不足，造成逆向替代转换效应。电子货币替代加速效应和替代转换效应两种效应的合效果缓解了我国的资产短缺，造成资产短缺曲线向下。对比 2008~2009 年的资产短缺曲线、电子货币替代率曲线和金融深化程度曲线可以发现，电子货币替代率曲线向下，金融深化程度曲线向上，原因是金融危机期间，国务院出台了 4 万亿元的一揽子经济刺激计划，由于 4 万亿元的资金全部来源于商业银行的贷款，因此很大程度上刺激了国内商业银行扩张信贷的意愿和情绪。同时，股票以及发债规模的激增，导致资产过剩。电子货币的逆向替代加速效应和替代转换效应的合效果导致资产过剩，造成资产短缺曲线向下。2009~2011 年，资产短缺曲线、电子货币替代率曲线和金融深化程度曲线三条曲线走势向上，说明我国长期存在的资产短缺有制度性原因，需要更长时间的金融深化与技术创新，才能消化巨大的资产需求。

三、统计性描述

电子货币替代率（ES）、金融发展指标（FD）的最大值与最小值之间的差距明显，电子货币替代率（*ES*）的标准差很大，金融发展指标（*FD*）偏小，为 0.225，说明 1990~2011 年电子货币替代率波动显著，而 *FD* 则表现平稳，同时资产短缺（*AS*）最大值为 0.554，最小值为-0.129，说明资产短缺在我国是一种典型化的常态现象（见表 10-1）。

表 10-1　描述性统计

	AS	ES	FD
平均数	0.258	0.622	0.713
中位数	0.267	0.0651	0.768
最大值	0.554	2.321	1.055
最小值	-0.129	0.008	0.326
标准差	0.158	0.874	0.225
偏度	-0.303	0.849	-0.374
峰态	3.134	1.849	1.779
Jarque-Bera	0.353	3.859	1.877
Probability	0.837	0.145	0.391

四、单位根检验

做协整检验前有必要先行检验 *AS*、*ES*、*FD* 等时间序列的平稳性及其具体特征。对于时间序列的平稳性及其单整阶数的判定，计量经济学上主要有 DF、ADF 和 PP 等检验方法。本书拟采用 Dickey-Fuller 的 ADF 检验。在 VAR 建模时，滞后期的选择结合 Akaike 信息准则、Schwarz 准则和 LR 统计量来确定，得出最佳滞后期为 3。具体单位根检验结果如表 10-2 所示。

表 10-2　ADF 单位根检验结果

变量	检验类型 (c, t, p)	ADF 统计量	临界值			结论
			1%	5%	10%	
AS	$(c, 0, 0)$	-3.974159***	-3.788030	-3.012363	-2.646119	平稳

变量	检验类型 (c, t, p)	ADF 统计量	临界值			结论
			1%	5%	10%	
ES	$(c, 0, 0)$	-0.575234	-3.788030	-3.012363	-2.646119	不平稳
ΔES	$(c, 0, 0)$	-3.937448 ***	-3.808546	-3.020686	-2.650413	平稳
FD	$(c, 0, 0)$	-0.860846	-3.788030	-3.012363	-2.646119	不平稳
ΔFD	$(c, 0, 0)$	-2.999836 *	-3.808546	-3.020686	-2.650413	平稳

注：①c、t 和 p 分别表示常数项、趋势项和滞后阶数，Δ 为一阶差分符号；② *** 、 ** 、 * 分别表示在 1%、5%、10% 的显著性水平上拒绝变量序列具有单位根的原假设。

由表 10-2 可知，ADF 单位根检验结果显示，在水平值（level）上，当显著性水平为 1% 时，能够拒绝 AS 时间序列存在单位根的原假设；但无论显著性水平是放松到 5% 还是 10%，都不能拒绝 ES、FD 时间序列存在单位根的原假设。只有经过一阶差分后，在 1% 的显著性水平上能够拒绝 ES 时间序列存在单位根的原假设，在 10% 的显著性水平上能够拒绝 FD 时间序列存在单位根的原假设。即该组变量中，AS 为平稳序列，ES、FD 为非平稳序列，存在一阶"单整"。

五、协整检验

对于协整关系的检验有两种方法，其中一种是 Engel-Granger 两步法，是先对模型进行 OLS 估计产生模型估计的残差之后，对残差序列进行单位根检验，若残差序列平稳，则说明变量非平稳时间序列变量之间存在长期的协整关系，其主要针对单方程的协整关系检验，当对两个以上变量做协整检验时，一般采用对回归系数的 Johansen 检验。对于不平稳的时间序列，若变量之间存在稳定的协整关系，则可以进行 VAR 估计或者进行 VECM 向量误差修正模型。本书采用 Johansen 检验。

从表 10-3 协整关系检验的结果可以看出，AS、ES、FD 这些非平稳的时间序列之间存在协整关系，且在 5% 的显著水平上存在 1 个协整关系，对应的长期关系式为：

$$AS=-0.032074ES+0.284241FD \qquad (10-7)$$

$$\text{s. e}=（0.01672）\quad（0.05422）$$

表 10-3　变量协整关系检验的结果

原假设	迹统计量		临界值	最大特征值量		临界值
协整方程数	Trace Statisic	5%	P 值	Max Eigen	5%	P 值
没有	32.20223	29.79707	0.0259**	28.50714	21.13162	0.0038***
至多 1 个	3.695088	15.49471	0.9266	3.694448	14.26460	0.8901
至多 2 个	0.000640	3.841466	0.9813	0.000640	3.841466	0.9813

注：***、**、* 分别表示在 1%、5%、10% 的显著性水平上拒绝原假设。

可以直接对模型中的变量建立向量误差修正模型（VEC），关系式为：

$$AS=-0.032074ES+0.284241FD+0.064018 \qquad (10-8)$$

$$\text{s. e}=（0.01672）\quad（0.05422）$$

$$t=（1.91853）\quad（-5.24262）$$

从协整关系式中可以发现 ES 的回归系数为负数，而 FD 的回归系数为正数，说明电子货币替代加速效应有助于缓解资产短缺，而电子货币替代转换效应则加剧了资产短缺，即电子货币正向替代加速效应大于电子货币逆向替代加速效应，电子货币正向替代转换效应小于电子货币逆向替代转换效应。原因在于电子货币的高流动性、便捷性加速了对现金的替代，人们只要留更少的现金就可以维持正常的交易和预防动机，电子货币可将现金迅速地、低成本地转化为其他任何一种非货币金融资产，不仅如此，现金漏损量趋向减少，货币供给乘数扩大，增大货币供给和信用创造，电子货币替代加速效应对货币供需的影响直接导致实际利率下降，金融资产价值增加。但是替代转换效应却没有发挥缓解作用甚至加剧了资产短缺程度，原因在于我国长期存在金融抑制的制度因素，金融资产品种单一、金融创新不足，使过剩储蓄转化为非货币金融资产路径受阻（蔡如海、刘向明，2008），居民被迫储蓄；同时，互联网金融业态、模式、产品普遍存在风险高、债权和股权利益保护不力、监管滞后、法律不完善等问题，电子货币逆向替代转换效应相对占主要地位。

电子货币逆向替代转换效应放大了电子货币的替代加速效应，会产生较大的流动性过剩，出现投机性泡沫和资产泡沫概率大大增加。范从来等（2013）认为"流动性过剩"与"资产短缺"之间并非完全割裂，流动性过剩的背后只不过是多年来新兴经济体财富快速增长与其自身金融资产创造能力严重不足在特定条件下所表现出来的对优质资产的狂热追求。事实上，当前以"余额宝"为代表的互联网货币基金通过对商业银行存款的分流，然后再以协议存款等形式高息拆借给有流动性需求的商业银行和投资担保公司，形成金融系统里的资金空转和"二次搬家"，就是电子货币替代加速效应逐渐暴露出的负面影响，虽然短期缓解了资产短缺，但是却隐藏了巨大的系统性风险和社会危害。因此，必须真正实现电子货币的替代转换效应才能长久、有效地解决资产短缺。

六、广义脉冲响应分析

从图 10-3 广义脉冲响应函数的分析结果可以发现：当电子货币替代率 ES 产生一个正向的冲击时，资产短缺 AS 指标短期内会产生一个正向的反应，这种反应至第 3 期会出现一个负值（-0.002724），第 4 期出现正向反应，在第 5 期出现负向反应，并达到一个最低值（-0.112655），第 8 期之后出现正向反应，最高值为 0.053404；当金融深化指标 FD 产生一个正向的冲击时，资产短缺 AS 指标会先产生一个正向的反应，但这种反应很快减弱，至第 2 期变为负向反应并达到最低值（-0.086031），在第 3 期出现正向反应，第 5 期达到最高值（0.063827），之后又很快减弱出现负向反应，第 10 期又出现正向反应。

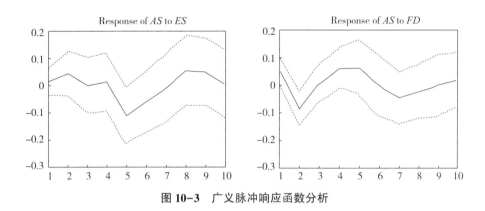

图 10-3　广义脉冲响应函数分析

七、稳健性检验

为检验上述结论的稳健性，选择戈氏指标（金融相关率，FIR）来替代表示金融深化程度，其中 FIR =（M2+保费金额+债券规模+股票流通市值+金融机构人民币各项存贷款余额）/GDP。研究发现，分析结果与前文没有实质性差异，因此，我们认为前文的结论是稳健性的。

本章小结

金融安全当前已经上升为国家战略层面，资产短缺体现金融发展新逻辑，也可以反映与代表金融安全与稳定。资产短缺说明当前我国金融发展不平衡不充分的问题依然存在，产生系统性金融的概率相当大。在互联网金融与数字金融发展背景下，研究了电子货币与我国资产短缺之间的关系，研究表明电子货币的替代加速效应能对资产短缺产生缓解作用，而电子货币替代转换效应则加剧了资产短缺。虽然电子货币替代加速效应能在短期缓解资产短缺，维持短期金融稳定，但是容易引起资金在金融系统的"二次搬家"和"资金空转"的问题，产生投机性泡沫和资产泡沫，不利于长期金融安全。因此，必须加强电子货币的替代转换效应，深化金融领域供给侧改革，才能从根本上有效解决我国长期面临的资产短缺困境。

应对我国资产短缺的政策建议

资产短缺既与金融体系相关，也与经济增长和实体经济发展紧密相联。资产短缺是造成经济过度金融化、虚拟经济过度发展、金融脆弱性、泡沫经济和金融危机的重要原因，也是实体经济部门萎缩、实体经济发展失衡和资金"脱实向虚"的关键。根据党的十九大以及全国金融工作会议对金融安全保障措施和金融体制深化改革的根本要求，必须从完善金融本身的结构、保障金融市场稳健运行、优化金融生态环境和促进实体经济转型升级四个方面提升金融自身稳定性与安全性，以及金融服务实体经济的质量和效率，才能从根本上应对资产短缺引起的风险和挑战。

第一节

优化金融供给结构

一、增强优质与安全金融资产供给

安全金融资产的生产与创造不是一蹴而就，在一个经济、社会、制度、技术发展阶段，大幅提升安全金融资产供给虽然有较大的困难，但是在特定条件下生产、供给私人标签安全资产作为安全金融资产替代品却相对容易，影子银行就是私人标签安全资产的重要组成部分（Bernanke et al.，2011）。从影子银行体系的产生根源来看，机构投资者的可投资现金远远超过了政府债券和其他安全投资品种的供给。这些资金追求安全和高流动性的资产需求，促使美国和欧洲金融市场将原有风险资产体系重构（证券化、打包、分层）。通过风险资产证券化，生产了大量的、准安全的私人标签金融资产以满足这些投资需求（Pozasr，2013；Greenwood et al.，2015）。影子银行系统虽然创造了看似安全且流动的资产，在很大程度上满足了这些企业对安全性和流动性的投资需求。但也存在一个不容忽视的问题，就是当宏观经济出现负向冲击时，这些资产的质量与安全性会大大降低，转换成为高风险的金融资产。另外，影子银行的增长，也有可能进一步压缩安全金融资产供给（Holmström and Tirole，2011；Gorton et al.，2012）。

一方面，必须严格管控影子银行的体系与规模。国际清算银行

（2018）在《中国影子银行图谱：结构与动态》中提到，相比于发达国家的影子银行体系，中国影子银行主体仍是商业银行，资产证券化与金融衍生工具仅占小部分。尽管结构层次相对单一和简单，但是其规模和形态正在迅速发展改变，如私人公司创造的储蓄替代工具和以 P2P、众筹等互联网金融产品与信用中介发展迅猛，在很大程度上增加了系统性金融风险发生的概率。当前，中国已经对影子银行采取了高度重视的态度，全方位整治影子银行业务并取得阶段性成效。仅是 2017 年，中国监管层就对影子银行体系中涉及跨市场、跨行业中的高杠杆、长链条、相互嵌套等交叉金融业务进行了严厉治理，比如银监会等出台了"三违反""三套利""四不当"等专项治理措施。如今，银行的同业业务、投资业务与理财业务的野蛮增长态势已经得到了初步遏制。

另一方面，发展人民币资产为安全、优质金融资产。在 2018 年以后，中国经济进入平稳增长的时期，随着人民币资产与国内金融市场的进一步开放，相对于仍处经济波动周期中的外部世界，中国股票和债券凸显了较强的安全性、流动性，估值优势逐渐显现，人民币资产作为安全金融资产的"避风港"，吸引力大幅提升。尽管人民币资产目前仍稍逊于美元资产，但是只要加大金融市场的有序开放，逐渐推进汇率市场化，加快我国外汇市场、货币市场和资本市场的良性对接，并借助"一带一路"倡议打造可持续、稳定、安全的多层次金融市场和平台，必将推动人民币资产成为更加安全、优质的金融资产。

二、深化非国有金融机构改革

我国金融体系以银行机构为主，银行放贷过程中存在的规模歧视与所有制歧视造成了大量中小微企业难以获得低成本、低可得性的资金。这种与实体经济结构不相适应的金融体系必须进行相应的改善、调整与优化。

因此，应尽快转变以银行为主导的金融发展模式，加快非国有金融和民间金融机构的发展，从而不断丰富金融资产和产品的供给，强化金融精准定位，以全方位的金融体系满足实体经济多层次的有效需求，增强金融服务实体经济的能力。

第一，改变偏向国有商业银行的政策性指向与倾斜是发展非国有、民营金融机构的重要前提。只有解决和满足非国有、民营金融机构的利益诉求，在政策上给予更多支持，才能实现非国有金融机构对国有金融机构的有效补充，健全现有金融体系，保障市场经济的效率与公平性竞争，并充分发挥其对实体经济发展的促进作用。

第二，在健全监管体系的同时，适时、适度、有节奏、有步骤地放开非国有、民间金融机构的准入约束、限制与进入门槛。支持民间、区域性资本进入国有银行以及整体金融体系，推动国有银行的改革和实践创新。根据不同行业、不同地区的产业发展需求，开放、配套和建设符合需求的各类金融机构，并且针对性供给满足有效需求的金融产品与服务，以解决现有主体融资需求结构、产业发展需求、资产供需结构失衡等困境。

第三，明确非国有金融机构的合法地位。目前国有商业银行难以满足大部分中小微企业相对缺乏的融资服务，因此在法律和事实上明确非国有与民间金融机构的合法地位，引导民间金融走向阳光化与合法化，丰富金融市场主体结构，这些对中小微企业发展的作用不言而喻。同时，确保非国有金融机构与国有商业银行共享同等待遇，才能有更好的机会促进非国有金融机构的快速壮大。

三、引导和优化金融资源合理配置

实体经济与金融体系的关系是相互依存、相互补充、共同促进。引导和优化金融资产的合理配置就是促进虚实经济之间的协调发展。一个国家实体经济的发展程度、实体经济结构都会对金融发展形成制约，从而进一步影响金融安全与稳定。实体经济的下行必然会使金融体系发展失衡，脆弱性增加。同时，金融体系对实体经济的资金掠夺和挤出，将进一步削弱实体经济发展。如此循环，最终破坏金融体系与实体经济的共生关系与发展基础，使国家发生严重的经济危机。

引导和合理配置金融资源，首先，必须从金融体系自身出发，增强金融中介机构的内控能力，加强对金融冲击的风险提示、风险控制、风险管理与评价体系建设。其次，坚决遏制信贷资金流入不符合风险管理标准和要求的项目，以及不满足经济转型发展需求的落后产业、"僵尸企业"。最后，维持审慎监管的原则，由监管机构协助并督导金融机构全面维护金融系统的稳定与安全，如督促完善现代化治理考核机制，特别是金融服务实体经济的绩效考评；促进经营管理模式创新和转变；规范同业、信托、委托贷款等表外业务；控制资金在金融体系内部的空转势头。

第二节

维护金融体系稳健运行

一、降低宏观经济杠杆率

应对资产短缺的关键措施之一是实施金融供给侧结构性改革，就是要坚持去除经济中的"无效杠杆"或"有毒杠杆"，强调健康金融、优质金融，重视金融的质而非量，并且去除无效需求，培育和增加有效需求，发挥金融促进去库存和去产能的正向、积极作用。其实，在一定意义上就是为了更好地促进金融回归服务实体经济的轨道，维持金融体系稳健、安全运行。

必须建立参与主体多元化、价格机制富有弹性、功能互补的资本市场。首先，加快健全多层次、多功能资本市场，完善企业上市、退市和转板、信息披露、公司治理等相关制度，严把新股审核质量关。其次，合理引导我国居民资金投资标的，吸引企业年金、社保资金等进入股市。再次，完善产权保护的法律体系，切实加强对个人投资者合法权益的保护。最后，加速对国有上市企业和僵尸企业的整治、不良资产的化解，以及促进产业结构升级和调整。

监管机构实时掌控杠杆率程度。一方面从源头控制基础货币规模，管住货币闸门。因为杠杆化与整体信用和货币供应量增加呈正相关，因此去杠杆需要缩小货币供应和流动性无限扩张的口子。另一方面改变货币乘数，如通过提高法定存款准备金率来降低货币乘数。此外，监管机构应积极主动拿出政策措施，如提高金融交易的成本、规定相关金融杠杆率上限以及引导市场化利率的上升趋势，从而提高金融机构的负债成本，调整金融市场对利率走低的未来预期，最终达到遏制金融机构的流动性无限扩张行为并降低机构的杠杆率水平。

二、构建有效的金融安全防范机制

审慎监管是维护我国金融安全，保障金融体系稳健运行的关键。有效的审慎监管必须建立健全金融机构内控机制、外部监管制度和金融风险预警机制。首先，加强金融机构的内部风险控制机制建设，能够有效降低金融机构自身的风险因素，防范微观风险的扩散与连锁反应，也能使金融监管更具成效。1995 年英国巴林银行倒闭，2008 年法国兴业银行欺诈案都可以成为建立健全金融机构内控机制必要性的有力证据。其次，加快发展我国金融业的自律机构与组织，形成一种监管约束性与激励性的民间管理方式，对金融机构内控机制起到补充作用，并对宏观审慎监管起到辅助作用。再次，增强独立审计体系的监督作用，尤其是在资金管理、业务运营、信息披露等方面亟待加强。最后，建立金融风险预警机制。必须在认真考虑经济基本面、金融市场主要风险以及区域资产短缺情况的基础上，选取相关性强、指导性强、有前瞻性、便于操作又与国际标准接轨的指标，并且设置相关预警指标的临界值，以较精确、动态、全面地对单一风险以及全面风险实现监测与管理。

第三节

深化金融改革与改善金融制度环境

金融改革和金融制度环境与资产短缺问题的衍生密不可分。深化金融改革以及优化金融整体制度化环境包括：第一，完善金融监管的法律制度，构建多层次资本市场法律体系；第二，优化金融生态环境，加快征信体系全面建设；第三，改善普惠金融环境，通过制度创新，满足不同类型企业和居民的金融资产需求。

一、对影子银行实行宏观审慎监管

对影子银行实行宏观审慎监管须遵循以下原则：第一，监管政策措施必须能与影子银行的风险相匹配，与本国经济面、金融发展的实际情况相适应；第二，监管政策措施必须与时俱进，兼具现实性和前瞻性；第三，监管政策措施必须能评估实施效果，预防政策措施本身存在的负面影响；第四，监管政策措施应尽量对接国际监管标准。

对影子银行实行宏观审慎监管，包括跨行业监管、逆周期调控以及动态监测三个方面。跨行业监管需要密切关注由于不同行业之间形成的资产负债表联动效应导致的金融体系脆弱性与系统性金融风险。逆周期调控需要进行逆周期的资本缓冲，以平滑银行信贷投放，缓解经济周期的波动性和金融市场的负面冲击性。动态监测是指科学、合理地对影子银行规模和发展趋势、系统性风险因子和监管套利进行实时、持续性的信息收集、风险识别与压力测试，防止系统性风险的过度积累。金融稳定委员会在2011年从五个监管领域采取相关措施以降低影子银行产生的系统性风险：降低金融机构之间的风险传染和溢出效应；降低货币市场可能挤兑风险；监测证券化相关的正反向激励因子；降低顺周期性波动与其他金融不稳定风险；动态评估影子银行业务与活动对金融稳定的影响。

二、完善金融监管的法律制度

完善的金融监管法律制度是公开、公正、公平、成熟、高度法治化资本市场的必要保障。当前，我国资本市场金融监管法制建设较为滞后，法律法规体系不健全，违规处罚不够严厉，信息披露差异化明显，政府与市场主体的边界尚未厘清，金融市场中的行政干预程度较深，亟待深化监管体制改革。因此，在建设多层次资本市场体系时，建议尽快修订已有法律，出台新的金融监管法律制度。

一是明确场外交易市场和区域性交易市场的合法地位，从法律层面提供最基本的制度保障。我国多层次资本市场发展的重要组成部分除交易所之外也包括场外交易市场和区域性交易市场，需要科学性设立场外交易市场和区域性交易市场主体融资挂牌的资格条件与准入制度，包括挂牌公司的基本条件、做市商资格、保荐人资格以及相关法律、金融中介服务机构的准入标准及管理制度等。

二是健全资本市场国际化发展的监管法律体系。规定境外上市企业范围、上市条件、申请程序、监管标准、信息披露要求等方面的具体内容。

三是理清政府与市场的边界。我国资本市场的发展长期处在政府主导的带有行政色彩的模式之中。虽然资本市场建设取得了很大成效，但是由于市场发展与行政干预的矛盾日益突出，资本市场渐渐暴露出了诸多基础性、技术性、制度性缺陷，如新股发行制度、交易制度、信息披露、监管制度等。因此，应改变过去由政府主导的发展模式，逐步形成政府引导与市场主导的混合发展模式。原则上能由市场解决的坚决交予市场解决，不能由市场解决的问题就要交给政府强制执行。

三、优化金融生态环境

完善自由竞争机制，加快推进金融业产权改革。增强金融生态竞争力必须完善自由竞争机制，健全"产权明晰、权责分明、管理科学、高效运转"金融产权制度，从而使更多国资和外资、银行和非银行、地方性和全国性的多元化的金融主体参与到金融市场之中。

加快社会信用体系建设。良好的信用关系与和谐的诚信环境是保障有序金融生态的基本前提，也是促进金融高效、公平发展的关键因素。首先，加快完善企业和个人征信系统建设。其次，必须对银行和其他金融机构信用信息进行整合，避免重复建设和信息孤岛。再次，积极推进信用立法建设，信用立法是营造良好社会信用环境和规范诚实守信行为的重要保障。最后，发展专业化信用中介机构和培养专业化信用领域从业人员，以专业知识、专业机构、专业人才、专业服务推进社会信用体系建设。

发展多元化金融机构，完善多层次金融市场。政府应从政策上下大力气，大力鼓励、引导与扶持多元化、专业化金融机构改善地区金融生态环境和地区市场化经济，并且借助现代化信息技术与互联网，完善配套基础设施与基础服务，从而全方位对接多元化金融机构发展需求，以最终形成能集聚行业组织、功能性机构、金融智库的创新性、协调性、共享性的多层次市场主体。

四、政府改善普惠金融政策环境

一是通过货币政策、财税政策以及宏观审慎评估政策等强化国有、民间金融发展普惠金融的正面引导与激励作用。二是建立健全普惠金融监管框架。明确和优化考核、服务指标体系，规范准入门槛和行为标准规范，建立监督和追责问责机制。三是信息化升级金融基础设施。主要是鼓励传统金融机构通过互联网、大数据等技术投入实现转型升级，完善统一、高效、共享的征信平台，夯实社会信用基础，从而增强对中小微企业和农民的金融服务力，提升普惠金融的效率。

第四节

着力加快实体经济转型升级与发展

我国经济持续高速增长，取得了世界瞩目的成绩，但随着人口红利的衰减，要素资源约束的加剧，社会总需求与总供给之间的结构性错位，过去依赖要素投入的粗放型生产方式已经遇到瓶颈。旧发展动能日渐减缓，从而导致实体经济产能过剩、商品过剩。"僵尸企业""僵而不死"致使宏观杠杆率高位运行。资产短缺引起社会资金"脱实向虚"以及供给侧的质量不高，有效供给不足。党的十九大明确了中国特色社会主义进入了新时代，我国社会主要矛盾已经转化为人民日益增长的美好生活需要和不平衡不充分发展之间的矛盾，其中包括实体经济不平衡不充分发展。2018年政府工作报告明确指出，深入推进供给侧结构性改革，坚持把发展经济着力点放在实体经济上，继续抓好"三去一降一补"，提升经济发展质量，培育和发展新业态、新经济。因此，着力加快实体经济发展虽然不是从金融层面直接应对资产短缺，但是能引导与促进金融发展以缓解资产短缺并使金融最大化反哺实体经济本身。

一、培育壮大经济高质量发展的新动能

只有实现新旧动能转换，激发和推动新动能发展，才能保证经济高质量发展。我国政府已经深入推动和开展"互联网+"行动、出台现代服务业改革发展举措、深化产业供给侧结构性改革等，在很大程度上促进了新发展动能的壮大。未来，国家层面的重大政策、重大规划、重大改革，将进一步淘汰"三高一低"企业，加快对新技术、新模式、新业态的创新与应用，推动制造向智造转型。政府通过对教育和科技的投入，加快实体经济的智能化提升与转换，不断提高核心部门和产业的科技含量和产品附加值。而且，政府应加快平衡金融与实体经济关系，实现金融对实体经济发展的大力支持，引领新发展动能形成的方向，进而保障中国虚实经济的高效融合。

二、激发市场主体创造有效供给

必须要进一步激发市场主体的活力，持续性创造有效供给，才能深入

推进以实体经济为着力点的供给侧结构性改革。由于中国长期过度依赖出口和外贸，使得我国经济增长的潜力和平稳性较弱，金融安全难以有效保障，因此要从根本上摆脱被动局面，需要我们启动内需，通过破除要素市场化配置和制度性障碍，不断优化内部营商环境，稳步推进产业结构的转型升级，由主要依靠第二产业带动转向依靠三次产业共同带动，从而持续性激发市场主体活力，创造有效供给，提高国内居民消费对经济增长的推动作用和贡献度。当前，我国实行包容审慎监管、持续深化"放管服"改革、大幅降低企业非税负担等政策措施，在很大程度上有效激发了微观市场主体的创新活力。

三、加快深化国企改革

深化国企改革才能进一步提升实体经济发展的潜力与核心竞争力。一是必须完善国企的公司治理结构，规范现代企业制度。二是国有企业需要遵循市场经济规律和企业发展规律，坚持政企分开、政资分开、所有权与经营权分离，促使真正成为依法自主经营、自负盈亏、自担风险、独立市场主体。三是在国企改革过程中必须坚持企业抓住主业，落实"三去一降一补"任务规划，强化提质增效，大力进行重组整合，积极发展战略性新兴产业，化解过剩产能、处置"僵尸企业"。只有有力促进了国企转型升级，才能使国企继续起到支持我国经济持续健康发展的中流砥柱作用。

第五节

结　论

从计划经济到市场经济，金融改革与实践取得巨大成效，却未实质性改变金融资产供不应求的矛盾，特别是安全金融资产供需矛盾，产生了资产短缺。资产短缺是源于制度层面的长期性和基础性问题，即居民、机构对金融资产有强烈需求，以及与金融体系供给金融资产相对低效、不充分、不平衡造成的矛盾。资产短缺促使经济过度金融化并加速经济金融化进程，使经济增长"快而脆弱"，经济总量"大而脆弱"，如影子银行、证券化就是资产短缺引起的产物。资产短缺已成为了经济新常态下与商品过剩并存的另一个极端性发展失衡问题。特别是当今虚拟经济、证券化和互联网金融的发展，虚拟经济正在逐渐脱离"储蓄—投资"的寄生型渠道，凭其特有的运行机制加速虚实背离内在化和普遍化，已逐渐发展成为一个相对独立的经济活动领域，更加剧了资产供需矛盾性与不平衡。当前，资产短缺已经是长期存在于中国的典型化事实，其既与金融安全密切相关，也时刻影响着宏观经济、虚实经济的运行。第一，梳理国内外关于资产短缺的研究文献，全面科学地界定资产短缺的内涵，为后续进行理论和实证研究奠定基础；第二，从理论层面上剖析资产短缺影响经济增长，资产短缺影响实体经济增长与资产短缺的结构性影响因素的机理与逻辑关系；第三，归纳概述我国几类主要金融资产的规模以及结构性特征，对我国主要经济发展指标进行阶段性分析，并且对两者做了相关性描述与分析，为后文实证分析奠定现实性基础；第四，基于资产短缺视角对金融发展再思考，重新定义新金融发展逻辑；第五，运用工具变量两阶段最小二乘估计方法和工具变量分位数回归方法实证检验资产短缺对经济增长、经济失衡产出、实体经济增长关系的影响效果；第六，通过系统 GMM 探析了影响资产短缺的主要因素；第七，从互联网金融与数字金融的时代背景，提出资产短缺表示金融发展新逻辑，体现金融安全，研究了电子货币对资产短缺的影响；第八，基于逻辑推演、理论分析与实证结果，提出应对我国资产短缺的政策建议。总体来说，本书主要有以下研究结论：

（1）界定资产短缺内涵。根据 R. J. Caballero 提出的资产短缺理论，资产短缺实际上是财富创造能力与金融资产供给能力不匹配，金融资产需求超过金融资产供给，存在供不应求的缺口。因此，基于 Chen 和 Imam（2011，2014）、Caballero（2006）和范从来等（2012）的思想，从安全金融资产的供求层面出发设计并构建资产短缺指数。资产短缺指数覆盖了当前中国经济中的绝大部分金融资产。另外，计算资产短缺排除证券化、中介化行为的影子银行等相关金融资产，主要基于以下几方面原因：一是私人部门创造的金融资产、民间借贷、民间集资以及其他非公开市场上的融资，由于缺乏国家和地区强有力监管，属于相对非安全的金融资产；二是对影子银行缺乏权威界定，影子银行长期游离于监管之外，并且目前已公开的关于影子银行的省级数据非常稀少；三是影子银行的具体机构形态与业务模式范畴广，核算口径存在很大差异；四是影子银行规模相对较小，对计算结果影响不大，因为我国与发达国家在影子银行的结构构成上存在较大区别。

（2）阐述资产短缺影响经济增长的理论研究框架。资产短缺既反映了金融发展、金融深化的程度以及满足经济发展相对需求的程度，也反映了经济金融化程度或者泡沫程度，与经济增长、虚实经济平衡发展密切相关。资产短缺不仅是影响经济增长而且是更深层次改变虚拟经济与实体经济投资取向的重要原因。资产短缺能通过资本渠道和金融渠道影响经济增长，也会通过资产泡沫和资产价格膨胀引起金融资产市场投资回报率上升和社会资金的"脱实向虚"，加剧虚拟经济过度繁荣和实体经济部门萎缩，最终使经济长期增速放缓与经济运行风险加大。通过对资产短缺的结构性影响因素的理论和模型分析，发现资产短缺直接体现了金融供需结构性问题，主要受金融发展、储蓄需求以及宏观经济因素三方面的影响。

（3）探究资产短缺与金融发展新逻辑。在新自由主义思想的影响下，金融对经济发展的促进作用被放大，量性金融发展理论指导以及经济过度金融化事实对实体经济生产造成掠夺性破坏，潜伏着巨大的危机。基于资产短缺视角对金融发展的再思考，为重新定义新金融发展观提供了有力的工具。因为资产短缺既可以反映金融规模的变化，也可以反映金融结构的变化；既可以体现金融增长的量，也可以体现金融发展的质；既可以表现出金融发展的平稳性，也可以表现出虚实经济平衡性的关系。

（4）研究资产短缺与经济增长之间的关系。通过引入资产短缺理论假说，分析了资产短缺影响经济增长的机制，以我国 2001～2014 年的省际面板数据为样本，发现我国省域经济当前并已经长期处于资产短缺状态，采用工具变量两阶段最小二乘估计方法（2SLS）和工具变量分位数回归方法（IVQR）进行实证研究，得出区域性资产短缺能显著促进区域经济增长，并能缩小区域间经济增长差异，并证实了结论的稳健性。但是，严重程度的资产短缺使整体金融资产体系中充斥着过多的泡沫资产，并且随着泡沫资产价格持续上升，泡沫资产体量和规模的增加，导致政府、企业和个人持续性加杠杆行为，从而产生泡沫经济，造成资本市场上金融资产的超额需求和产品市场上的超额供给现象并存，因而爆发系统性风险，不利于区域平衡、可持续发展以及社会稳定。

（5）分析了资产短缺、资本投入与经济失衡产出的关系。通过分析区域性资产短缺与资本存量、经济产出的理论关系及影响机理，以我国2001~2014年的省际面板数据为样本，采用工具变量两阶段最小二乘估计方法（2SLS）和分位数回归方法探究了区域性资产短缺与经济产出的关系，并进一步考察了区域性资产短缺对资本存量与经济产出关系的调节效应，得出区域性资产短缺能显著促进区域经济产出，资产短缺是半调节变量，但是对资本存量与经济产出关系存在着显著的负向调节作用，并且对资本存量的调节效应在地区间表现出 U 形特征的结论，最后证实了结论的稳健性。资产短缺与经济增长的"快而脆弱"关系，资产短缺与经济总量的"大而脆弱"关系，虽然在一定程度上表现出了资产短缺对经济产出存在促进作用，但是这种效果是短期而非长期和持续性的，其是以牺牲长期经济稳定性、加剧金融脆弱性和加剧经济运行风险为代价的。

（6）分析了资产短缺、金融发展与经济失衡产出的关系。引入资产短缺理论，探讨了区域性资产短缺、金融发展与经济产出的理论关系以及直接、间接影响机理，以我国2001~2014年的省际面板数据为样本，采用工具变量两阶段最小二乘估计方法（2SLS）和分位数回归方法探究了区域性资产短缺与经济产出的关系，并进一步考察了区域性资产短缺对金融发展与经济产出的调节效应，得出我国资产短缺能显著促进区域经济产出，资产短缺是半调节变量，而且对金融发展与经济产出关系存在显著正向调节作用，并且对金融发展的调节效应在地区间表现出倒 U 形特征的结论，最后证实了结论的稳健性。虽然资产短缺对经济产出存在促进作用，但是其是以牺牲长期经济稳定性、加剧金融脆弱性和加剧经济运行风险为代价的，这种情况与近来金融发展与经济增长出现的"剪刀差和反转"异常现象联系密切，也是导致经济增长低效率、金融低效率与金融高风险的一个重要原因。

（7）研究资产短缺与实体经济增长之间的关系。基于资产短缺与经济增长的复杂关系，我们进一步立足于中国经济发展新阶段，从地区层面探究资产短缺对虚实经济产生的影响。通过分析资产短缺与实体经济发展的内在逻辑与关联性，发现资产短缺既是造成资金"脱实向虚"的关键，也是导致实体经济遇冷、虚拟经济过热的重要原因。通过引入和拓展新凯恩斯混合菲利普斯曲线（HNKPC），以 2001~2014 年的中国省际面板数据为样本，利用工具变量两阶段最小二乘估计方法（2SLS）和工具变量分位数回归方法（IVQR）进行实证检验，发现区域性资产短缺与实体经济发展呈显著负相关，且其影响存在地区异质性。由于我国长期存在金融抑制与过剩储蓄，未来很长时期，资产短缺、低通胀、"脱实向虚"并存的现象可能一直存在。

（8）探析了影响资产短缺的主要因素。资产短缺是影响宏观经济不稳定的根源，是引起社会资金"脱实向虚"、产生资产泡沫以及破坏金融体系稳定性，甚至引发金融危机的重要原因。因此，从金融发展、储蓄需求以及宏观经济因素三方面研究资产短缺的主要影响因素是非常有必要的。以我国 2001~2014 年的 31 个省的面板数据为样本，采用系统 GMM 估计进行实证研究，发现金融发展与资产短缺呈负相关，不同年龄人口结构的储蓄需求与资产短缺呈不同关系，宏观经济因素中经济增速、市场化指数与资产短缺呈正相关，而实际利率、金融危机产生与资产短缺是负向关系。而且，不同宏观经济因素对金融发展指标与资产短缺的调节作用存在较大差异性，其中经济增速、实际利率和金融危机产生对证券、银行与资产短缺关系表现出相同的调节作用，市场化指数对证券、银行与资产短缺关系表现出相反的调节作用。具体来说，证券化率、银行贷款规模与经济增长的交互项系数显著为正；证券化率与市场化指数的交互项系数为负，而银行贷款规模与市场化指数的交互项系数显著为正；证券化率、银行贷款规模与实际利率的交互项系数显著为负；证券化率、银行贷款规模与金融危机的交互项系数显著为负。

（9）研究电子货币对资产短缺的影响。资产短缺可以体现金融发展新逻辑，反映与代表金融安全与稳定。电子货币的替代加速效应能对资产短缺产生缓解作用，而电子货币替代转换效应则加剧了资产短缺。虽然电子货币替代加速效应能在短期缓解资产短缺，维持短期金融稳定，但是容易引起资金在金融系统的"二次搬家"和"资金空转"的问题，产生投机性泡沫和资产泡沫，不利于金融的长期安全。

（10）有针对性地设计和提出政策建议。当前中国在地方层面普遍性存在资产短缺的现象不容忽视。基于中国金融发展与经济增长的相关现实情况，以及实证、理论分析结果，提出了加快应对我国资产短缺的政策建议，包括优化金融供给结构，增强金融服务实体经济能力；维护金融体系稳健运行，防控金融风险；深化金融改革，优化和改善金融制度环境；加快转型升级，着力振兴实体经济发展。这与中央强调保障金融安全，促进经济和金融良性循环、相互补充、健康发展的基调保持高度一致性。

总体来说，在尝试构建资产短缺指标的基础上，对中国区域性资产短缺进行初步度量，并针对当前中国进入新常态阶段下的主要经济发展问题进行了相关性研究。通过采用时间序列模型、面板数据模型、工具变量两阶段最小二乘估计方法和分位数回归方法，深入剖析了资产短缺对经济增长的影响效果、资产短缺对经济失衡产出的影响、资产短缺对实体经济增长的影响作用、资产短缺的主要影响因素以及电子货币对资产短缺的双重影响等多方面内容。但是，基于客观方面的原因和笔者的才识限制，还存在一些有待深入研究和完善的地方：①金融资产的具体形式会伴随经济与社会发展不断发生转变，在不同地区发展的不同阶段可能存在形式并不完全相同，对于资产短缺度量研究仍不充分，有待进一步探讨与研究；②越来越多监管者和学者已经肯定资产短缺在投资组合、金融市场、经济增长、审慎监管和货币政策操作中的重要作用，但是本书仅对其与经济增长、虚实经济关系展开定量与实证研究，未来需要进一步扩展研究领域与范围；③关于资产短缺影响经济增长的理论机理，虽然从资产短缺影响经济增长的理论框架，资产短缺影响实体经济增长的理论框架，以及资产短缺的结构性影响因素三方面展开了深入细致的分析研究，但是仍然有必要在未来研究中引入 DSGE 等模型进行深入研究和探讨；④随着金融资产的内涵和外延不断扩展，关于资产短缺的理论研究是一项系统性的长期工程，与之相关的政策建议必须与时俱进，既需要保障金融安全，也需要促进金融与实体经济发展的共生共荣。因此，在今后的学习和工作中，将不断夯实理论基础和实践能力，不断完善资产短缺研究体系，争取取得更多高质量的研究成果。

参考文献 REFERENCE

[1] Aghion P., Askenazy P., Berman N., et al. Credit Constraints and the Cyclicality of R&D Investment: Evidence from France [J]. Journal of the European Economic Association, 2012, 10 (5): 1001-1024.

[2] Aghion P., Howitt P., Mayerfoulkes D. The Effect of Financial Development on Convergence: Theory and Evidence [J]. Quarterly Journal of Economics, 2005, 120 (1): 173-222.

[3] Ahrend R., Schwellnus C. International Capital Mobility and Financial Fragility-part 2: The Demand for Safe Assets in Emerging Economies and Global Imbalances [R]. OECD Economics Department Working Papers, 2012.

[4] Allen W. A. Asset Choice in British Central Banking History, the Myth of the Safe Asset, and Bank Regulation [J]. Journal of Banking & Financial Economics, 2015, 2 (4): 18-31.

[5] Aoki K., Nakajima T., Nikolov K. Safe Asset Shortages and Asset Price Bubbles [J]. Journal of Mathematical Economics, 2014, 53 (8): 164-174.

[6] Arellano M., Bond S. Some Tests of Specification for Panel Data:

Monte Carlo Evidence and an Application to Employment Equations [J]. Review of Economic Studies, 1991, 58 (2): 277-297.

[7] Arellano M. , Bover O. Another Look at the Instrumental Variable Estimation of Error-components Models [J]. Journal of Econometrics, 1995, 68 (1): 29-51.

[8] Bandiera O. , Caprio G. , Honohan P. , et al. Does Financial Reform Raise or Reduce Saving? [J]. Review of Economics & Statistics, 2000, 82 (2): 239-263.

[9] Barro R. J. Government Spending in a Simple Model of Endogeneous Growth [J]. Journal of Political Economy, 1990, 98 (5): 103-126.

[10] Beck T. , Levine R. Stock Markets, Banks, and Growth: Panel Evidence [J]. Journal of Banking & Finance, 2004, 28 (3): 423-442.

[11] Beckworth D. Why the Global Shortage of Safe Assets Matters [EB/OR]. Wall Street Pit, 2011-11-20.

[12] Berentsen A. Monetary Policy Implications of Digital Money [J]. Kyklos, 1998, 51 (1): 89-118.

[13] Bernanke, Ben S. Global Imbalances: Recent Developments and Prospects [C]. Berlin: Speech Delivered at the Bundesbank Lecture, 2007.

[14] Bernanke B. , Bertaut C. C. , Demarco L. , et al. International Capital Flows and the Return to Safe Assets in the United States, 2003-2007 [R]. Social Science Electronic Publishing, 2011.

[15] Bernanke B. , Blinder A. S. Credit, Money, and Aggregate Demand [R]. Social Science Electronic Publishing, 2000.

[16] Bernanke B. , Gertler M. , Gilchrist S. The Financial Accelerator and the Flight to Quality [J]. Review of Economics & Statistics, 1996, 78

（1）：1-15.

[17] Bernanke B. S. The Great Moderation [J]. Taylor Rule & the Trans-formation of Monetary Policy, 2012, 63（1）：278-289.

[18] Bernanke B. The Global Savings Glut and the U. S. Current Account Deficit [C]. St. Louis, Missouri：Homer Jones Lecture, 2005.

[19] Bernardino J. , Lombard M. , Niveleau A. , et al. Financial Interme-diation and Growth：Causality and Causes [J]. Journal of Monetary Economics, 2000, 46（1）：31-77.

[20] Binswanger M. Stock Markets, Speculative Bubbles and Economic Growth：New Dimensions in the Co-evolution of Real and Financial Markets [M]. Northampton：Edward Elgar, 1999.

[21] Blanchard O. J. , Giavazzi F. , Sa F. The U. S. Current Account and the Dollar [R]. Ssrn Electronic Journal, 2005.

[22] Borio C. E. V. , Kennedy N. , Prowse S. D. Exploring Aggregate Asset Price Fluctuations Across Countries, Measurement, Determinants and Mo-netary Policy Implications [R]. BIS Economics Paper, 1994.

[23] Caballero R. J. , Farhi E. , Gourinchas P. O. An Equilibrium Model of Global Imbalances and Low Interest Rates [J] . American Economic Review, 2008, 98（1）：358-393.

[24] Caballero R. J. , Farhi E. , Gourinchas P. O. Safe Asset Scarcity and Aggregate Demand [J]. American Economic Review, 2016, 106（5）：513-518.

[25] Caballero R. J. , Farhi E. A Model of the Safe Asset Mechanism （SAM）：Safety Traps and Economic Policy [R]. NBER Working Paper, 2013.

[26] Caballero R. J. , Farhi E. On the Role of Safe Asset Shortages in Secular Stagnation, Chapter 9 in Secular Stagnation：Facts, Causes and Cures

[M]. London: CEPR Press, 2014.

[27] Caballero R. J., Farhi E. The Safety Trap [R]. NBER Working Paper, 2016.

[28] Caballero R. J., Krishnamurthy A. Bubbles and Capital Flow Volatility: Causes and Risk Management [J]. Journal of Monetary Economic, 2006, 53 (1): 35-53.

[29] Caballero R. J., Krishnamurthy A. Global Imbalances and Financial Fragility [J]. American Economic Review, 2009, 99 (2): 584-588.

[30] Caballero R. J. On the Macroeconomics of Asset Shortages [R]. Social Science Electronic Publishing, 2006.

[31] Caballero R. J. The Other Imbalance and the Financial Crisis [R]. NBER Working Paper, 2010.

[32] Canepa A., Stoneman P. Financial Constraints to Innovation in the UK: Evidence from CIS2 and CIS3 [J]. Oxford Economic Papers, 2008, 60 (4): 394-398.

[33] Carey K. The Impact of the Shortage of Safe Assets on the Global Economy [C]. Honors College Capstone Experience/Thesis Projects, 2014.

[34] Chami R., Cosimano T. F. Monetary Policy with a Touch of Basel [J]. Journal of Economics & Business, 2010, 62 (3): 161-175.

[35] Chamon M., Liu K., Prasad E., et al. Income Uncertainty and Household Savings in China [J]. Journal of Development Economics, 2013 (105): 164-177.

[36] Chamon M. D., Prasad E. S. Why are Saving Rates of Urban Households in China Rising? [R]. Social Science Electronic Publishing, 2008.

[37] Chen J., Imam P. Causes of Asset Shortages in Emerging Markets

[J]. Review of Development Finance, 2011, 3 (1): 22-40.

[38] Chen J., Imam P. Consequences of Asset Shortages in Emerging Markets [J]. Macroeconomics and Finance in Emerging Market Economies, 2014, 7 (1): 4-35.

[39] Chernozhukov V., Hansen C. An IV Model of Quantile Treatment Effects [J]. Econometric, 2005 (1): 245-261.

[40] Chernozhukov V., Hansen C. Instrumental Quantile Regression Inference for Structural and Treatment Effect Models [J]. Journal of Econometrics, 2006 (2): 491-525.

[41] Ciccone A., Hall R. E. Productivity and the Density of Economic Activity [J]. American Economic Review, 1996, 86 (1): 54-70.

[42] Clarida R. H. Japan, China, and the U. S. Current Account Deficit [J]. Cato Journal, 2005, 25 (1): 111-114.

[43] Diamond D. W., Dybvig P. H. Bank Runs, Deposit Insurance, and Liquidity [J]. Journal of Political Economy, 1983, 91 (3): 401-419.

[44] Enrique G. Mendoza, José-Víctor Ríos-Rull. Financial Integration, Financial Development, and Global Imbalances [J]. Journal of Political Economy, 2009, 117 (3): 371-416.

[45] Farhi E., Tirole J. Bubbly Liquidity [J]. Review of Economic Studies, 2012, 79 (2): 678-706.

[46] Feltenstein A., Ha J. Measurement of Repressed Inflation in China: The Lack of Coordination Between Monetary Policy and Price Controls [J]. Journal of Development Economics, 2006, 36 (2): 279-294.

[47] Freedman M. Monetary Policy Implementation: Past, Present and Future-Will Electronic Money Lead to the Eventual Demise of Central Banking?

[J]. International Finance, 2000 (2): 211-227.

[48] Froot K. A. , Scharfstein D. S. , Stein J. C. Herd on the Street: Informational Inefficiencies in a Market with Short- Term Speculation [J]. Journal of Finance, 1992, 47 (4): 1461-1484.

[49] Frost J. , Logan L. , Martin A. , et al. Overnight RRP Operations as a Monetary Policy Tool: Some Design Considerations [EB/OR]. Finance and Economics Discussion Series 2015-010, Board of Governors of the Federal Reserve System, 2015.

[50] Galí J. , Gertler M. Inflation Dynamics: A Structural Econometric Analysis [J]. Journal of Monetary Economics, 1999, 44 (2): 195-222.

[51] Giglio S. , Severo T. Intangible Capital, Relative Asset Shortages and Bubbles [J]. Journal of Monetary Economics, 2011, 59 (3): 303-317.

[52] Goldsmith R. W. Financial Structure and Development [M]. New Haven : Yale University Press, 1969.

[53] Golec P. , Perotti Enrico. Safe Assets: A Review [R]. Working Paper, 2017.

[54] Gorton G. , Lewellen S. , Metrick A. The Safe-Asset Share [J]. American Economic Review, 2012, 102 (3): 101-106.

[55] Gorton G. The History and Economics of Safe Assets [R]. NBER Working Papers, 2016.

[56] Gourinchas P. O. , Jeanne O. Global Safe Assets [R]. Bis Working Papers, 2012.

[57] Greenwood R. , Hanson S. G. , Stein J. C. A Comparative-Advantage Approach to Government Debt Maturity [J]. Journal of Finance, 2015, 70 (4): 1683-1722.

［58］ Gurley J. G. , Shaw E. S. Money in a Theory of Finance ［M］. Washington, D. C. : The Brookings Institution, 1960.

［59］ Harbaugh R. China's High Savings Rates［C］. The Conference on "The Rise of China Revisited: Perception and Reality", 2004.

［60］ Hellmann T. , Murdock K. , Stiglitz J. Liberalization, Moral Hazard in Banking and Prudential Regulation: Are Capital Controls Enough? ［J］. American Economic Review, 1997 (1): 147-165.

［61］ Hicks J. R. Value and Capital ［M］. Oxford: Oxford University Press, 1946.

［62］ Hirano T. , Yanagawa N. Asset Bubbles, Endogenous Growth, and Financial Frictions ［R］. FSA Institute Discussion Paper, 2015.

［63］ Holmström B. , Tirole J. Inside and Outside Liquidity ［M］. Cambridge, MA: MIT Press, 2011.

［64］ Holmström B. , Tirole J. Private and Public Supply of Liquidity ［J］. Journal of Political Economy, 1996, 106 (1): 1-40.

［65］ Holmstrom B. Understanding the Role of Debt in the Financial System ［R］. Social Science Electronic Publishing, 2015.

［66］ Hoppit J. Financial Crises in Eighteenth-century England ［J］. Economic History Review, 1986, 39 (1): 39-58.

［67］ Huang Y. , Wang X. Does Financial Repression Inhibit or Facilitate Economic Growth? A Case Study of Chinese Reform Experience ［J］. Oxford Bulletin of Economics & Statistics, 2011, 73 (6): 833-855.

［68］ Hubbard R. , Glenn A. Paradox of Interest ［C］. Wall Street Journal, 2005.

［69］ John G. Cragg, Stephen G. Donald. Testing Identifiability and

Specification in Instrumental Variable Models [J]. Econometric Theory, 1993, 9 (2): 222-240.

[70] Keith Horsefield J. A History of Gold and Money, 1450-1920 [J]. Business History Review, 1977, 51 (2): 269-270.

[71] Keynes J. M. The General Theory of Employment Interest and Money [M]. London: Macmillan, 1936.

[72] Kim Yoon. The Effect of Safe Asset Shortages on U. S. Financial Markets: An Empirical Analysis [J]. Geoethics, 2014, 16 (1): 351-358.

[73] Krishnamurthy A. , Vissing-Jorgensen A. The Aggregate Demand for Treasury Debt [J]. Journal of Political Economy, 2012, 120 (2): 233-267.

[74] Krishnamurthy A. , Vissing-Jorgensen A. The Impact of Treasury Supply on Financial Sector Lending and Stability [J]. Journal of Financial Economics, 2015, 118 (3): 571-600.

[75] Krugman P. The Myth of Asia' s Miracle [J]. Foreign Affairs, 1994, 73 (6): 62-78.

[76] Laeven L. , Valencia F. Systemic Banking Crises: A New Database [R]. IMF Working Papers, 2008.

[77] Levine R. Finance and Growth: Theory and Evidence [R]. SSRN Electronic Journal, 2004.

[78] Levine R. Financial Development and Economic Growth: Views and Agenda [J]. Journal of Economic Literature, 1997 (35): 688-726.

[79] Leyshon A. , Thrift N. Access to Financial Services and Financial Infrastructure with Drawal: Problems and Policies [J]. Area, 1994, 26 (3): 268-275.

[80] Leyshon A. , Thrift N. Geographies of Financial Exclusion: Finan-

cial Abandonment in Britain and the United States [J]. Transactions of the Institute of British Geographers, 1995, 20 (3): 312-341.

[81] Leyshon A., Thrift N. The Restructuring of the U. K. Financial Services Industry in the 1990s: A Reversal of Fortune? [J]. Journal of Rural Studies, 1993, 9 (3): 223-241.

[82] Loayza N., Schmidt-Hebbel K., Servén L. What Drives Private Saving Across the World? [J]. Review of Economics & Statistics, 2000, 82 (2): 165-181.

[83] Love I. Financial Development and Financing Constraints: International Evidence from the Structural Investment Model [J]. Review of Financial Studies, 2003 (3): 765-791.

[84] Martin A., Ventura J. Economic Growth with Bubbles [J]. American Economic Review, 2012, 102 (6): 3033-3058.

[85] Miao J., Wang P. Sectoral Bubbles, Misallocation, and Endogenous Growth [J]. Journal of Mathematical Economics, 2014, 53 (8): 153-163.

[86] Modigliani F., Cao S. L. The Chinese Saving Puzzle and the Life-Cycle Hypothesis [J]. Journal of Economic Literature, 2004, 42 (1): 145-170.

[87] Munro J. H. Deflation and the Petty Coinage Problem in the Late-medieval Economy: The Case of Flanders, 1334-1484 [J]. Explorations in Economic History, 1988, 25 (4): 387-423.

[88] Nightingale P. The Evolution of Weight-Standards and the Creation of New Monetary and Commercial Links in Northern Europe from the Tenth Century to the Twelfth Century [J]. Economic History Review, 1985, 38 (2): 192-209.

[89] North D. Transaction Costs through Time [M]. Washigton, D. C.:

Washigton University Press, 1994.

［90］ Oddy A. Assaying in Antiquity ［J］. Gold Bulletin, 1983, 16（2）: 52-59.

［91］ Perez C. Technology Revolution and Finance Capital ［M］. London: Edward Elgar, 2002,

［92］ Pozsar Z. Institutional Cash Pools and the Triffin Dilemma of the U. S. Banking System ［J］. Financial Markets Institutions & Instruments, 2013, 22（5）: 283-318.

［93］ Rajan R. Investment Restraint, the Liquidity Glut and Global Imbalances ［C］. Bali: Conference on Global Imbalances Organized by the Bank of Indonesia, 2006.

［94］ Rioja F. , Valev N. Finance and the Sources of Growth at Various Stages of Economic Development ［J］. Economic Inquiry, 2004, 42（1）: 127-140.

［95］ Roberds W. , Velde F. R. Early Public Banks ［R］. Social Science Electronic Publishing, 2014.

［96］ Rostow W. W. Money and Capital in Economic Development ［J］. American Political Science Review, 1974, 68（4）: 1822-1824.

［97］ Rousseau P. L. , Wachtel P. What is Happening to the Impact of Financial Deepening on Economic Growth? ［J］. Economic Inquiry, 2011, 49（1）: 276-288.

［98］ Samuelson P. A. An Exact Consumption-Loan Model of Interest with or without the Social Contrivance of Money ［J］. Journal of Political Economy, 1958, 66（6）: 467-482.

［99］ Santomero A. M. , Seater J. J. Is There an Optimal Size for the Financial Sector? ［J］. Journal of Banking & Finance, 2000, 24（6）: 945-965.

［100］ Shaw E. S. Financial Deepening in Economic Development ［M］. New York: Oxford University Press, 1973.

［101］ Snellman J. S. , Vesala J. M. , Humphrey D. B. Substitution of Noncash Payment Instruments for Cash in Europe ［J］. Journal of Financial Services Research, 2001, 19 （2-3）: 131-145.

［102］ Staiger D. , Stock J. H. Instrumental Variables Regression with Weak Instruments ［J］. Econometrica, 1997, 65 （3）: 557-586.

［103］ Stein J. C. Monetary Policy as Financial Stability Regulation ［J］. Quarterly Journal of Economics, 2011, 127 （1）: 57-95.

［104］ Stock J. H. , Watson M. W. Understanding Changes in International Business Cycle Dynamics ［J］. Journal of the European Economic Association, 2005, 3 （5）: 968-1006.

［105］ Tirole J. Asset Bubbles and Overlapping Generations ［J］. Econometrica, 1985, 53 （6）: 1497.

［106］ Weil P. Confidence and the Real Value of Money in an Overlapping Generations Economy ［J］. Quarterly Journal of Economics, 1987, 102 （1）: 1-22.

［107］ Wei S. , Wu Y. Globalization and Inequality: Evidence from within China ［R］. NBER Working Paper, 2001.

［108］ Young A. Lessons from the East Asian NICS: A Contrarian View ［J］. European Economic Review, 1994, 38 （3-4）: 964-973.

［109］ 白钦先, 丁志杰. 论金融可持续发展 ［J］. 国际金融研究, 1998 （5）: 3-5+28-32.

［110］ 白钦先, 谭庆华. 论金融功能演进与金融发展 ［J］. 金融研究, 2006 （7）: 41-53.

[111] 白钦先. 再论以金融资源论为基础的金融可持续发展理论——范式转换、理论创新和方法变革 [J]. 国际金融研究, 2000 (2)：7-14.

[112] 蔡昉. 人口转变、人口红利与经济增长可持续性——兼论充分就业如何促进经济增长 [J]. 人口研究, 2004 (2)：2-9.

[113] 蔡如海, 刘向明. 中国的货币化与金融化：影响因素与演进趋势 [J]. 金融论坛, 2008, 13 (5)：58-63.

[114] 昌忠泽. 流动性冲击、货币政策失误与金融危机——对美国金融危机的反思 [J]. 金融研究, 2010 (7)：18-34.

[115] 钞小静, 任保平. 中国经济增长质量的时序变化与地区差异分析 [J]. 经济研究, 2011, 46 (4)：26-40.

[116] 车士义, 郭琳. 结构转变、制度变迁下的人口红利与经济增长 [J]. 人口研究, 2011 (2)：3-14.

[117] 陈斌开, 林毅夫. 金融抑制、产业结构与收入分配 [J]. 世界经济, 2012 (1)：3-23.

[118] 陈敏菊, 曹桂芝. 企业主逃债事件背景下的中小企业融资缺口分析 [J]. 经济理论与经济管理, 2011 (12)：101-109.

[119] 陈雨露, 边卫红. 电子货币发展与中央银行面临的风险分析 [J]. 国际金融研究, 2002 (1)：33-37.

[120] 程婧瑶, 樊杰, 陈东. 基于重力模型的中国金融中心体系识别 [J]. 经济地理, 2013 (3)：8-15.

[121] 程令国, 张晔. 早年的饥荒经历影响了人们的储蓄行为吗？——对我国居民高储蓄率的一个新解释 [J]. 经济研究, 2011, 46 (8)：119-132.

[122] 戴魁早, 刘友金. 要素市场扭曲、区域差异与 R&D 投入——来自中国高技术产业与门槛模型的经验证据 [J]. 数量经济技术经济研究,

2015（9）：3-20.

[123] 单豪杰. 中国资本存量 K 的再估算：1952~2006 年 [J]. 数量经济技术经济研究，2008（10）：17-31.

[124] 丁艺，李靖霞，李林. 金融集聚与区域经济增长——基于省际数据的实证分析 [J]. 保险研究，2010（2）：20-30.

[125] 杜厚文，伞锋. 虚拟经济与实体经济关系中的几个问题 [J]. 世界经济，2003（7）：74-79.

[126] 杜伟，杨志江，夏国平. 人力资本推动经济增长的作用机制研究 [J]. 中国软科学，2014（8）：173-183.

[127] 段平忠，刘传江. 人口流动对经济增长地区差距的影响 [J]. 中国软科学，2005（12）：99-110.

[128] 樊纲，王小鲁，马光荣. 中国市场化进程对经济增长的贡献 [J]. 经济研究，2011（9）：4-16.

[129] 樊纲，张曙光，王利民. 双轨过渡与"双轨调控"：改革以来我国宏观经济波动特点研究 [J]. 经济研究，1993（10）：15-26.

[130] 范从来，刘绍保，刘德溯. 中国资产短缺影响因素研究——理论及经验证据 [J]. 金融研究，2013（5）：73-85.

[131] 范从来，刘绍保，刘德溯. 中国资产短缺状况研究 [J]. 经济理论与经济管理，2013（2）：31-42.

[132] 范从来，刘绍保. 资产短缺新阶段中国的应对之策 [J]. 金融纵横，2012（3）：7-10.

[133] 范从来，王勇. 中国"货币超发"：判断标准、成因及其治理 [J]. 经济理论与经济管理，2014（3）：5-13.

[134] 范从来，邢军峰. 全球失衡的新解释："资产短缺"假说 [J]. 学术月刊，2013（2）：82-89.

［135］范子英，刘甲炎．为买房而储蓄——兼论房产税改革的收入分配效应［J］.管理世界，2015（5）：18-27.

［136］郭丽虹，王硕．融资缺口、市场化程度与中小企业信贷可得性——基于非上市制造业企业面板数据的分析［J］.财经研究，2013（12）：115-125.

［137］郭庆旺，吕冰洋，张德勇．财政支出结构与经济增长［J］.经济理论与经济管理，2003（11）：5-12.

［138］韩克勇，王劲松．股票价格对投资的影响：资产负债表效应分析［J］.财经理论与实践，2013，34（5）：43-46+89.

［139］韩廷春．金融发展与经济增长：经验模型与政策分析［J］.世界经济，2001（6）：3-9.

［140］何韧，刘兵勇，王婧婧．银企关系、制度环境与中小微企业信贷可得性［J］.金融研究，2012（11）：103-115.

［141］胡海鸥，贾德奎．电子货币对货币政策效果的挑战［J］.外国经济与管理，2003，25（4）：26-30.

［142］胡乐明．科学理解和阐释资本主义经济危机［J］.马克思主义研究，2016（2）：43-55+158-159.

［143］胡宗义，刘亦文，袁亮．金融均衡发展对经济可持续增长的实证研究［J］.中国软科学，2013（7）：25-39.

［144］纪志宏，姜春力．高货币化反映中国金融深化过程［J］.经济研究参考，2013（45）：87-89.

［145］杰克·拉斯姆斯，秦喜清．日趋加剧的全球金融危机：从明斯基到马克思［J］.国际社会科学杂志（中文版），2008（1）：5-6+53-69.

［146］黎欢，龚六堂．金融发展、创新研发与经济增长［J］.世界经济文汇，2014（2）：1-16.

［147］李富强，董直庆，王林辉．制度主导、要素贡献和我国经济增长动力的分类检验［J］．经济研究，2008（4）：53-65.

［148］李建军，胡凤云．中国中小企业融资结构、融资成本与影子信贷市场发展［J］．宏观经济研究，2013（5）：7-11.

［149］李健，贾玉革．金融结构的评价标准与分析指标研究［J］．金融研究，2005（4）：57-67.

［150］李猛．金融宽度和金融深度的影响因素：一个跨国分析［J］．南方经济，2008（5）：56-67.

［151］李苗苗，肖洪钧，赵爽．金融发展、技术创新与经济增长的关系研究——基于中国的省市面板数据［J］．中国管理科学，2015（2）：162-169.

［152］李似鸿．金融需求、金融供给与乡村自治——基于贫困地区农户金融行为的考察与分析［J］．管理世界，2010（1）：74-87.

［153］李晓西，杨琳．虚拟经济、泡沫经济与实体经济［J］．财贸经济，2000（6）：5-11.

［154］李学彦，刘霄．过度储蓄理论与我国的过度储蓄问题［J］．经济学动态，2006（7）：106-110.

［155］刘骏民，王国忠，王群勇．心理支撑与成本支撑价格系统的实证分析——虚拟经济与实体经济价格波动性的比较［J］．经济学动态，2004（9）：14-18.

［156］刘骏民，伍超明．虚拟经济与实体经济关系模型——对我国当前股市与实体经济关系的一种解释［J］．经济研究，2004（4）：60-69.

［157］刘骏民．从虚拟资本到虚拟经济［M］．济南：山东人民出版社，1998.

［158］刘明志．中国的 M2/GDP（1980-2000）：趋势、水平和影响因素［J］．经济研究，2001（2）：3-12.

［159］刘绍保．贸易及经常账户顺差也源于"资产短缺"吗［J］．国际贸易问题，2014（5）：165-176.

［160］刘生龙，王亚华，胡鞍钢．西部大开发成效与中国区域经济收敛［J］．经济研究，2009，44（9）：94-105.

［161］刘宪．资产泡沫与经济增长关系研究进展［J］．经济学动态，2008（7）：122-126.

［162］刘兆祯．中国金融资产结构研究（2001-2010）［D］．南昌：江西农业大学，2011.

［163］龙少波，陈璋，张军．超额工资、外部成本渠道与中国通货膨胀非线性关系研究——基于技术进步方式理论下的 MSIAH-VAR 模型实证分析［J］．经济理论与经济管理，2014（11）：32-44.

［164］鲁道夫·希法亭．金融资本［M］．北京：商务印书馆，1994.

［165］陆静．金融发展与经济增长关系的理论与实证研究——基于中国省际面板数据的协整分析［J］．中国管理科学，2012（1）：177-184.

［166］陆磊，杨骏．流动性、一般均衡与金融稳定的"不可能三角"［J］．金融研究，2016（1）：1-13.

［167］陆铭，陈钊．分割市场的经济增长——为什么经济开放可能加剧地方保护？［J］．经济研究，2009，44（3）：42-52.

［168］罗荷花，李明贤．小微企业融资需求及其融资可获得性的影响因素分析［J］．经济与管理研究，2016（2）：52-60.

［169］罗文波．金融结构深化、适度市场规模与最优经济增长——基于资本形成动态博弈路径的理论分析与经验证据［J］．南开经济研究，2010（2）：98-116.

［170］马克思．资本论（第1卷）［M］．北京：人民出版社，2004.

［171］马轶群，史安娜．金融发展对中国经济增长质量的影响研究——

基于 VAR 模型的实证分析 [J]. 国际金融研究, 2012 (11)：30-39.

[172] 毛其淋, 盛斌. 对外经济开放、区域市场整合与全要素生产率 [J]. 经济学（季刊）, 2012 (1)：181-210.

[173] 潘文卿. 中国区域经济差异与收敛 [J]. 中国社会科学, 2010 (1)：72-84+222-223.

[174] 蒲成毅. 数字现金对货币供应与货币流通速度的影响 [J]. 金融研究, 2002 (5)：81-89.

[175] 裘翔, 周强龙. 影子银行与货币政策传导 [J]. 经济研究, 2014 (5)：91-105.

[176] 任保平, 钞小静, 魏婕. 中国经济增长质量报告（2012）[M]. 北京：中国经济出版社, 2012.

[177] 茹乐峰, 苗长虹, 王海江. 我国中心城市金融集聚水平与空间格局研究 [J]. 经济地理, 2014 (2)：58-66.

[178] 沈红波, 寇宏, 张川. 金融发展、融资约束与企业投资的实证研究 [J]. 中国工业经济, 2010 (6)：55-64.

[179] 史永东, 杜两省. 资产定价泡沫对经济的影响 [J]. 经济研究, 2001 (10)：52-59.

[180] 史永东, 齐鹰飞. 中国经济的动态效率 [J]. 世界经济, 2002 (8)：65-70.

[181] 宋洋, 魏先华, 潘松, 等. 银行卡的替代效应及其对狭义货币需求的影响分析 [J]. 管理评论, 2012 (1)：11-17.

[182] 孙国峰, 贾君怡. 中国影子银行界定及其规模测算——基于信用货币创造的视角 [J]. 中国社会科学, 2015 (11)：92-110.

[183] 孙立坚, 李安心, 牛晓梦. 金融体系的脆弱性不会影响经济增长吗？——来自对中国案例实证分析的答案 [C]. 厦门：全国金融理论高

级研讨会会议论文，2003.

[184] 谈儒勇. 中国金融发展和经济增长关系的实证研究 [J]. 经济研究，1999（10）：53-61.

[185] 谭之博，赵岳. 企业规模与融资来源的实证研究——基于小企业银行融资抑制的视角 [J]. 金融研究，2012（3）：166-179.

[186] 梯若尔. 金融危机、流动性与国际货币体制 [M]. 北京：中国人民大学出版社，2003.

[187] 汪伟. 经济增长、人口结构变化与中国高储蓄 [J]. 经济学（季刊），2010（1）：29-52.

[188] 王爱俭，陈杰. 中国虚拟经济规模适度性研究——基于资本市场效率视角的分析 [J]. 财贸经济，2006（8）：16-20+96.

[189] 王浡力，李建军. 中国影子银行的规模、风险评估与监管对策 [J]. 中央财经大学学报，2013（5）：20-25.

[190] 王广谦. 中国金融发展中的结构问题分析 [J]. 金融研究，2002（5）：47-56.

[191] 王淑娜. 宏观经济环境、融资约束和资本结构动态调整 [D]. 北京：首都经济贸易大学，2014.

[192] 王修华，何梦，关键. 金融包容理论与实践研究进展 [J]. 经济学动态，2014（11）：115-129.

[193] 王勋，Anders Johansson. 金融抑制与经济结构转型 [J]. 经济研究，2013（1）：54-67.

[194] 王永钦，高鑫，袁志刚，等. 金融发展、资产泡沫与实体经济：一个文献综述 [J]. 金融研究，2016（5）：191-206.

[195] 王勇，胡育蓉，范从来. 基于资产短缺视角的流动性过剩问题探讨 [J]. 现代管理科学，2014（4）：9-11.

[196] 魏志华，曾爱民，李博．金融生态环境与企业融资约束——基于中国上市公司的实证研究 [J]．会计研究，2014（5）：73-80+95.

[197] 温忠麟，侯杰泰，张雷．调节效应与中介效应的比较和应用 [J]．心理学报，2005（2）：268-274.

[198] 吴宁，冯旺舟．资本主义全球金融危机与马克思主义 [J]．马克思主义研究，2012（1）：71-77+160.

[199] 伍旭川．金融深度、金融宽度与金融发展 [J]．金融纵横，2005（5）：36-39.

[200] 伍志文，张琦．金融发展和经济增长背离：理论观点述评 [J]．上海经济研究，2004（11）：23-32.

[201] 武志．金融发展与经济增长：来自中国的经验分析 [J]．金融研究，2010（5）：58-68.

[202] 武志．中国金融发展的测量与修正 [J]．上海金融，2008（4）：21-28.

[203] 西南财经大学中国金融研究中心调研组．金融需求与供给互动研究——对我国部分地区商业银行金融创新的考察 [J]．金融研究，2003（6）：64-74.

[204] 项本武．中国经济的动态效率：1992～2003 [J]．数量经济技术经济研究，2008（3）：79-88.

[205] 项卫星，王达．论中美金融相互依赖关系中的非对称性 [J]．世界经济研究，2011（7）：10-16+87.

[206] 谢平，刘海二．ICT、移动支付与电子货币 [J]．金融研究，2013（10）：1-14.

[207] 谢平，石午光．金融产品货币化的理论探索 [J]．国际金融研究，2016，346（2）：3-10.

［208］谢平．中国金融资产结构分析［J］．经济研究，1992（11）：30-37.

［209］邢军峰，范从来．"资产短缺"假说、测度及中国的应对［J］．南京社会科学，2014（2）：17-22

［210］徐涛．利率市场化、储蓄与投资［J］．东岳论丛，2004（1）：75-78.

［211］徐忠，张雪春，丁志杰，等．公共财政与中国国民收入的高储蓄倾向［J］．中国社会科学，2010（6）：93-107.

［212］许平祥．经济虚拟化与传统金融危机理论的困境——基于美国金融危机的启示［J］．东岳论丛，2011，32（7）：138-145.

［213］薛白．资产泡沫与经济增长：基于信用扩张的内生增长模型［J］．金融评论，2014（6）：47-55.

［214］阎大颖．市场化的创新测度方法——兼对2000~2005年中国市场化区域发展特征探析［J］．财经研究，2007（8）：41-50.

［215］阳旸．基于交易成本理论的互联网金融发展研究［D］．长沙：湖南大学，2014.

［216］杨朝峰，赵志耘，许治．区域创新能力与经济收敛实证研究［J］．中国软科学，2015（1）：88-95.

［217］杨继军，范从来．"中国制造"对全球经济"大稳健"的影响——基于价值链的实证检验［J］．中国社会科学，2015（10）：92-113.

［218］杨继军，张二震．人口年龄结构、养老保险制度转轨对居民储蓄率的影响［J］．中国社会科学，2013（8）：47-66.

［219］杨继生，徐娟，吴相俊．经济增长与环境和社会健康成本［J］．经济研究，2013（12）：17-29.

［220］杨巧娜．农户金融需求影响因素的实证分析［D］．成都：西南

财经大学，2012.

[221] 杨胜刚，阳旸.资产短缺与实体经济发展——基于中国区域视角 [J].中国社会科学，2018（7）：59-80+205-206.

[222] 杨胜刚，朱红.中部塌陷、金融弱化与中部崛起的金融支持 [J].经济研究，2007（5）：55-67+77.

[223] 杨友才.金融发展与经济增长——基于我国金融发展门槛变量的分析 [J].金融研究，2014（2）：59-71.

[224] 易纲，宋旺.中国金融资产结构演进：1991-2007 [J].经济研究，2008（8）：4-15.

[225] 易纲，吴有昌.货币银行学 [M].上海：上海人民出版社，1999.

[226] 易纲.中国的货币、银行和金融市场：1984—1993 [M].上海：上海人民出版社，1995.

[227] 易纲.中国改革开放三十年的利率市场化进程 [J].金融研究，2009（1）：1-14.

[228] 易纲.中国金融资产结构分析及政策含义 [J].经济研究，1996（12）：26-33.

[229] 尹龙.电子货币对中央银行的影响 [J].金融研究，2000（4）：34-41.

[230] 尹银，周俊山.人口红利在中国经济增长中的作用——基于省级面板数据的研究 [J].南开经济研究，2012（2）：120-130.

[231] 尹志超，吴雨，甘犁.金融可得性、金融市场参与和家庭资产选择 [J].经济研究，2015（3）：87-99.

[232] 印文，裴平.电子货币的货币供给创造机制与规模——基于中国电子货币对流通中纸币的替代 [J].国际金融研究，2016，356（12）：3-12.

[233] 应展宇.中美金融市场结构比较：基于功能和演进的多维考察

[J]. 国际金融研究，2010（9）：87-96.

[234] 于成永. 金融发展与经济增长关系：方向与结构差异——源自全球银行与股市的元分析证据 [J]. 南开经济研究，2016（1）：33-57.

[235] 余永定. M2/GDP 的动态增长路径 [J]. 世界经济，2002（12）：3-13.

[236] 袁志刚，冯俊. 居民储蓄与投资选择：金融资产发展的含义 [J]. 数量经济技术经济研究，2005（1）：34-49.

[237] 袁志刚，何樟勇. 20 世纪 90 年代以来中国经济的动态效率 [J]. 经济研究，2003（7）：18-26

[238] 云鹤，吴江平，王平. 中国经济增长方式的转变：判别标准与动力源泉 [J]. 上海经济研究，2009（2）：11-18.

[239] 曾娟红，赵福军. 促进我国经济增长的最优财政支出结构研究 [J]. 中南财经政法大学学报，2005（4）：77-81.

[240] 曾利飞，李治国，徐剑刚. 中国金融机构的资产结构与货币流通速度 [J]. 世界经济，2006（8）：79-87.

[241] 张淦，范从来，丁慧. 资产短缺、房地产市场价格波动与中国通货膨胀 [J]. 财贸研究，2015（6）：90-96.

[242] 张淦，范从来，郭传辉. 中国存在金融资产短缺吗？——基于金融资产供求的初步判断 [J]. 南京社会科学，2015（10）：9-16.

[243] 张淦，高洁超，范从来. 资产短缺、家庭资产配置与商业银行转型 [J]. 金融论坛，2017（2）：13-24.

[244] 张海君. 企业融资需求、成长性、金融服务与银行信贷可得性——基于 A 股上市公司的经验证据 [J]. 山西财经大学学报，2016（9）：39-52.

[245] 张杰，杨连星. 中国金融压制体制的形成、困境与改革逻辑

[J]．人文杂志，2015（12）：43-50.

[246] 张杰．中国的货币化进程、金融控制及改革困境 [J]．经济研究，1997（8）：20-25.

[247] 张鹏，张平，黄胤英．中国上市公司蓝皮书：中国上市公司发展报告（2017）[M]．北京：社会科学文献出版社，2017.

[248] 张旭，潘群．金融发展指标体系及其在实证分析中的应用 [J]．山西财经大学学报，2002（1）：66-69.

[249] 张宇，蔡万焕．马克思主义金融资本理论及其在当代的发展 [J]．马克思主义与现实，2010（6）：101-106.

[250] 赵晨．中国家庭资产短缺状况研究——基于 CHFS 的调查研究 [J]．金融与经济，2014（8）：15-18.

[251] 赵峰，马慎萧．金融资本、职能资本与资本主义的金融化——马克思主义的理论和美国的现实 [J]．马克思主义研究，2015（2）：33-41+158-159.

[252] 赵树迪，刘绍保．中国台湾地区贸易及经常账户顺差的原因分析——基于"资产短缺"的视角 [J]．江苏社会科学，2017（2）：75-83.

[253] 郑君君，朱德胜，关之烨．劳动人口、老龄化对经济增长的影响——基于中国 9 个省市的实证研究 [J]．中国软科学，2014（4）：149-159.

[254] 郑毓盛，李崇高．中国地方分割的效率损失 [J]．中国社会科学，2003（1）：64-72.

[255] 中共中央马克思恩格斯列宁斯大林著作编译局．列宁全集（第27卷）[M]．北京：人民出版社，1995.

[256] 中共中央马克思恩格斯列宁斯大林著作编译局．马克思恩格斯全集（第37卷）[M]．北京：人民出版社，1972.

[257] 周光友，张炳达．电子货币的替代效应与交易性货币供给：基

于中国数据的实证分析 [J]. 当代财经, 2009 (3): 50-54.

[258] 周光友. 电子货币的货币乘数效应：基于中国的实证分析 [J]. 统计研究, 2007, 24 (3): 68-73.

[259] 周光友. 电子货币的替代效应对货币层次的影响 [J]. 华东经济管理, 2009, 23 (11): 58-61.

[260] 周光友. 电子货币的替代效应与货币供给的相关性研究 [J]. 数量经济技术经济研究, 2009 (3): 129-138.

[261] 周光友. 电子货币对货币流动性影响的实证研究 [J]. 财贸经济, 2010 (7): 13-18.

[262] 周光友. 电子货币发展对货币流通速度的影响——基于协整的实证研究 [J]. 经济学 (季刊), 2006 (3): 1219-1234.

[263] 周光友. 电子货币发展、货币乘数变动与货币政策有效性 [J]. 经济科学, 2007 (1): 34-43.

[264] 周光友. 电子货币视角下货币流通速度下降原因的实证分析 [J]. 财经理论与实践, 2007, 28 (1): 20-24.

[265] 周宏, 李国平. 金融资本主义：新特征与新影响 [J]. 马克思主义研究, 2013 (10): 72-80.

[266] 周小川. 宏观审慎政策框架的形成背景、内在逻辑、相关理论解释和主要内容 [J]. 西部金融, 2011 (3): 4-12.

[267] 周业安, 赵坚毅. 我国金融市场化的测度、市场化过程和经济增长 [J]. 金融研究, 2005 (4): 68-78.

[268] 朱闰龙. 金融发展与经济增长文献综述 [J]. 世界经济文汇, 2004 (6): 46-64.

[269] 兹维·博迪, 罗伯特·默顿. 金融学 [M]. 北京：中国人民大学出版社, 2000.